原爆の記憶を継承する実践

長崎の被爆遺構保存と平和活動の社会学的考察

深谷直弘

新曜社

目　次

序章　原爆の記憶をどのように継承するのか……………………………1
　　──問題の所在と研究方法

　1　問題の所在　1
　2　対象──なぜ1つの都市を対象とするのか　2
　3　長崎原爆と長崎市　4
　4　研究のスタート地点と立ち位置　7
　5　調査の概要と本書の構成　12

第Ⅰ部　原爆の記憶　長崎の被爆遺構の保存と解体　19

第1章　〈原爆〉へのアプローチ ………………………………………21
　　──社会学における被爆者調査の系譜と記憶研究との接続

　1　久保良敏・中野清一の調査──初期の被爆者調査　21
　2　リフトンの精神史調査と慶応・一橋・原医研調査　23
　3　被爆者調査から原爆の記憶研究へ　29

第2章　記憶空間としての長崎 …………………………………………39
　　──〈平和公園〉の形成と原爆資料館の展示,旧浦上天主堂保存を
　　　めぐるポリティクス

　1　爆心地周辺の記憶空間の形成　39
　2　長崎原爆資料館と展示論争　52
　3　旧浦上天主堂廃墟の保存をめぐる論争　63
　4　長崎における記憶空間の形成　74

第3章　城山小学校被爆校舎の保存とその活用 ……………78
──被爆遺構の保存と記憶の継承

1　モノと記憶の関係　78
2　被爆遺構の解体から保存・活用へ　80
3　被爆遺構保存の経緯──山王神社二の鳥居と立山防空壕　83
4　城山小学校被爆校舎の一部保存──経緯と始まり　87
5　城山小学校被爆校舎の保存運動　93
6　平和祈念館の設置と開館──保存から活用へ　97
7　〈原爆〉を想起・記憶する場所の力　100

第4章　新興善小学校校舎の解体とその活用 ……………104
──被爆遺構の解体と記憶の継承

1　救護所となった新興善小学校　104
2　新興善小学校校舎の保存問題　106
3　現物保存派の論理──新興善救護所跡を保存する市民連絡会の主張　110
4　再現展示派の論理──校区住民の主張⑴　113
5　「小学校」のもつ意味──中央3小学校統廃合問題と校区住民の主張⑵　116
6　「救護所メモリアル」の再現展示　121
7　被爆遺構の保存と記憶の継承　124

第Ⅱ部　継承実践としての平和活動　証言・ガイド・署名　129

第5章　原爆記憶の継承と市民運動 ……………131
──「長崎の証言の会」・爆心地復元運動・継承活動への政治的規制

1　証言運動──「長崎の証言の会」の活動　131
2　原爆被災復元運動──爆心地周辺の地図を復元する調査活動　133

目　次

　　3　慰霊行為としての爆心地復元運動　136
　　4　「原爆は原点ではない」──行政による公教育への規制　141
　　5　語り部への政治的発言自粛要請　142
　　6　長崎における継承実践と政治的規制が示すもの　147

第6章　平和ガイド活動と戦争の記憶 ………………………………150
　　──平和案内人の生活史と原爆記憶の継承実践

　　1　戦争記憶の継承実践に関する研究　150
　　2　長崎における平和ガイド活動　152
　　3　平和案内人の生活史とガイドの継承実践Ⅰ──Tさんの場合　153
　　4　平和案内人の生活史とガイドの継承実践Ⅱ──Mさんの場合　169
　　5　平和案内人の継承実践　179

第7章　高校生1万人署名活動 ……………………………………185
　　──若者と原爆記憶の継承実践

　　1　被爆地長崎の平和運動と高校生1万人署名活動　185
　　2　高校生1万人署名活動の特徴　187
　　3　聞き取り調査の概要と参加者のプロフィール　189
　　4　署名活動参加者の生活史と継承実践Ⅰ──Cさんの場合　190
　　5　署名活動参加者の生活史と継承実践Ⅱ──Dさんの場合　197
　　6　高校生1万人署名活動参加者の継承実践　203

終章　日常の生活空間と原爆記憶の継承 ………………………208

　　1　長崎における記憶空間と継承実践の特徴　208
　　2　〈原爆〉の社会学的研究と本書の位置づけ　214
　　3　原爆記憶における「継承」とは何か　217

iii

あとがき　222
参考文献　226
長崎市の被爆建造物等ランク付一覧表　240
図表一覧・人名索引・事項索引　244

装幀　鈴木敬子（pagnigh-magnigh）
組版　武　秀樹／図版制作　谷崎文子

断りのない写真は著者撮影・提供による

序章　原爆の記憶をどのように継承するのか
──問題の所在と研究方法

1　問題の所在

　九州地方の一都市である長崎市は，1945年8月9日11時2分，原子爆弾の投下を受けた。広島に続く原爆によって，長崎の街は一瞬にして崩壊し，焼け野原となり，多くの人が亡くなった。そして現在も原爆被害の影響は消えていない。生き残った者たちは放射線の影響やトラウマなど，心身の苦しみを未だに抱えている。

　1970年代頃から，毎年8月になるとマスメディアが戦争と原爆の話題を盛んに取り上げ，テレビでは6日の広島・平和記念公園の平和記念式典，9日の長崎の平和祈念像前の平和祈念式典をはじめとする原爆犠牲者慰霊の風景が映し出される。爆心地周辺は平和公園として整備され，毎年両都市に各100万人以上の人びとが訪れる場所になった。「ヒロシマ・ナガサキ」は日本の国民的記憶において主要な位置を占め，国民的アイデンティティの象徴する場所を形成している。

　このように国民的／公共的な関心事となったこともあり，日本社会の中で原爆をめぐる諸問題に対して，被爆者，市民，政府・自治体などによりさまざまな取り組みが行われてきた。その中で戦後30年が過ぎた頃から1つの重要な課題として浮上してきたのが，原爆体験の継承であった。原爆体験を記録・保存し発信する活動は現在まで，主体や立場を問わず，精力的に行われている。それは，生存する被爆者の減少と高齢化から，生存者の証言を直接聞く機会が減少して，将来ほとんど不可能になる時代が迫っている背景もあった。

　しかしそこで気になるのは，継承活動が体験を資料として記録すること，つまり「原爆体験記」を「テクスト」として残すことにどうしても力点がお

かれることだ。もし，私たちが「体験記」の作成と保存にのみ専心するのであれば，「語り」は膨大な「記録」としてアーカイブの中に埋もれてしまい，その「データの山」からどのように「意味」をつかみ取るのか，新たな困難が浮上するだろう（鈴木 2007: 2）。B. スティグレールによれば，記憶が後世に語り継がれるためには，それを呼び起こす欲望が必要である（Stiegler 2004=2009: 88-92）。過去の記録それのみでは作動しない。むしろ，記録が他者の身体を揺さぶる何かとして把握され，それを取り込む意志が成立することで，記憶が「記憶として」の機能を果たすのである。

では，原爆の記憶を語り継ぐための条件は被爆地で，どのような形で準備されているのだろうか。本書では，被爆地長崎を対象として，戦争を直接体験していない世代が，どのようにして記憶に「記憶としての生命力」を吹き込むことができるのか，それを都市空間の中で行われているさまざまな実践の考察を通じて明らかにしていきたい。

2　対象——なぜ 1 つの都市を対象とするのか

広島と長崎に投下された 2 つの原子爆弾は，両都市合計で 21 万人以上が亡くなった。広島と長崎の街は一瞬にして崩壊した。戦後，焼け野原となった両都市は戦災復興事業が開始され，国から資金援助を受け平和を象徴とする都市に生まれ変わる。しかし両都市は，戦後の復興過程の中で歩んだ道は異なっていた。

被爆直後の救護活動に，広島と長崎の都市の違いが現れている。戦前の広島は軍都として，本土防衛のため第二総軍司令部が置かれていた。だが，市の中心部にあった司令部は被害が大きかったため対処能力を欠いていた。そのため，被爆直後の緊急の救護活動を担ったのは，広島の港湾地区にあった陸軍船舶司令部の若い将校たちであったという。他方，長崎では，行政でも要塞司令部でもなく，三菱重工長崎造船所であった（下田平 2006）。広島と長崎の両都市がもつ性格の違いが，救護活動の担い手の違いに現れていたことがわかる。

また，記念施設の配置場所やその建設過程でも，両都市は異なっていた。広島では，原爆ドームや慰霊碑，平和記念資料館が広い広島平和記念公園内（旧中島地区）に集中しているのに対して，長崎では爆心地公園と平和公

序章　原爆の記憶をどのように継承するのか

写真序1　爆心地公園と隣接するホテル（2012年11月）
　原爆落下中心碑（左）と旧浦上天主堂の遺壁（右）

園，長崎原爆資料館といった公園と記念施設が散在している。さらに，広島は原爆ドーム付近での高層マンションの建築が，景観を損ねるという理由から，社会問題として取り上げられたことがあった。しかし，長崎では公園や記念館の建設当初から，周辺に観光客用のホテルや閑静な住宅街が広がっており，景観については公共的な問題として浮上してこなかった。爆心地付近の「夜はラブホテルの灯りが煌々と輝く光景」（陣野 2009: 283）[1]が今でもある。広島では，爆心地が平和のメッカとして象徴となり，公園は日々の暮らしとは切り離された，神聖なる空間として位置づけられているのに対して，長崎は「忘れられた都市」（Chinnock 1969=1971），あるいは「忘れられがち」（Lifton1968=2009）な都市となり，爆心地付近は聖化されず，生活空間の中に溶け込んでいるように思われる。長崎では日常の暮らしの中に公園や記念施設が内包されている（写真序1.1）。

　ここから見えてくるのは，広島と長崎両都市の特徴とその違いである。同じ原爆が投下された「場所」であるにもかかわらず，戦後の原爆の「記憶実践」[2]はそれぞれ異なる。それにもかかわらず，両都市を自動的に同じ言説のもとに置くことが当然視され，規範とされてきた。そこには，この2つの都市が同じ国民共同体に属し，その共同体の記憶を共有するという前提がある（Yoneyama 1999=2005: 14-5）。

　こうした両都市の違いと米山リサ（1999=2005）の指摘を踏まえると，「広島と長崎」の原爆体験を一対のものとして扱うのではなく，地域固有の文脈の中で原爆を論じる視点が必要ではないだろうか。本書はこのような問題意識から，被爆地長崎を対象として〈原爆〉[3]がどのように地域の生活空間の

中で想起され，語り継がれようとしているのかを探ることを目的とする。長崎に限定して議論を進めるのは，長崎は広島よりもより地域固有の文脈の中で浮上する原爆の記憶をとらえやすいと考えたためである。

本書では，第2章以降，長崎の地域生活の文脈に即して，「モノ」（原爆被災物やモニュメント）による継承実践4と「語り継ぎ」（平和ガイドや署名活動）による継承実践を接続させる。そうすることで，住まう場所と原爆の記憶がどのような関係にあり，それらがどのようにして住民の継承実践に結びつくのかが明らかになる。そこから「啓発の回路」すなわち「いわば毎年決まりきった形で反復される，非日常的な「社会問題」としてのヒロシマ，原水爆が展開する回路」（好井 2007: 393）には回収できない，原爆の記憶を継承する実践を示していく。

3 長崎原爆と長崎市

本書の対象である長崎原爆とはどのようなものであったのか，そして長崎市はどのような都市であったのか，その特徴を概観しておこう。

3.1 近代長崎と原爆

長崎市は，日本の西端に位置し，九州北西部にある。長崎市は 1571 年に開港して以来，大陸に近い地理的条件から，中国・朝鮮・ヨーロッパから多様な文化や技術が上陸したため，外国文化の影響を強く受けている都市である（永田 1999）。

長崎市は江戸時代から外交・貿易の公的な窓口として栄えていた5。しかし，開国後はその特権を失うと同時に貿易港としての地位も低下する。そのため明治期以降の長崎市と長崎県は，長崎港の港湾機能を整備し，貿易や水産業に力を入れた。またこの頃，長崎で造船所を経営していた三菱財閥は浦上川沿いに軍需工場を建設していった。大正期には，爆心地となる北部の浦上地区が長崎市に編入され，1926 年に工業地域および住宅地域に指定された。浦上地区は三菱重工長崎兵器製作所や長崎造船所電機製鋼工場が建設され，軍需関連工場が集積するのと同時に，市の新たな住宅地となったのである（新木 2004: 28, 2015: 181-2）。

しかし昭和期に入ると，中国の排日運動の高まりや日中戦争により，中国

との貿易が途絶し，長崎港の貿易は衰退していく。これを受けて，長崎市では観光産業を軸に発展させようという動きもあったが，戦時期にはそれどころではなくなり，長崎の経済は三菱関連企業と水産業の元締めである魚市場が絶対的に支配するようになった。さらに太平洋戦争の末期になると，漁船や船員の徴用と操業の危険性から，その水産業も低迷する。1944年夏頃から長崎経済を支えていた軍事関連工場を中心に，市内は空襲にさらされ，1945年8月9日11時2分に原子爆弾が投下されたのである（新木 2015: 182）。

　これは3日前（8月6日）の広島に次ぐ惨禍であった。長崎市では原爆投下によって，7万人あまりが亡くなった。当時，長崎市の人口は約21万人で，人口の約3分の1が原爆によって命を落とした。ただ，三方を山に囲まれた地形であったため，原爆の被害は長崎市北部の浦上地区に集中し，山の陰になった南側の旧市街地は被害が少なかったといわれる。

　長崎市全体が壊滅的な打撃を受けなかったせいか，長崎原爆は広島に比べて威力が弱く，被害も小さかったという声がよく聞かれる。しかし高橋眞司によれば，原爆の威力が弱小という説は誤りであるという。長崎型の原爆「ファットマン」は，広島型の原爆「リトルボーイ」より2倍近く強力であった（高橋 2001）。広島から長崎に入った仁科芳雄は「一見して長崎の方が広島にくらべて被害がひどい」と述べ，さらに建物の屋根瓦などが溶解した範囲は広島より1.6倍も広範囲に及んだことを報告した（高橋 2001: 76）。また長崎では，広島より壊滅した地域は狭かったが，破壊の程度はより徹底的であり，爆風の威力も凄まじく，一次火災の形跡も多かった。

　ここで，被害状況を広島と比較したのは，長崎の原爆被害が広島よりも上回ることを主張するためではない。むしろ，長崎原爆がどのような被害をもたらしたのか，その実相を把握するためである。もし両都市の原爆被害を比較するのであれば，他のさまざまな科学的データにもとづいて，被害規模を比較検討することが求められるだろう。しかし，死者数や被害規模の大小を基準として，戦後の両都市における原爆のとらえ方や人びとの意識の違いを説明することは，より慎重な検討を要する。

　長崎市の人口は，2010年で約44万人と九州では大分市に次ぐ第5位の大きさである。原爆の影響で，1940年時点の25万人から1945年10月時点の15万人以下にまで人口は落ち込んだ。戦後復興や高度経済成長のもと，市

内人口は 1955 年に 30 万人を突破し，1965 年頃に 40 万人を越えた。こうした市内の人口増加の要因は「出生増加と長寿化による自然増」に加えて「西彼杵半島や五島地区，諫早・島原地区等からの人口流入」であったといわれる。他県ではなく周辺地区からの人口流入や市内での自然増によって，長崎市は人口を回復したのである（長崎市史編さん委員会編 2013: 12）。

3.2　カトリックの街，三菱の街，長崎

　長崎は現在まで，キリスト教（カトリック）の信徒が多く住む地域である。1549 年のキリスト教伝来以降，キリスト教の布教が進んだ。江戸初期に禁教令が出された後も，多くの隠れキリシタンが潜伏していたといわれ，江戸から明治初期にかけて，弾圧が行われた。

　近代以降の都市の発展において，三菱長崎造船所を主とした造船業が果たした役割が大きいといわれる[6]。江戸期までの長崎は貿易によって発展したが，開国以後は徐々に衰退し，造船業が産業の中心に取って代わった（永田 1999: 180-1）。こうした造船業の貢献度の高さから，長崎は今でもよく「三菱」の企業城下町といわれる。実際に数値で確かめてみると，三菱長崎造船所の影響力がよくわかる。戦前の 1921 年 6 月には「三菱従業員とその家族は，市の人口の 3 分の 1 を超えるほどになっていたと推定される」（長崎市議会編 1995: 468）。戦後，「三菱」の影響力は戦前ほどではないにしても，市の人口に占める長崎造船所社員・家族の割合は全体の 5.8％となっている。ただし，三菱の関連企業 19 社とそれらの下請け企業の社員と家族を加えると「市の人口のかなりのウエイトを占めることになる」（永田 1999: 119-21）[7]。

　市内の製造業従事者に限れば，造船所社員の割合は市内製造業従事者全体の 43％を占める[8]。最後に産業の貢献度を見ると，長崎県の製造業生産高に占める長崎造船所の生産高の割合は，29％（1995 年度）にものぼる（永田 1999: 122）[9]。このように統計データにおいても，三菱長崎造船所の存在の大きさが裏づけられる。また，政治においても，市と「三菱」との関係は深い。太平洋戦争末期から戦後直後には二代（岡田寿吉と大橋博）続けて，三菱関係者が市長を務めている（長崎市議会編 1996: 290, 1997: 329）。

　長崎市は，多様な文化と歴史の街であるととともに，カトリック教信徒が多く住み，「三菱」の企業城下町である。そしてこの都市に，原子爆弾が投下され，そこに住む多くの人が亡くなったのである。本書では，こうした都

序章　原爆の記憶をどのように継承するのか

市の特徴を踏まえた上で，長崎で行われている継承の記憶実践を検討していく。

4　研究のスタート地点と立ち位置

4.1　研究動機：なぜ原爆をテーマにしたのか

　次に〈原爆〉という出来事を筆者が論じていく上での立ち位置を述べておこう。もともとの問題関心は，筆者も含めた戦争体験を持たない世代が，漠然と持つ「反核・平和」という規範意識にあった。なぜ，戦争や原爆を経験していないにもかかわらず，後続世代は「核兵器」の恐ろしさを感じ取り，核廃絶を支持するのか，そのメカニズムは何か。たぶんそれは，被爆が国民の記憶として集合化されたことによって生じた「想像の共同体」（Anderson 1991=2007）の規範意識なのだろう。そして，その普及の重要なツールが，テレビ，新聞などのマスメディアであった。実際，筆者の世代の経験の中で，被爆者の証言を聞く機会は少なく，マスメディアの映像，写真，言説の影響力に喚起されて反核・平和意識が芽生えるようになったと思われる。

　こうした問題関心から，当初，着目したのは，〈原爆〉をめぐるメディア表象の持つ力であった。その中で特に注目したのが，非体験者が（マス）メディアを通じて感じる，強烈で恐ろしい，トラウマとしての〈原爆〉である。これは，「はだしのゲン」等の物語や広島・長崎の原爆資料館の見学による影響も大きい。こうして非体験者が〈原爆〉をどのように受け取るのか，非体験者らによる記憶継承の問いを考えるようになったのである。

4.2〈原爆〉研究における立ち位置の違い

　〈原爆〉に関わる多くの社会学者は，生存者らの語りを聞き，彼・彼女らとのつきあい方を模索・葛藤しながら，被爆者との直接交流を保ちながら研究を行ってきた（高山 2008; 八木 2008 など）。これは被爆者の高齢化が進み，体験者の証言を直接聞くことができない時代が迫っているため，証言を聞き取り，それを発信することに社会的意義があるという時代状況も反映されている。

　そこでは，主題である記憶の継承という問題系において「この境界線をいかに乗り越えるかが体験を共有していない『私たち』にとってきわめて重要」（桜井 2008: 10）であると考えられている。つまり，戦争体験や原爆体験

7

を「わかり合えない」という前提を持ちつつも，どのようにして被爆者の体験に迫っていけるのかが鍵となっている[10]。

　この理解し得ない「わからなさ」が本研究の出発点である。筆者は，先述の問題関心から，原爆体験者から直接証言を得るアプローチを採用しなかった。これは，研究主題の違いだけではなく，体験者・生存者に対する近寄りがたさからきている。R. J. リフトンの言葉を借りれば，筆者は体験者・生存者の境界に入ることや「一体化」（同一化）（Lifton 1967=2009）を躊躇していた。証言を聞く会などには何度か参加したが，生存者の体験には言葉に表現できない凄惨なものがあり，非体験者との間には決して理解し得ない深い断絶があった。

　そのなかで，直接の体験を持たなくても，出身地の長崎で原爆を語り継ぐ活動を始めた人たちに筆者は出会い，研究を進めていくことになった。直接当事者ではない地元の人たちは，なぜこうした行動を起こし，継続できるのか。活動に関わるなかで賭けられているものは何か。長崎に縁もゆかりもない筆者のスタート地点に，こうした疑問があったのである。

　現地調査を進めていくなかで，長崎の高校生の平和活動である「高校生1万人署名活動」の参加者（第7章）は，当事者とそうではない者の境界線を，軽々と乗り越え活動をしているように筆者には見えた。彼・彼女らの活動を見ていくと，明確に引かれているはずの境界線とは実は何なのか，わからなくなった。また，平和案内人の平和ガイドで，インタビューに応じてくれた2人はともに被爆者ではあったが，被爆したのは爆心地から遠い距離にあり，ごく幼い頃の被爆であったため，「体験をもたない」被爆者であった（第6章）。彼・彼女らの話を聞いていくと，被爆者・体験者とは誰なのか，その境界線はどこにあるのか，さらにわからなくなっていった。

　こうした出会いのなかで，彼・彼女らの活動の意味・意義をとらえるには，筆者があらかじめ前提としていた「体験者／非体験者」というカテゴリーや「出来事の内部／外部」という境界線とは異なる視点で考える必要があることに気づかされた。さらにいえば，被爆者も日常の暮らしを立てている生活者であり，四六時中，被爆体験を語り・想い続けているわけではない。

4.3　社会的記憶論による継承観と立ち位置
　これまでの「体験」を基礎においた継承は「原体験の精確な模写」[11] を想

定している。しかし，そもそも体験の精確な模写は可能なのだろうか。ある出来事は「生じた瞬間から，『差延』（ジャック・デリダ）の効果により，その出来事は時間や空間を隔てられ，出来事そのものは失われてしまう」（笠原2009: 16）。体験そのものは，当事者が経験として語られている時点で，それに近いことを語ることはできるが，決して，体験そのものに到達することはできない。さらに，こうした体験ベースの継承では「体験」を持つ体験者と「体験」を持たない非体験者という二項図式が前提とされてしまう。

　しかし，これまで筆者が出会ってきた語り手は，厳密な意味での体験者ではない。筆者が出会った彼・彼女らは，「体験者」「非体験者」の果たしてどちらに当たるのだろうか。そう考えていくと，そもそも「体験者」か「非体験者」に分けることがミスリードであるように思えてくる。また，厳密な意味での体験者ですら「出来事が生じた瞬間から，当事者そのものから隔てられてしまう。したがって厳密な意味で出来事の当事者は存在しない」（笠原2009: 16）。本来の意味での体験者・当事者とは死者だけなのかもしれない（笠原2009）。あるいは，すべての人が「ヒロシマ・ナガサキの生存者」なのかもしれない（浜2013）。

　「体験の精確な模写」をここで「体験による継承」と呼ぶとすれば，こうした体験をベースにしない継承観が必要ではないだろうか。そのためには，体験による継承が前提としていた体験（者）／非体験（者）という図式とは異なる視点が必要となる。そこで手がかりとなるのが，「記憶」という概念である。体験そのものではなく記憶という視点から継承を考えるのである。

　社会学の分野での「記憶」は，体験とは異なる概念である。記憶しているのは，体験した人だけではなく，他の人であっても構わないし，モノでも構わない。特にM. アルヴァックス『集合的記憶』の社会的記憶論では，記憶には出来事のオリジナルな所有者は想定されていない。アルヴァックスに従えば，記憶・想起は社会的なものであり，共同的な存在である限りにおいて人々は記憶を想起することになる。個人的記憶は「個人が発明したものではなく環境から借用したもの」（Halbwachs 1950=1989: 46）であり，「前者は後者の助けを借りている」（Halbwachs 1950=1989: 48）。つまり，社会がなければ，個人は記憶を想起することはできないのである。また，アルヴァックスはオリジナルな出来事の記憶は存在するが，私たちはそれに到達できないと考えている。このアルヴァックスの記憶論に従えば，個人が持つ出来事の

記憶は，社会環境の中にビルトインされており，そこから私たちは過去を想起することになる。したがって，体験がなくとも，社会環境さえあれば，出来事の記憶（オリジナルではない）はとどまり続けており，私たちは，そこから出来事の記憶を想起できるのである。

「記憶」という視点は，人間に限定した場合，誰がオリジナルな出来事の記憶を持っているのか，そうではないかという，二者択一の発想ではなく，誰がオリジナルな出来事の記憶に近いのか，それとも遠い所にいるのかという発想をもたらす。それは，記憶が，そもそもオリジナルな出来事の記憶の所有者を前提にせず，皆が当事者であるという発想になるためだ。これにより，「体験（内部）／非体験（外部）」という二項図式ではなく，当事者性の強さや濃さといったグラデーションで見ることが可能になる。

これを踏まえると，まず本来の出来事を中心として，そこからの距離を当事者性の度合いとしてとらえる同心円状のモデルを考えることができる12。しかし，このモデルでは，本書のテーマでは不十分である。それは，同心円状モデルで想定されているのは当事者性の強弱のみであり，継承活動への参与という視点が欠けているためである。つまり，当事者性を強く持っていることと，継承活動（平和運動でも構わない）との関係性を，同心円状のモデルだけではとらえられない。たとえば，当事者性の強い被爆者であるからといって，継承活動や平和活動に勤しむと言うわけではないだろう。ともすれば被爆者であることさえも語らず，沈黙することもある。また，被爆者の子どもや，ヒロシマで平和教育を受けた若い人を考えてみよう。彼・彼女らは，原爆のことが身近にあるがゆえに，こうした問題にコミットできないという人も一定数いる。

そこには，当事者性の度合いでいえば，筆者などよりも高いにもかかわらず，継承活動には向かわない人がいる。活動への参与には，上ることが難しい大きな段差が存在する。他者経験の共同化の作業においては，こうしたいくつかの段差が存在しているのである。そう考えていくと，同心円状モデルではなく，そこに起伏の部分を加えたモデルを示す必要がある。

そこで筆者は，原爆被爆という出来事を中心点として，そこからの距離に起伏を加えたモデルを提起したい。それを示したのが，**図序.1** である。ここでは，これを「記憶継承の等高線モデル」と呼ぶことにしよう。このモデルは宮地尚子（2007, 2013）の「環状島モデル」を参考に，筆者の問題関心

序章　原爆の記憶をどのように継承するのか

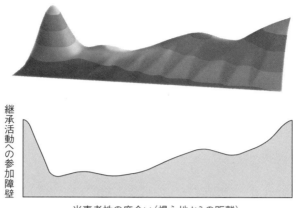

図序.1　記憶継承の等高線モデル

にあわせて，改良を加えたものである13。中心は，出来事そのものであり，そこには「死者」を想定しても構わない。中心からの距離は当事者性の度合いを示し，中心からの高さは参加のしづらさを示す。距離が近いほど，当事者性は増し，高さが上であるほど，参加しづらくなる。このモデルによって，当事者性と継承活動への参加の関係の説明が可能となる。

　これまでのモデルでは，幼少期に被爆し，被爆体験の記憶をほとんど持たない者も被爆者に，また，長崎出身の署名活動の参加者は非被爆者に分類されていた。しかし，幼少時あるいは胎内被爆の被爆者は，「体験者」ではあるが，当事者性が相対的に高いとはいえず，また，署名活動の参加者と長崎出身ではない筆者を同じ「非体験者」に含むのは，「継承」をめぐる問うべき論点を見落とすように感じる。この等高線モデルは，こうした層の特徴を活かして把握可能にするものである14。

　したがって，こうした記憶継承の等高線モデルの特徴は「体験による継承」の図式では後景化してしまう複数の「記憶」や継承場面の共同行為を照射することができることにある。つまり，〈原爆〉に関わっている／いない人たちの多様な立場性やそこでの実践を見落とすことなく，俎上に挙げることが可能になるのである。そして，これまでの，イデオロギー分析や脱構築論，表象分析としての記憶論とは異なり，継承実践の分析ツールとしての記

11

憶論を提起することになる。

　では，こうしたモデルから，筆者の立場性を確認しておこう。これまで述べてきた通り，この図式の中心から遠い存在となる。しかしそれでも何かしらの関与をしている。こうした立ち位置から，「原爆記憶の継承とは何か」あるいは「どのような形で継承されるのか」という問いを設定し，以下の章でその答えを試みる。

　本節の最後に，本書では「語り得ないもの」や「表象の不可能性」についてどのように考えるのか，筆者の考えを述べておく。記憶継承の研究において，災厄の出来事そのものの「語り得なさ」。それ自体を継承していくことが重要であると主張される（浜 2007 など）。しかし，こうした視点を強調しすぎることは，他者への想像力や共有可能性を削ぎ落とす問題点もあるのではないか。他者の経験を語ることの困難さや出来事の表象不可能性はむしろ当然であり，その前の段階で，議論すべきことはたくさんあるというのが筆者の立場である。

　先の主張には，災厄の出来事そのものを矮小化し，理解・共有可能なものに押し込めることへの批判が込められている。それは，出来事そのものが全く異なるものにすりかえられ，記憶されることへの危機感である。この主張を退けることはできないが，強調しすぎることの問題にも自覚的である必要がある。

　もちろん，原爆体験を語ることの困難さや原爆の表象不可能性を確認し，それを理解することは重要であるが，そこにとどまらずに，私たちは〈原爆〉をわかろうとすること，それを表現しようとすることを手放さず，不断にその方途を模索する努力をすべきである。したがって，問うべきは原爆体験の表象不可能性よりも，「いかにして継承可能か」「継承とは何か」を，より具体的な「語り継ぎ」実践の場に即して記述していくことである。

5　調査の概要と本書の構成

5.1　調査概要と調査方法

　ここで本書が依拠する調査について触れておこう。筆者は 2006 年から長崎市内で原爆記憶の継承に関する現地調査を継続的に行ってきた。調査協力者の都合上，一部東京で，聞き取り調査を行ったものもあるが，大部分が長

崎市内で調査を行っている。調査期間は，**表序.1** の通りである。

現地調査の滞在期間のほとんどが最短で4日，最長で9日である。ただ，2009年と2010年の夏は，長崎で原爆の投下の日が，どのように迎えられ，どのように終えるのか，その前後を現場で体感したいと思い，1ヵ月ほど滞在して調査を行った。

また，長崎現地での調査以外にも，東京でも調査を行っている。これは，第7章で取り上げる若者の継承活動の経験者が，調査開始当時，東京の

表序.1 現地調査の実施期間

長崎調査	2006年10月10日～10月13日
	2008年8月3日～8月10日
	2008年12月6日～12月10日
	2009年7月30日～8月28日
	2010年3月20日～3月25日
	2010年7月23日～8月23日
	2011年2月15日～2月23日
	2011年11月26日～11月29日
	2012年11月27日～12月03日
	2014年8月27日～8月31日
東京調査	2009年3月31日
	2009年4月30日
	2009年5月10日
	2009年6月30日
	2009年7月23日

大学生や，東京に勤める会社員であったためである。長崎から離れて暮らす活動経験者であったため，長崎での継承活動や自身の活動の特徴を他地域との活動と比較しながら，語ることのできる人たちであった。

次に，本書が依拠した調査データについて説明しておこう。本書は質的なデータを収集した社会調査，質的調査にもとづいている。

調査データは，筆者の参与観察・インタビューによって得られたデータと，行政文書・議事録・歴史資料・地元新聞などの文書資料である。長崎市内で配布されているパンフレットや参与観察の際に提供された文書も含まれる。インタビュー調査は半構造化面接法によって実施した。具体的には，協力者に調査データの取り扱いやプライバシーの保護等に関する説明を行い，続いて調査目的を伝え，インタビューを行った。事前にいくつかの質問事項は準備していたが，基本的には協力者の自由な語りが促されるように配慮した。語りの内容は，調査協力者の許可を得た上でICレコーダーに録音し，トランスクリプトを作成し，それをデータとして用いた。

1種類の質的データに限定せず，インタビュー・データやフィールドノーツ，文書資料などのあらゆる「質的データ」を横断的に用いるのは，本書が，対象の意味世界の探求に軸を置き，長崎の地域生活の文脈に内在した形での記述を目的としているためである。また同時に，原爆記憶の継承に関する社会問題の歴史的過程や社会過程を記述するためでもある。

統計的（質問紙）調査を行わなかったのは，数値化ではうまくとらえきれない，具体的な〈原爆〉をめぐる継承実践を明らかにしたかったためである。また，統計的（質問紙）調査を行うには，調査対象の母集団を確定できなかったことも理由の１つとしてあった。次章以降で取り上げる継承活動のほとんどは，筆者の調査開始時点ですでに終了していたことと，調査時点で協力者の多くが高齢か亡くなっていたため，参加者の母集団を特定することは不可能であった[15]。

　なお，本研究では，インタビューによって得られたデータのみを扱う，ライフストーリー法を採用していない。ライフストーリー法は個人を重視する調査法であり、個人の「生きられた経験」や「生の物語」を詳細に描くことに適している。特に〈原爆〉の研究で採用されているライフ・ストーリー研究は，地域の生活構造や社会層には還元できない個人固有の問題経験や，原爆がもつ共通の原初経験を詳細に記述することに成功している（たとえば，高山 2008; 八木 2008）。しかし，この手法は，個人の経験を重視するあまり，地域固有の文脈がおろそかになりがちである。本書では個人の生活史と地域生活の文脈とのつながりを重視して記述するために，さまざまな質的データを用いて記述することにした[16]。

5.2　本書の構成

　最後に本書の後に続く各章の概要を説明しておこう。

　第Ⅰ部では，原爆被害を受けた空間・風景に着目し，〈原爆〉が長崎の都市空間の中で，どのように位置づけられ，記憶実践が行われてきたのかを検討する。第１章では，戦後から現在まである〈原爆〉の社会学的調査がどのような特徴と課題を持っていたのかを議論している。ここではまず，戦後直後から1970年代まで行われた主な被爆者調査を検討し，その特徴と課題を整理した後で，原爆記憶の研究について検討している。これらの特徴と課題を踏まえた上で，第２章以降で議論するための分析枠組みを示す。

　第２章では，長崎における原爆を記念する空間がどのように形成されてきたのかを通史的に検討する。ここでは，平和公園や爆心地公園，長崎原爆資料館，旧浦上天主堂廃墟を事例として取り上げる。

　第３章ではまず，旧浦上天主堂廃墟解体以後の被爆遺構保存をめぐる論争と長崎市の遺構に対する政策を概観し，それを踏まえた上で，長崎市におい

て象徴的な被爆遺構の１つとなった城山小学校被爆校舎保存の社会過程を取り上げる。ここでは，旧校舎がどのような経緯をたどって保存に至ったのか，校舎の一部保存後，平和祈念館としてどのような記憶実践が行われているのかを検討する。

　第４章では，90年代に長崎市内で最後の大型被爆遺構と位置づけられた新興善小学校校舎保存か解体かをめぐって生じた論争を取り上げる。長崎市は当初は保存する方針であったが，結果的に解体された。この問題の経緯をたどり，その後，校舎の解体とメモリアル施設設置を求めた住民側の論理を検討し，そこでの記憶実践を明らかにする。

　次に第Ⅱ部では，戦後から現在までに形成された記憶空間の中で行われてきた原爆記憶の継承実践を描くことを目的とする。第５章では，「長崎の証言の会」の証言活動と原爆被災復元運動，市の継承に対する政治的規制問題を取り上げ，現在行われている継承活動の歴史的・社会的背景を明らかにする。

　第６章では，2004年に始まった平和案内人を含めた，長崎で行われている「平和ガイド」による継承の仕方を考察する。ここでは，２人のガイドを事例として取り上げ，彼・彼女らのガイド実践と生活史から，長崎における原爆記憶の継承実践の特徴を明らかにしていく。

　第７章では，2008年の長崎市平和宣言の中で言及され，原爆記憶の継承において重要な担い手として認知されている「高校生１万人署名活動」を取り上げ，若い世代がどのような社会的条件の中で「原爆記憶を受け継ぐ」行動を起こしたのか，そして平和活動の経験が参加者の主体形成において，どのように意味づけられているのかを検討する。ここでは，調査時（2009年）において，平和活動を続けている２人の参加経験者を取り上げる。

　終章では，本書の知見を踏まえた上で，長崎における記憶空間と継承実践の特徴と〈原爆〉の社会学的研究における本書の意義，そして原爆記憶における「継承」とは何かについて考察する。

注
1　長崎出身の芥川賞作家・青来有一が陣野との対話の中で語ったものである。
　青来はさらに次のようにも述べている。「三十年ぐらい前，現在の新しいシ

ティホテルふうのラブホテルが建つ以前には，もっと怪しい竜宮城のような
ネオンサインのホテルが建っていた記憶があります」（陣野 2009: 283）。

2　過去に対して人や集団がさまざまなことをすること（関沢編 2010: 264-5）。
より詳しく定義すれば，個人または集団が「過去の社会的経験の中で身につ
けてきた行為図式」（Lahire 1998=2013: 247）をもとに社会的文脈に応じて，
過去の出来事に対して行うさまざまな活動を指す。

3　この山括弧付きの用語は，石田忠の定義から着想を得ている。石田は〈原爆〉
を次のように定義している。「私がここに〈原爆〉というとき，それは被爆者
の原体験をいうのみならず，その戦後過程のすべてをも包摂する程の広がり
において用いられている」（石田 1973: 22）。この語は，被爆者を想定して定
義したものであるが，本書では被爆者の生活史だけではなく，原爆に由来す
る出来事，表象，実践の総体を〈原爆〉として扱う。

4　本書では継承の記憶実践という意味で使用している。継承の側面をより強
調する場合，この語を使用している。

5　長崎の近代史にかかわる記述は新木（2004, 2015）に依拠している。

6　ここで示している「三菱」に関する統計データは，永田（1999）で整理さ
れたものを参考にしている。

7　1997 年 3 月末時点で長崎市人口は 431,404 人，長崎造船所社員・家族（家
族は扶養家族のみ）は 24,823 人であり，住民の 50 人のうち 3 人が，造船所
の社員かその家族になる（永田 1999: 120）。1989 年 4 月時点で長崎における
三菱重工関連企業社員数の合計は 2,712 人である（永田 1999: 121）。古い統計
データではあるものの，「長崎」と「三菱」との関係をみる上で参考になる。

8　1995 年 12 月末時点で長崎市の製造従事者は 16,755 人，長崎造船所社員は
7,186 人である（永日 1999: 120）。

9　当時の長崎県の製造業生産高 15,825 億円のうち，長崎造船所の生産高は
4,640 億円であった（永田 1999: 120）。

10　それ以前の先行世代の研究者は戦争体験を持っていたり，戦時中・戦後直
後の時代状況をよく知っているものも多く，被爆者と共有できる，わかる部
分を持っていた，あるいは少なくともそれを前提とした上で調査が行われて
いたように思える。

11　「体験の精確な模写」と「体験」をベースにした継承観は，2011 年の被爆
者調査史研究会における浜日出夫の議論をもとにしている。

12　これと近い概念に高山が再発見したリフトンの罪意識の同心円がある。そ
こでは，死者を中心に被爆者，非被爆者の日本人，世界各国の人々へと同心

円状に広がっていく罪意識のグラデーションのから，調査者も含めて位置づけられている（高山 2014, 2016；Lifton 1967＝2009）。

13　「環状島モデル」では，継承活動への参加しづらさは触れられていない。また，このモデルでは，当事者性がやや高いが運動を行わない，あるいは当事者性は相対的に低いが運動を行うなどの事例をうまく説明できないため，改良を加えて「記憶継承の等高線モデル」を提起した。「環状島モデル」と同様にこのモデルはあくまで概念図であることを断っておく。

14　これは一般モデルではなく，長崎原爆の記憶継承に限定したものである。また，こうしたモデルは決して原爆の「体験」を軽視するものではない。語る・活動する位置が相対的に低い人がいかにして語り，活動するのか，この社会的なからくりを明らかにするためのモデルである。

15　統計的（質問紙）調査であっても，高い客観性を持ち得るわけではない。統計的（質問紙）調査は，適切な質問紙・標本サイズ・統計手法・分析によって，はじめて高い客観性が担保される。さらにいえば，データが統計的に処理された調査が，常に客観性の高い調査である必要もない。

　　また，社会調査の教科書では，質的調査は仮説構築型，統計的（質問紙）調査は仮説実証型とに分類されることが多い。しかし実際の社会調査はこの2つの型に容易には分類できない。統計的（質問紙）調査にも，仮説構築型のものもある。近年，費用が低く抑えられるインターネット調査が普及し，仮説構築型の統計的（質問紙）調査も増えているようにみえる。

16　本書のなかで，インタビュー・データを提示したが，対話場面を載せたのは，「対話的構築主義」（桜井 2002, 2012）の立場からではない。1つは，調査プロセスを明示することで，データ解釈の妥当性や信頼性を担保するためである。もう1つは，より個人経験のリアリティやその背後にある価値観を提示できると考えたためである。したがって，調査者と被調査者との相互行為場面の記述と検討には重きを置かなかったが，極力，インタビューデータ・フィールドノーツと文書資料などをつきあわせるなどして，妥当性や信頼性を担保できるように努めた。

第Ⅰ部

原爆の記憶　長崎の被爆遺構の保存と解体

第1章　〈原爆〉へのアプローチ
——社会学における被爆者調査の系譜と記憶研究との接続

　本章では，〈原爆〉の社会学調査の系譜を検討していくなかで，本書の学術上の立ち位置を明らかにする。〈原爆〉に関する調査・研究は多岐にわたるが，本章では社会学の中で代表的な調査研究を論じる。さらに，これまでなされてこなかった，被爆者調査と社会的記憶研究の接続を試みる。両者を連続性の中でとらえることで，本書の社会学的意義が明らかになる。

　検討に入る前に，〈原爆〉の社会調査1が，社会・人間科学において，なぜ行われるようになったのかを確認しておこう。これを経由することで，原爆被害の社会調査がこれまでどのような課題に向き合って行われてきたのかを理解することができる。

1　久保良敏・中野清一の調査——初期の被爆者調査

　原爆投下という出来事は，物理的な破壊や人体の破壊であったため，広島・長崎の学術機関をはじめとする自然科学研究（被害の実態や放射性物質の人体への影響に関する調査）を主体として開始された。ただし原爆被害はそれだけではなく，同時にそこに住む人たちの社会関係やコミュニティの崩壊でもあった。そのため，自然科学以外の領域（社会学，心理学，社会政策学）の研究も加わることになる。それは，原爆体験者の心身の健康に対する放射線の影響にとどまらず，彼・彼女らの周囲に生じた差別や貧困といった社会問題が深刻であったためである。それゆえ，1950年代から1980年頃まで被爆者とその世帯を対象に社会調査が行われた。

　初期（1950年代）の重要な〈原爆〉に関する社会調査として，久保良敏（1952）と中野清一（1954）を挙げることができる。特に久保の研究は1952年に発表され，管見の限り社会・人間科学の調査研究では一番古

21

い。この研究は，1949年10月から1950年8月の間に広島大学教職員54名への面接調査をもとに，被爆直後の行動過程を明らかにしたものである。しかし，被爆後の生存者の生活史については，簡潔に整理した程度であり，ほとんど触れられてはいない。あくまで，被爆直後の人間の行動が主題にあった。

　被爆直後の行動だけではなく，被爆後の生活に焦点を当て，その影響を検討した研究が2年後に発表された。中野清一『原爆と広島』（1954）は戦後，体験者の人間関係が原爆によってどのような影響を受けたのかについて検討している。中野は被爆直後の心理を「とに角『自らの生きることのみを願った』心境」（中野 1954: 50）「生きんとする最も始原的な欲求」（中野 1954: 51）ととらえていた。これは，久保のいう「身体保全の欲求」（久保 1952: 30）「生命保全の欲求」（久保 1952: 31）と共通する点である。

　しかし中野（1954）の注目すべき点はそれだけにとどまらず，こうした心情が戦後の原爆体験者の行為にどのような影響をもたらしたのかについてまで踏み込み，かつ戦後の身体的な異常だけではなく体験者の人間関係に着目していたことにある。さらに中野は，〈原爆〉が政治経済，文化と同等の要因を構成しているとし，〈原爆〉の人に与える影響力の大きさを指摘していた。この点は，現在から見ても重要な指摘である。

　こうした中野の研究は，後の原爆の社会学的調査との関連で見れば，2つの展開可能性を内包していた。1つは被爆後の被爆者の心理に迫るものであったという点である。これは〈原爆〉が人間にもたらした心的な影響を解明していくという道であり，後の被爆者の心の傷や心性とは何かという問いにつながっていく。おもにR. J. リフトンや一橋大学の石田忠・濱（浜）谷正晴らの調査がこうした視点を引き継いでいったといえるだろう。一橋調査を担った浜谷正晴は，中野の研究の意義を次のように整理している。

　　「原爆体験と兄弟関係」および「原爆体験と人間関係の順位」という仮説を検証する作業は，(1) ある特定の諸条件（被爆距離，被爆当時の年齢，家族関係）のもとにあって起こりえたことを観察し，(2)「生き残った人々」のいまにのこる「情調」（〈こころの傷〉の源）を被爆直後におかれた人びとの状況とその行為のうちに探ることにより，(3) そのような行為に追い込んだもの——原爆がもたらした〈ひとの非人間

化〉にせまっていた（浜谷 1994: 278-9）。

　もう1つは心の傷や心性といった人間の内的側面よりも，それがもたらした外的側面に着目していた点である。中野の「社会的影響」「人間関係」についての研究はその後，社会階層論や生活構造論へと接続され，被爆者が生活する地区の構造や被爆者の階層構造を明らかにしていくことになる。この視点は川合隆男や原田勝弘らの慶應義塾大学の調査グループなどに引き継がれていった。

2　リフトンの精神史調査と慶応・一橋・原医研調査

　中野の研究から展開したその後の調査研究を見ていくとしよう。ここでは，被爆者の心理を探求したリフトンの調査研究と一橋大石田忠・濱（浜）谷正晴らが中心になって行った一連の調査研究（以下，一橋調査）と，被爆者の人間関係や社会的影響を探求した川合隆男や原田勝弘らが行った一連の調査研究（以下，慶応調査），それに原爆放射線医科学研究所（以下，原医研）の爆心地復元調査を中心に検討する。

2.1　リフトンの精神史的調査
　R. J. リフトンはアメリカの精神医学者である。彼は E. H. エリクソンの影響を強く受けアイデンティティ論を展開し，現在ではトラウマ理論の研究者として広く認知されている。そのなかで，彼の被爆者研究は「トラウマ理論の展開に連なる先駆的な試み」（八木 2013: 152）として位置づけられている。この点から見ると，リフトンのこの研究は〈原爆〉の社会調査の系譜の中だけではなく，トラウマ研究の系譜に位置づけることも可能である。この点に関しては別の論者に譲るとして，本書は〈原爆〉の社会学的調査研究という視点からリフトンの研究を検討していくとしよう。

　リフトンは原爆が被爆者の心理にどのような影響を与えたのかを明らかにするために，1962年4月から9月までの半年間，広島に滞在し，73人に個人面接による調査を行った。その成果が著書 *Death in Life*（邦題『ヒロシマを生き抜く』）である（Lifton 1968=2009）。

　リフトンは被爆者の聞き取りから，被爆者の内面には5つの状態があるこ

とを明らかにする。その5つとは，①死の刻印（死への不安），②死に対する罪意識，③精神的麻痺，④保護と伝染，⑤精神的形成である。リフトンによれば，被爆者は「死への不安」と「死に対する罪」を意識する状態にあるという。被爆者は，原爆被災の経験を意味づける作業を行う。この作業は，創造的側面も，破壊的側面ももっている。破壊的側面は「心理的締め出し」とも呼ばれ，被爆者がすべての人との関わりを絶つことを指す。この状態が続くと，死のイメージが激化し疲労や無気力に結びつく。これを「精神的麻痺」とリフトンは名づけた。一方，創造的側面は精神的形成と呼ばれ，自身の被爆体験を自己の中で意味づけ，「生」への復帰が可能となる。

　リフトンは，被爆者はこうした「両面感情」をもち続けながら生活を営んでいると述べている。なお中野の研究でもこれに近いことが指摘されている。中野は原爆の「体験のかげり」（中野 1954: 51）といった表現に象徴されるように「原爆がもたらした〈ひとの非人間化〉にせまっていた」（浜谷 1994: 279）。ただし，リフトンの貢献は，中野（1954）よりもさらに一歩踏み込み，〈ひとの非人間化〉とは何かを明らかにした点にある。

　しかし一方で，リフトンは被爆者の精神的苦悩からの回復については悲観的にとらえており，その点が日本国内の研究者や被爆者から多くの批判を招くこととなった[2]。

2.2　一橋調査：長崎被爆者の生活史から原爆体験の全体像へ[3]

　石田忠らの一橋大学の調査研究グループ（以下，一橋調査）は，当初伝記的手法で被爆の実相を探求していく。伝記的手法を採った理由は，生活者としての体験や生の現実をより詳細に記述することを重視したためである。石田は『反原爆』（1973）の中で「個々の被爆者の生活史・精神史のなかに，構造の問題として〈被爆者問題〉の表出を読みとる努力である」（石田 1973: 44）と述べている。そして，こうした伝記的手法の分析から石田は被爆者の自己形成における典型を見いだし，「漂流・抵抗」図式を提示した。「漂流」とは，被爆者が「社会」と「人間」を切り離そうとする精神的状態であり（石田 1973），生きる意欲を喪失した状態である（濱谷 2005: viii）。他方，抵抗とは「歴史の意味を己れの中にとりこみ，社会の中で己れの持つ意味を確立する」（石田 1973: 99）ことであり，人間的破壊に抗って肉体的・道徳的再生を遂げようとする主体的な営為である（石田 1973）。石田は被爆

者の内面には「漂流」と「抵抗」の2つの側面があるとした。

　石田が，こうした図式を提示できた背景には，長崎の原爆詩人である福田須磨子の存在が大きかった。石田は福田須磨子と出会い，彼女の生活史を編んでいくなかで，こうした枠組みを発見するに至ったのである。

　実際，石田が執筆した福田須磨子の生活史を見ていくと，福田は被爆から10年間は〈原爆〉による精神的閉塞の状態に陥り，人間（社会）関係の切断によって自分という存在を否定し，「社会」と「人間」を切り離そうとする精神的態度にあった。しかし，長崎原爆10周年祈念式典に対する怒り「ひとりごと」の出版を契機として，これまでとは異なる人間関係が生まれ，その中で原水爆禁止運動と関わっていく。そして，福田は自分の存在を社会の中に位置づけられるようになるのである。石田はこの福田の生活史を〈現実〉をそのまま受け入れ，彼女が社会的役割を自覚するに至り，「内面的な死」（自己の否定）から再生していった過程であると述べている（石田 1973）。

　この福田須磨子の生活史を典型として，石田らはリフトンの被爆者像とは異なり「漂流」（罪意識）から立ち直る姿（「抵抗」の態度）を描いていく。これは，リフトンが当時，被爆者の生の回復を否定的にとらえていたのに対して，それが可能であることを示したものであった。

　石田の『反原爆』以後，石田忠を中心とした一橋調査は，この「漂流・抵抗」図式を1つのモデルとして被爆者の全体像を明らかにするために，長崎に限らず，全国の被爆者の調査を被爆者団体と協力しながら実施していった。こうした原爆体験の全体像を解明しようとした1つの成果が，濱谷正晴（2005）である。濱谷は石田らが継続的に行ってきた生活史調査で明らかになった図式を「『原爆被害者調査』という大量観察データにもとづいて検証」した（濱谷 2005: xxⅲ）。彼は「大量観察データ」を丹念に読み込んでいく過程で「〈原爆〉が人びとにもたらした〈受苦〉や〈死にざま〉は，生存者個々の状況の差異を超え」ることを確認し，生存者にとっての原爆体験のもつ意味を明らかにするために「〈原爆〉が人間にもたらした〈あの日の死〉の実相」に迫っていった（濱谷 2005: 21）。

　濱谷正晴『原爆体験』（2005）にも見られるように，一橋調査は一貫して「原爆は人間に何をしたのか」，つまり個人の生活・精神史に与えた原爆の影響を明らかにし，そこから個人の原初的な原爆体験に迫ろうとした[4]。

　一橋調査の特徴は，個人の体験史に着目し，そこから全体像を描こうとし

た点にある。これはリフトンの手法に近く，心理学・精神分析に接近したアプローチのように思える5。しかしその一方で，当初『反原爆』の中に存在していた，長崎という地域社会の視点は脇に置かれることになる。その点では，別のかたちで全体像を描こうとした慶応大の被爆者調査とは対照的である。

2.3 慶応調査：生活構造・社会階層による原爆被害の解明

慶応調査6は，被爆者世帯の社会階層や生活構造から被爆体験の社会的意味を解明しようとした。ここでは，川合隆男や原田勝弘ら慶應義塾大学の社会調査を専門とするメンバーが行ってきた原爆に関する調査を慶応調査と総称し，それらを検討していく7。なお，慶應調査を詳しく論じた研究はすでにいくつか存在するため（有末 2013; 浜 2004, 2005; 原田 2012; 竹村 2013），ここでは個々の調査の詳細な検討は措いて，継続的に調査に携わり，その最終的な成果となった川合（1975）や原田（1985）を取り上げて議論する。

まず，川合隆男（1975）から見ていこう。この研究は共同研究「原爆被災の社会的影響」の一部として構成され，広島市内のK地区を対象として，1965 年 4 月，1966 年 8 月，1967 年 8 月，1968 年 8 月の 4 度にわたって行われたものである（川合 1975: 262）。K地区は「一帯が爆心より約一・五キロメートルの内外に位置」し，広島市中央部に隣接した社会階層からいって「中層程度の住宅街」であった（川合 1975: 270, 275）。

川合は，原爆被害の特徴が「(i) 熱線，爆風，放射線による身体的障害，(ii) 大量無差別殺傷による家族解体，(iii) 都市破壊による家屋，財産，職場の喪失，(iv) 地域社会の解体，(v) 心理的衝撃，不安，緊張等」にあり，かつそれらが相互に絡み合っていることにあると述べている。このとらえ方とこれまでの研究との違いは「(iv) の地域社会の解体」が重視されている点である。ただ，「被爆直後の時点だけではなく，『身体的後遺症』と『社会的後遺症』を見落としてはならない」というように，初期の被爆者調査から継承された調査意義は維持されている（川合 1975: 266-7）。

こうした視点に立ち川合の「調査報告」では，1967 年まで「被災直後の生活，地区社会の性格及び変動，被爆被害と生活破壊，被爆後の生活変動過程における諸変化（居住移動と生活再建，家族構成，家族生活周期，社会階層，移動等）」を検討していく。調査結果は，戦前の生活構造に戻ってい

第 1 章　〈原爆〉へのアプローチ

る被爆者世帯も多い一方で，日本社会が戦後復興の過程にあるにもかかわら
ず，戦前の生活状態・水準に戻っていない世帯も依然として多く存在してい
たというものであった。また，戦前の生活構造に戻りつつある世帯も，被爆
者の疲労や身体の不安を訴えていた点も指摘している。各世帯が原爆被害の
程度と原爆による後遺症に強く影響を受けていることを明らかにしたのであ
る（川合 1975: 332-4）。

　次に原田勝弘（1985）を見ることにしよう。この研究は川合のそれと同
様，共同研究「原爆被災の社会的影響」の成果の一部である。もちろん，こ
の共同研究の一環であるため，原田の問題関心・調査課題は，川合と共通し
ている。しかし，原田の研究は川合とは対象地域が異なる。原田（1985）で
は，広島市 F 地区を対象とし，調査自体は 1966 年 8 月 12 日から 20 日まで
の期間と，補充調査の 1967 年 8 月 24 日から 29 日までの期間であった（原
田 1985: 198）。この F 地区は，広島市福島町地域のうち，F 1 丁目と M 町の
2 つの地点であり，爆心地から 1.5 〜 2.5 キロ離れた同和地域である（原田
2012: 152, 155）8。

　原田は，広島市 F 地区を対象として，被爆者やその関係世帯の原爆被害
における生活破壊と「被爆後の生活過程における家族構成，生活周期，社会
階層移動などの変遷」から，原爆の社会的影響を検討していった。この研究
で原田は，原爆被害の生活破壊の大きさは，社会階層の下層に属する集団ほ
ど加重され，その下層は被爆前の社会階層の位置への回復が遅れていること
を発見し，地域社会の原爆による破壊は，被爆後も地域社会の諸々の社会
的条件と結びつき，影響を与え続けていることを明らかにした（原田 1985:
214-6）。

　以上，川合と原田の研究に絞ってその内容を見てきた。慶応調査の特徴を
整理すれば，原爆による地域社会の崩壊後，都市復興の中でどのように被爆
者が以前の階層に復帰できたのか，あるいはできなかったのかを把握し，原
爆が人間に与えた社会的影響をパーソナリティ・家族・地域という視点から
明らかにしようとしたといえる。つまり，地域社会と世帯を対象にして，社
会階層や生活構造の視点から，歴史的に原爆の社会的影響を見た研究であっ
た9。

　「地域社会」の変動（歴史的変遷）との関連の中で〈原爆〉をとらえるた
めには，被爆者の生活構造や階層に着目する必要があったのである。地域の

社会変動という視点から見れば，慶応調査も継続的な調査が求められていたのであるが，一橋グループとは異なり，これ以降調査は行われず，研究成果が産み出されることはなかった。

ほかに同時期に行われた調査として，大藪寿一（1968a, 1968b, 1969）のスラム調査がある。これは被爆者だけではなく，広島の「原爆スラム」[10]の実態調査であった。

2.4　原医研による爆心地復元調査

次に原医研調査について見ていこう。これは爆心地復元調査とも呼ばれており，旧中島地区の原爆による被災の全貌を明らかにするために取り組まれたものである。志水・湯崎編『原爆爆心地』（1969）は，この爆心地復元調査の途中経過を記したものである。この調査は，個人単位だけではなく，〈原爆〉と家族・地域との関連を確認していくことを意図していた（調査の詳細は，松尾 2013 を参照）。『原爆爆心地』の中でもそれを確認することができる。

> その地域における被爆の実態を明らかにしようという試みが，……過去に一度も行われてなかった……いわば，人間の災害に対するわれわれの社会の基本的アプローチの欠落が，爆心の，いや広島の被爆の原点のいくつかを空白化するのであるかも知れない（志水・湯崎編 1969: 65）。

このように復元調査は，家族・地域との関係の中で原爆をとらえようとしていた。そしてこの調査は，「研究」という枠組みを超えて，調査参加者である被爆者にとっては「復元地図」を媒介にした人間関係の回復や現実の交際の回復も意味していた。つまり，この調査研究は，調査者と被爆者が協働しながら，調査を進めていくという点において，これまでの被爆者調査と異なる側面をもった取り組みであった。

この復元調査は慶応調査と同様に，広島のある一地域と原爆の関係を問おうとしていた。ただ，慶応調査は地域の歴史的変化に着目して，議論を展開していたのに対して，復元調査はその点にはあまり触れられていない。むしろ重視していたのは被爆直前と直後の状態を徹底的に調べることにあった。

2.5　被爆者調査の特徴

第1章　〈原爆〉へのアプローチ

　これまで被爆者調査を検討してきた。その特徴を整理しておこう。これらの被爆者調査は，おもに被爆者の精神・意識や社会生活を明らかにすることを念頭に置いていた。特に，被爆者の生活状態を明らかにするという視点が，どの研究にも存在し，貧困調査としての側面をもっていた。これは，国によって初めて行われた被爆者実態調査，昭和40（1965）年厚生省『原子爆弾被爆者実態調査』（以下，40年調査）が，被爆者と他の国民一般との間に「全般的にいちじるしい格差があるという資料は得られなかった」と結論づけたことへの反発から来ていた。そのため，被爆者の生活実態を把握することが研究者の問題意識にあった。そのいくつかは，地域や地区との関係のなかで，〈原爆〉をとらえようとしていた点が特徴的である。

　しかし，被爆者援護法の制定による国家補償の要求といった政策課題などの時代的制約もあり，これらの研究には統治権力や被爆ナショナリズムの問題[11]については，触れられてはいない。こうした視点については，1990年代以降の記憶研究まで待たなければならない。

3　被爆者調査から原爆の記憶研究へ

3.1　広島修道大調査，企業と原爆の研究

　原爆記憶の研究は1990年以降に成立することになるが，この記憶研究と被爆者調査の狭間にある研究が存在する。これらの調査は，被爆者調査としての特徴を保持しつつ，後の記憶研究の問題意識に近い形で行われたものであった。本書では，その視点をもっていた代表的な研究を取り上げる。

　1つは，広島修道大学のグループが行った広島と原爆に関する調査である（江嶋・春日・青木 1977）。この研究は，広島の社会において「被爆体験」がどのような社会的な統合機能をもつのかを考察した。これまで「被爆者」のみを対象としていた研究とは異なり，広島市民を対象にした上で，日々の暮らしの中にある〈原爆〉の機能を記述した点にその特徴がある[12]。後に記憶研究の中で再評価されたL. ウォーナーの研究が援用され（Warner 1959），記憶論の視点を意図せずして先取りしている。江嶋（1980）ではこの調査をもとに，長崎との比較を試みている。

　また，同グループの青木秀男（1979）は被爆者の態度に関する研究を行っている。青木の研究は基本的に石田らの流れにあるといえるが，石田が「漂

流→抵抗」の2類型の単線図式を採用したのに対して，青木は4象限図式を提示し，単線ではなく，いくつかのパターンがあることを示した。また石田とは異なり，自己の内面ではなく，態度に着目することで，より豊富なヴァリエーションを提供している。

　もう1つは，下田平裕身による，企業と原爆の研究である（下田平 1979）。この研究は，長崎三菱造船所などの三菱関係企業がどのように〈原爆〉を意味づけていたのかについて，さまざまな資料を使って明らかにしたものである。この研究は，原爆体験は社会的な意味づけと個人的な意味づけを与えるが，現在は両者が乖離している状況であると指摘する。

　さらに，下田平は原爆と向き合うとき，私的な語りと普遍・規範的な語りの間に介在する媒体を飛び越えて両者が直接結びつけられてしまったのではないかと述べる。彼は，個人の世界が一足飛びに抽象的・普遍的な「人間社会」に重ねあわされるときに捨象された中間集団（三菱関係企業）に焦点を当て，〈原爆〉をめぐって当の個人を規定していた「生身の社会」，つまり歴史的・具体的な社会的諸関係を明らかにしようとしたのである。

　この2つの研究の歴史的位置を確認しよう。1970年代後半から日本社会のなかで，多くの日本国民が日本の戦争体験（原爆体験を含む）を，平和への希求，核兵器廃絶に結びつけるようになっていた（Yoneyama 1999=2005）。そうした時代状況の中で，個人と国家との関係ではなく，個人と中間集団の関係のなかで原爆をとらえようとしたところに下田平（1979）の研究の特徴がある。下田平は，原爆とナショナリズムの関係を強く意識しないまま，触れていたのであった。他方，江嶋ら（江嶋・春日・青木 1977）の研究は「被爆者」だけではなく，広島市民と原爆の関係を問うており，この点において先進的であった。

3.2 〈原爆〉の記憶研究へ

　1990年代に入ると，体験ではなく記憶，つまり「集合的記憶」論（浜 2000, 2002; 大野 2000 など）の枠組みで戦争や原爆といったテーマが再び研究されることとなる。それは，これまでの被爆者調査で自明視されていたことや見落とされていた箇所を問い直し，再構成する営みであった。

　原爆の記憶研究は，ポストモダニズムの影響を受け，これまでの公的記憶や国民的記憶を相対化することを1つの目的としていた。「記憶ブーム」と

第 1 章 〈原爆〉へのアプローチ

いえるほどの「記憶」パラダイムが優勢となった背景には，冷戦構造の崩壊とエスノ・ナショナリズムの高揚がある。諸々の民族のさまざまな伝統が，集団の政治的アイデンティティを構築するための資源として新たに動員されるようになったことと，脱植民地化と移民の流れの中で，マイノリティの歴史像が多声的に入り交じる，多元的な想起の文化が出現したことが挙げられる（Assmann 1999＝2007）。

特に〈原爆〉をめぐって定型化されたヒロシマ・ナガサキという表象や典型化された被爆者像を再考することが目指され，1970 年代以降急速にナショナルなレベルで表象されるようになった原爆体験（Orr 2001; Saito 2006; Yoneyama 1999＝2005）を問い直し，そこに回収されない対抗的な記憶をすくい上げることが重要なテーマとなっている。

もう 1 つの研究の焦点は，体験者が高齢化しつつあるなかで，彼らに共有されていた経験が他者によってどのように保持され，想起されるのかにあった。そこでは，当事者の記憶が不在のもとで，他者＝非体験者が原爆被災の痕跡のどの要素を，いかなる自己理解のもとに，そして誰のために保管すべきなのかということが問題となっている。

被爆者調査が体験者のみを対象としてきたのに対し，原爆の記憶研究はこうした 2 つの側面において，原爆を体験していない世代や被爆した場所に残された遺物にまで考察対象を広げていった。

原爆の記憶研究のなかで，代表的なものに米山リサ『広島 記憶のポリティクス』（Yoneyama 1999＝2005）がある。この研究は，第一部において，1980 年代の都市計画や遺跡の保存問題を対象にしながら，国家・行政といった統治機構が都市空間の中でどのようにして原爆の記憶を飼い慣らしていくのか（「被爆体験の無害かつ明るい記憶への転換」）を考察し，第二部ではそこに住む被爆者が平和運動や国家に回収されない語りを模索している姿を描き，その可能性について検討している。また第三部では，これまでの被爆者調査では触れられることのなかった韓国人被爆者慰霊碑や，女性と記憶・歴史との関係にまで踏み込んだ議論がなされている。

米山リサは M. フーコーの権力論，J. ボードリヤールの消費社会論，J. デリダの痕跡論といった現代思想を巧みに援用しつつ議論を展開していく。そのため，議論が難解であるとの批判や言葉遊びだとの批判もあるが，これまで語られてこなかった，被爆者の語りの定型化の問題や統治権力と原爆との

31

関係について明らかにした点は重要な貢献であった[13]。そして，米山の原爆の記憶研究は，後続する被爆者研究がリフトン（Lifton 1968＝1971）との関係の中で行われていったように，その後の原爆記憶の研究においてつねに参照され続けている。たとえば，浜日出夫（2004, 2005, 2007）や直野章子（2009, 2010, 2015）の研究もこうした流れにあるといえる。浜（2004, 2005, 2007）は米山の問題意識に近い形で，国家に回収されない，こぼれ落ちる原爆の記憶をすくい上げようとした。

　なかでも米山の研究を強く意識した研究に，直野章子（2009, 2010, 2015）がある。彼女の一連の研究は，原爆を経験した者たちが「被爆者」として主体化していく過程（直野 2009, 2015）と，都市空間において原爆体験がいかに支配的言説に回収されていくのかを描き，さらにそうした言説に抗うための道筋を提供している（直野 2010, 2015）。米山が 1980 年代に限定して行った考察を，戦後から現在までに射程を広げ，歴史的に検証している点，および支配的言説に回収されないための処方箋を示そうとしている点が特徴的である。

　他にも被爆者のライフ・ストーリーや自己論の見地から，原爆体験の語りの研究がある（直野 2004; 高山 2008; 徳久 2013; 八木 2008 など）。これらは，リフトンの被爆者の精神史や石田らの生活史を批判的に継承し，現代的な文脈の中で取り組まれた研究ともいえるだろう。高山真（2008）は被爆者間の立ち位置からくる語り方の違いや取り組み方の違いに着目し，継承行為によって被爆者の証言のスタイルが更新される様相を描いている。また八木良広（2008）は被爆者と非被爆者の境界が浮かび上がってくるプロセスを被爆者と非体験者である調査者のインタビュー・プロセスから描き出している。両者の研究では，集合的記憶には還元できない記憶の個別性をどうとらえるのかを意識しながら議論が展開されている。根本雅也（2015）は，広島で行われている証言活動の歴史的経緯を踏まえた上で，被爆者が人間関係や社会状況を契機として，この活動に参入していく過程を明らかにしている。徳久美生子（2013）は，かつてリフトンが被爆者調査のなかで悲観的にとらえていた側面を肯定的な形で解釈し直している。石田であれば，〈漂流〉と解釈していたのかもしれないものを逆に〈抵抗〉の論理としてとらえ直している点が特徴的である。ここでも，定型化され，平和運動に回収され，使い回されてきた被爆者イメージの相対化が図られている。

第1章 〈原爆〉へのアプローチ

　また直野章子『原爆の絵と出会う』（2004）では「原爆の絵」を描いた作者にインタビューを行い，当時の体験を語ってもらっている。当時描いた絵とインタビューを重ねることで，原爆を語ることの困難・語り得なさを記述することを可能にしている。韓国人元三菱徴用工被爆者の生活史から，ドミナントな語りにどのように抗っていくのかについて松田素二（1996）の検討があり，さらに高山真『〈被爆者〉になる』（2016）では，被爆者の経験の語りを非体験者が聞き取るさいに浮上する「わからない」という感覚を主題化し，そのプロセスを反省的に分析している。

　これ以外に，戦後の日本社会において原爆の記憶が，どのように受け止められてきたのかについて研究したものもある。これは広島と長崎を比較しながら，「記憶研究」という立場から戦後60年という広い時間軸の中で，その時代的変化を見たものである。奥田博子『原爆の記憶』（2010）は，ナショナリズムや平和運動に回収されがちな原爆の記憶をローカリティの視点から描き直し，これまでとは違うアプローチで広島と長崎との原爆記憶のとらえ方の違いを論じている。

　一方，福間良明『焦土の記憶』（2011）は，広島と長崎の知識人が産出してきた言論に着目し，それを丹念に検討していくことで，「ローカルな興論」（福間 2011）の存在を明らかにし，〈原爆〉受容の変遷を描き出している。また両研究とも原爆の表象のされ方について，地方新聞や地方雑誌を中心に論じている。さらに，こうした研究を受けて，〈原爆〉をめぐる個別のテーマ（原爆ドーム・原爆スラム・浦上とカトリック）を取り上げた，社会学者による歴史研究も増えてきている（濱田 2013, 2014; 仙波 2016; 四條 2015 など）[14]。

　こうした記憶研究の特徴は，「支配的な集合的記憶の物語」に対して距離を取りつづけ（野上 2011: 243），そこからこぼれ落ちるものを記述することで，別の視点から〈原爆〉の問題を描いているところにある。また，対象も被爆者だけではなく，新聞などのマスメディアや都市空間・遺跡までを含めて論じられている点に特徴がある。

3.3　被爆者調査と〈原爆〉の記憶研究との接続：本書の分析視角

　第2節で整理してきた被爆者調査は，被爆者の生活実態を把握することで，被爆者がもつ苦しみやそれをめぐって浮上した問題を明らかにし，その解決や法的処置の必要性を訴えてきた。こうした目的があったため，当然調査の

対象は国内被爆者やその世帯にあった。その反面，なぜこうした被爆者をめぐる問題が構成されるに至ったのか，あるいは〈原爆〉という現象がそれ以外の人びとや地域社会に影響を与えているのかについてほとんど考慮されてこなかった。さらに，朝鮮人・中国人被爆者の問題についてもほとんど触れられてはいない。

　他方，原爆記憶の研究は，被爆者調査が自明視していた点を相対化することで，新たな原爆研究の展開を示したといえる。被爆者調査は文字通り「被爆者」の被爆体験やその生活史を対象としているのに対して，記憶研究は被爆者だけではなく〈原爆〉をめぐる諸現象も研究の俎上に載せていった。しかし一方で，国家・行政側の包摂と隠蔽の問題を明らかにすることを重視するあまり，被爆者調査の中で扱われていた複雑な人間関係や社会関係，生活空間に対する視点が抜け落ちることとなった。

　こうした問題意識をもち，記憶研究に近い立場で行われた研究は，3.1 で取り上げた，下田平の三菱調査と江嶋らの修道大調査である。もちろん，彼らは記憶研究の課題を自覚して議論を進めたわけではないが，彼らの研究は被爆者調査と記憶研究を接合した〈原爆〉の社会学的研究の手掛かりとなる。そしてそれは，記憶研究でよく参照されるアルヴァックスの集合的記憶論の中で見落とされがちな部分に光をあてることにもなる。それは，アルヴァックスのいう集合的記憶の「集合的」には，人間関係や社会関係そのものも含まれているという点である（野上 2005: 47）。実際，アルヴァックスは，他者との関係の中で生じた共有する心理は心理学ではとらえきれないと述べている。彼のいう「集合的記憶（心理）」は国家や全体社会だけではなく，他者との関係といったごく小さな集団も想定している（Halbwachs 1938）。

　しかし，こうした理解にもとづくとしても，アルヴァックスの「集合的記憶」概念をそのまま現在の記憶研究に応用することには，やはり問題がある。それは，この概念が曖昧で多義性に富むためである。この点をクリアにするために，J. K. オリックは，総体として「集合的記憶」概念を使用することを提唱している（Olick 2007b: 33-5)[15]。

　これは，「集合的記憶」として一括りにされていた記憶をめぐる諸現象を，記憶実践（「過去にたいしてさまざまなことを人がすること」関沢編 2010: 264-5)，記憶産物（写真やモノ，記念行事など）に分けて記述する立場である（Olick 2007b, 2008）。こうした記述上の選択は，記憶研究の枠組みの中で，

第 1 章　〈原爆〉へのアプローチ

これまで見落とされてきていた複数の社会関係を照射することを可能にする。つまり，過去における社会過程やそれをめぐる実践を，記憶論の視点から検討することができるのである。

　ただし，これだけでは実践や過程のみに比重が置かれ，実践・過程と空間や場所との関係性が後景に退いてしまう。しかし，社会的記憶は，場所と物質との結びつきなしに語ることはできない。アルヴァックスによれば「集団は，当然，場所と結びついて」（Halbwachs 1950=1989: 202）おり，場所の変容は，集団の集合的記憶を変容させるものである（Halbwachs 1950=1989: 167）。つまり記憶はつねに風景や場所，建造物に埋め込まれ，刻み込まれている場所・空間との関係なしに成立しえないのである。

　こうした記憶の構成に関わる場所や制度の問題を論じるものに P. ノラらによる「記憶の場」研究がある。ノラによれば「記憶の場」は，その土地と密接に結びついた集合的記憶の宿る生活空間（「記憶の環境（ミリュー）」）が成立しなくなったところに生まれる。ノラは「記憶の環境」を「人間の生活と経験の形式」（Assmann 1999=2007: 367）と過去の意識が土地と密接に結びついており，「世代の場所の重要性は，家族あるいは集団が，長期にわたって結びつくことから生まれる」（Assmann 1999=2007: 367）という。

　「『記憶の場』が存在するのは，記憶の環境（ミリュー）がもはや存在しないからにほかならない」（Nora 1984=2002: 30）[16]。そして，この「記憶の環境」から「記憶の場」への移行は，「文化の意味の枠組みや社会的コンテクストが断絶したり，破壊されることでもたらされる」（Assmann 1999=2007: 403）。むしろ「記憶の場」を生み出しているものは，ノラに従えば，「自然な記憶はもう存在しないという意識である」（Nora 1984=2002: 37）。本来の記憶は存在せず，放っておけば忘れてしまうからこそ，記念行為が行われるようになったのである（Nora 1984=2002: 37）。

　「記憶の場」とは，実質的には物理的な場や想起の制度を指す（Ricoeur 2000=2005）。本書も P. リクールの指摘を踏まえて，記憶の場は具体的な場所や制度を指すものとして扱う。原爆の記憶に関していえば，記念空間である平和公園・爆心地公園や博物館，制度としての平和教育が「記憶の場」にあたる。ノラの場所と記憶に関する議論は，記憶実践と場所・制度の関係についての重要な分析視角を提供してくれる。

　しかし，こうした複数の記憶実践と場所・空間との関係性を重視した研

35

究はあまり蓄積されていない。たとえば，米山（1999=2005）や浜（2005），直野（2010）などの研究はあるものの，これらは，空間／場所をめぐる記憶実践を権力との対抗関係において議論するにとどまっている。もちろん，こうした解読が有効であることも多いが，私たちはそうした対抗関係としての記憶実践だけではなく，人びとがどのように場所・空間と記憶を関係づけているのか，あるいはそれを利用したり，無視するのかに関わる複雑な絡み合いとして，記憶実践を描く必要がある。

したがって，本書は，これまでの記憶研究が見落としてきた視点を踏まえた上で，過去をめぐる複数の記憶実践と場所・空間との関係性を重視して検討していく。そのため本書は，爆心地という場所に暮らす人びとが実際にどのようにして原爆被災の経験と向き合っているのかという視点に立ち，共有された歴史経験の国民化や，国民化された集合体の表象分析の手段としてではなく，生活空間の中で複数の記憶実践がどのように作動し，継承実践につながるのかを見ていく。

注

1　〈原爆〉に関する社会調査は，浜谷（1994）や浜・有末・竹村編（2013）に詳しい。

2　リフトンに対する日本国内の研究者や被爆者からの批判については，寺沢京子（2011）や八木（2013）に詳しい。また，両研究はリフトンの原爆研究の現在までの意義と貢献についても論じている。

3　おもに，石田編（1973, 1974）や石田（1986），濱谷（1996, 2005）などがある。

4　石田や濱谷らと近い問題意識で行った被爆者の自己に関する研究としては，近沢・船津・山口（1969, 1971）などがある。近沢らの調査についての詳細は浜谷（1994）を参照のこと。

5　一橋大グループの調査手法や調査史は，浜・有末・竹村（2013）なども参照のこと。

6　おもな研究として，米山（1964），米山・川合（1965a, 1965b），米山・川合・原田（1968）川合・原田・田中（1969a, 1969b），中鉢（1968），川合（1975），原田（1968, 1985, 2012）などがある。

7　ここでは中鉢正美の研究は検討しない。彼の被爆者調査の詳細な検討は，原田（2012）や竹村（2013）を参照のこと。

第 1 章　〈原爆〉へのアプローチ

8　F 地区の詳しい説明は，原田（2012: 153-9）を参照のこと。また，同地区をもとに原爆と被差別部落に関する最近の研究には青木（2015）や大塚（2016）がある。

9　慶応調査がすべて階層・生活構造の視点をもつわけでない。たとえば，米山圭三の研究などは社会変動の方に議論の比重があった。慶応調査内の米山圭三の研究との違いについては有末（2013）に詳しい。

10　広島市中区基町の本川沿いに広がっていたスラムを「原爆スラム」と呼んでいた。「相生通り」ともいう。再開発事業により 1978 年に消滅した。

11　原爆の記憶が日本人の政治的アイデンティティを構築するための資源となり，国民的アイデンティティを構成する要素になったことを指す。これにより，原爆を含む戦争被害のことが強調され，太平洋戦争時，アジア各国での日本軍の加害行為は脇に置かれるようになった。

12　この研究において興味深いのは「代々広島に住んでいる層」と「そうではない層」，「被爆関係者」と「非被爆者（本人は被爆していない，かつ近親者に被爆者はいない人）」では，8 月 6 日の行動様式が異なる点である。代々広島に住んでいる層と被爆関係者は，「慰霊・冥福」の行動を起こす人が多いのに対して，居住期間の浅い層と非被爆者は，何もしない人が多い傾向にある（江嶋・春日・青木 1977: 45-9）。

13　米山（Yoneyama 1999=2005）はフーコーの権力論から読まれ，その点への批判が多い。しかしその議論の中で，デリダの痕跡論との関連についてはあまり触れられていないように思える。

14　福間はこの著書では広島・長崎だけではなく沖縄も比較しているため，厳密にいえば戦争の記憶研究である。

15　その他にも，オリックは「集合的記憶」という概念を「放棄する立場」と「厳密に使用するという立場」があると述べている。前者は「集合的記憶」を別の言葉に言い換える立場である。ただしこの立場をとることは同時に，集合的記憶研究を放棄することになる。この立場のデメリットは，集合的記憶を使用することによって，切り開かれうる視点を閉じてしまうことにある。つまり，使い古された言葉で言い換えられただけの議論は，既存の枠組みの中でしか語ることができなくなってしまうのである（Olick 2007b: 33-5）。

　　後者は，集合的記憶という言葉のマジック・ワード化を避け，厳格にあるいは限定して使う立場である。これは集合的記憶を「公的な記憶」として使用する方法である。「公的な記憶」として集合的記憶を使用すれば，私的領域として使用される個人に内在する記憶の側面を回避し，より「集合的」な部

37

分を強調する視点を獲得することができる。これにより心理学や認知科学の分野に引きずられることなく，社会性の部分をうまく取り込んだ議論が可能になる。しかし，こうした限定は，個人の外部に集合的記憶を設定するアプローチであるため，逆に個人に内在し収集された記憶を捨象してしまう（Olick 2007b: 33-5)。

16　元の引用文では，milieu de mémoire を「記憶の集団」と訳されているが，用語の混乱を避けるために，本論文は Assmann（1999 = 2007）の訳文にあわせて「記憶の環境」に変更している。

第2章　記憶空間としての長崎
——〈平和公園〉の形成と原爆資料館の展示，
旧浦上天主堂保存をめぐるポリティクス

　原爆によって甚大な被害を受けた長崎市は，終戦直後から都市復興計画を策定し，戦災復興事業を進めていくことになる。この戦災復興事業の特徴は(1) 被害の大きかった地区ではなく，旧市街地を中心に考えられていたこと，(2) 復興土地区画整理区域として原爆で壊滅した松山地区・山里地区を除外していたこと，(3) 拡大された対象地域（松山地区・山里地区）も，将来の市の人口規模を想定した上で，その人口を収容するのに必要な地区という観点でのみ市は考えていたこと，の3点にまとめることができる（新木 2004:29-30）。長崎の都市復興計画は，原爆被害の大きかった地域を中心におくよりも，旧市街地の復興を中心に据えていた。

　この事業は1949年の「長崎国際文化都市建設法」（以下，国際文化都市建設法）[1]公布にともない，1951年から国際文化都市計画事業に引き継がれ，住宅や道路などの都市基盤の整備が進められた。爆心地周辺の整備や平和祈念像の建設，国際文化会館の建設が行われ，〈原爆〉を記念・慰霊し，原爆の惨禍を学ぶことのできる基盤が整備されたのである[2]。

　本章では，この事業によって形成された〈原爆〉の記憶空間[3]を検討する。おもに，慰霊・記念施設が建設・整備された爆心地公園と平和公園の形成過程と原爆資料館の成立過程，原爆ドームと並ぶ被爆遺構になったかもしれない旧浦上天主堂の保存をめぐる論争を取り上げる。長崎記憶空間がどのように形成されてきたのか、そのポリティクスを明らかにすることで，現在の原爆を記憶・想起する際に利用される「社会的枠組み」を示すことになるだろう。

1　爆心地周辺の記憶空間の形成

　戦後の都市復興過程の中で，長崎市はどのように〈原爆〉を位置づけ，向

き合ってきたのか。本節では爆心地周辺の記憶空間の形成過程を歴史的に見ていく。

1.1 〈平和公園〉

長崎市の〈平和公園〉とはどの範囲を指すのか，その場所を確認しておこう。現在，行政によって定義された〈平和公園〉は平和祈念像のある広場周辺（願いのゾーン）と原爆落下中心碑が建つ原爆落下中心地周辺（祈りのゾーン），長崎原爆資料館周辺（学びのゾーン），陸上競技場周辺（広場のゾーン），市民総合プール・ラグビー・サッカー場・野球場（スポーツのゾーン）の5つのゾーンを総称した区域を指す（図2.1）。

ただし，この定義は市民間ではあまり普及しておらず，長崎市内では一般的に平和祈念像のある広場周辺を平和公園（＝願いのゾーン）と呼び，原爆落下中心地周辺を爆心地公園（＝祈りのゾーン）と呼ぶことが多い。本書では平和祈念像のある広場周辺を平和公園として，行政の定義である「願いのゾーン」「祈りのゾーン」「学びのゾーン」などを総称する場合は〈平和公園〉と区別する4。この〈平和公園〉はどのようにして形成されてきたのだろうか。

1949年に国際文化都市建設法が制定され，その平和記念事業の核に平和祈念像と国際文化会館の建設が置かれた。そこから本格的に〈平和公園〉の整備が進められていくが，それ以前（1948年の夏時点），この区域のなかで当時松山公園と呼ばれていた場所（今の爆心地公園）は原爆落下中心碑が建っていただけであった。

1.2 爆心地公園と原爆落下中心碑

被爆以前の〈平和公園〉の「祈りのゾーン」一帯は，元々は高見和平氏所有の別荘であり，原爆投下直前は，三菱長崎造船所がその別荘を女子挺身隊の宿舎として使用する計画で買収したばかりであった。この別荘は，「敷地3,800㎡で赤煉瓦塀や夾竹桃，杉，銅などの樹木に囲まれ，北側にはテニスコートがあった」。そしてこのテニスコートの上空で原爆が炸裂し，寮となるはずの建物や付属設備は崩壊したのである（長崎市被爆継承課編 2016: 30）。

被爆後この一帯は「原爆公園」「アトム公園」と呼ばれるようになる。当初はこの一帯は瓦礫の山となり，その中心地に「原子爆弾災害調査団」に

第 2 章 記憶空間としての長崎

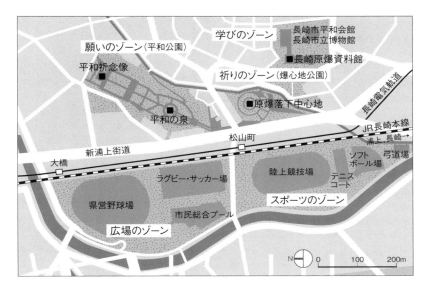

図 2.1 〈平和公園〉の範囲
（出典）長崎市ホームページをもとに作成

よって設置された "Centre" と記されたコンクリートの柱のみがあった（写真 2.1）。それが 1946 年夏頃には瓦礫が片づき，畑となり，グラウンド・ゼロの場所には「原子爆弾中心地」の矢羽型の碑が建てられた（長崎市被爆継承課編 2016: 35；「原爆と防空壕」刊行委員会編 2012: 141）。

1948 年夏頃にはこの一体が公園化される（長崎市被爆継承課編 2016: 36）。中心地にはこれまでの矢羽型の碑に代わり「表面を白く塗装し，側面

41

写真 2.1　原爆の爆心地
理化学研究所一行が 1945 年 10 月 5 日に立てた標識（長崎原爆資料館所蔵）

写真 2.2　原爆落下中心地之標
（出典）平和祈念像建設協賛会・長崎県教職員組合編（1954: 28）

に『原子爆彈落下中心之標』『地上五〇〇米にて炸裂』『松山町百七〇番地』と墨書きした標識（木柱）」が「2-3 メートルの盛り土に建てられ」た。この標識は代々慰霊塔としての役割を果たしていくことになる（末廣 2008: 211-2）（写真 2.2）。

　ただ，この標識も粗末な木製であったため，「『永久的な碑として建立したい』という声が市民のなかから」あがり，1956 年に「市民から募集したデザインをもとに」碑が制作された（「原爆と防空壕」刊行委員会編 2012: 141）。その後，1968 年にその碑は補修されて，それが現在の形になっている（写真 2.3）。現在ある「原爆中心碑の二等辺三角柱の角度は，被害がひどかった長崎医科大学の西側の窓，井樋の口（現在の目覚町）電停前派出所，

写真 2.3　現在の原爆落下中心碑（2017 年 8 月）

浦上天主堂を結んだ地点であり，原爆投下中心地を割り出した交差角度と一致している」(「原爆と防空壕」刊行委員会編 2012: 141)。

爆心地公園には原爆落下中心碑だけではなく，1949年5月に長崎市原爆資料館が設けられ開館した（長崎市議会編 1997: 397）。また現地保存ができなかった長崎県立瓊浦中学校（現在の長崎県立西・東高校の前身，場所は現在の西高。原爆資料館内で展示）で被爆した給水タンクや聖徳寺の灯籠(1949年2月に移設)，旧浦上天主堂遺壁（1958年解体後に移設。第3節参照），浜口町の火の見櫓などの大型の被爆遺構も公園に移設された（長崎市被爆継承課編 2016: 38）。また，1948〜54年まで慰霊祭や平和祈念式典が開催された（長崎市市民局原爆被爆対策部調査課 2013: 84-90）。

爆心地公園は，長崎市が整備した最初の慰霊・記念の場であった。この公園にある中心碑は戦後一貫して「被爆者にとっては，『慰霊碑』としての役割」を果たしていった（「原爆と防空壕」刊行委員会編 2012: 141）。そのせいか現在，式典開催の場を平和公園に譲っているにもかかわらず，この公園は役目を終えていない。むしろ公的な記念行事を催す場となった平和公園に対して，原爆が落下した爆心地の中心という歴史的意義をもった公園として，現在も象徴的な場であり続けている。

1.3 平和公園の整備・平和祈念像の建立

次に平和公園が整備された過程とそこに建てられた平和祈念像の歴史的経緯を見ていこう。平和祈念像のある広場周辺（願いのゾーン），いわゆる平和公園は戦前，長崎刑務所浦上刑務支所であった（写真2.4）。原爆投下時81人の人びとが収容され，その過半数が中国や朝鮮の出身者であったといわれている（大平 2015: 18）。この一帯は1946年9月の戦災復興計画において公園として設定され（矢内 1961），1949年10月には長崎国際文化都市建設事業計画に記念施設として位置づけられた（長崎市議会編 1997: 276-7）。

この場所を選んだ理由の1つとし

写真2.4　旧長崎刑務所浦上刑務支所（2017年8月）

写真 2.5　平和祈念像（2017 年 8 月）

ては，場所の履歴から刑務所に入れられ原爆によって亡くなった人たちを慰霊する考えがあったという（大平 2015: 18）。当時長崎県庁の都市計画技術者であった向井武治が，これについて以下のように述べている。

> あそこは刑務所で，あの時は経済事犯だけ入れてあったということで，経済事犯というのは殺人とか何とかいうような凶悪な人は入っていないわけですね。そういう所に公園をつくってその人達の霊を慰めようと，……（石丸編 1983: 23）

　この一帯が記念施設として位置づけられた時期と併行して，平和公園の敷地確保も進み，山里町の一部と岡町の一部が公園として整備されていくことになる（末廣 2008: 216）。平和公園の整備は 1949 年頃から始まり，1953 年春に整備が完了した。そして，この過程のなかで，長崎市の平和記念事業の中心の 1 つである「平和祈念像」が平和公園のなかに建てられることになったのである[5]（写真 2.5）。
　平和祈念像建立の始まりは，1949 年 9 月に保存委員会が爆心地公園にある標識慰霊塔の建て替えを検討したことによる。錐型塔や純東洋式五重塔も

第2章　記憶空間としての長崎

候補として報道されていたが，この委員会では議論の末「諏訪公園内の忠霊塔の礎石（銅鉄回収で礎石だけが残された）を旧松山公園に移し，その上に『國際文化都市にふさわしい記念碑』を建設すること」に決める。翌年 1950 年 7 月には，山王神社の二の鳥居の柱を基礎に，その上に地球儀を乗せるもので進めようとしたが，納得できないという意見もあり再度議論された。この時点において保存委員会は，記念碑建設は決めたものの，どのような記念碑にするのかについては具体化しておらず，また大がかりな記念碑の建設は想定していなかった（大平 2015: 17; 末廣 2008: 218-9）。

　そうしたなかで 1950 年 10 月東京にて，長崎出身の彫刻家・北村西望が巨大な男神像案を東京在住の長崎県人会で披露する（杉本 1972: 143）。このとき北村は〈原爆〉を後世に伝えることを目的とする「原爆記念碑の建設では私の考えていることとはやや違う」とし，「それだけでは乗り気にさせない」「それを踏まえた上でさらに一歩踏み出し，平和を祈り，念じ，さらに世界に平和を呼びかける主旨」のもとで取り組みたいという思いで男神像を披露した（北村 1983: 147-8）。

　その時の様子を，県人会に同席し，後に北村の案を推薦した当時市議会議員の杉本亀吉は，回想録のなかで次のように述べている。

　　　北村西望先生は「像の建設は私にさせていただきたい。私は長崎県人だが，郷里にこれといった作品を残していない。私は精魂をかたむけて原爆の犠牲者の冥福をいのり，世界平和を象徴するような像をつくりたい」とお述べになり，ご自身の構想された絵を発表された（杉本 1972: 143）。

　男神像案は長崎市にもち帰られ，その後，原爆資料保存委員会で何度か議論された。長崎市としては当初の意向とは異なる案であったため，さまざまな異論が出された。杉本によればこの案に対して「平和の像でなく斗争であるとかグロテスクに見えるとか，種々批判」があったという（杉本 1972: 144）。しかし最終的には同委員会では「『本像〔北村の男神像案〕ならば平和の外に文化をも象徴するので前述三事業を包括することとなるから，これが一番いいじゃないか』」という結論にいたり，同年 11 月に同委員会はこの像の建設に支持を表明した。これに次ぐかたちで「国際文化都市建設協議会

45

やロータリー・クラブ等が全会一致」し，この像の建設に賛同したのである（平和祈念像建設協賛会・長崎県教職員組合編 1954: 8）。

　その後，この像の建設に「4ヵ年継続事業」として 1500 万円の建設費が計上され，1951 年 3 月に議会で圧倒的多数で可決される。そして同年 4 月に市が正式に北村西望に彫刻依頼の契約書を交わし，制作準備が進められることになった（長崎市議会編 1997: 865）。そのさい，記念碑建設については杉本の言葉を借りれば，「一切無条件で〔北村に〕お委せする」というものであった（杉本 1972: 144）。

　これにより記念碑として平和祈念像の建設が決まったものの，それをどの場所に設置するのか，市は依然として確定できずにいた。1951 年頃，原爆資料保存委員委員長を務めた長崎地方裁判長の石田寿によれば，平和祈念像の建設地として刑務所支所跡（現在の平和公園）がふさわしいのではないかと意見したが，当時アメリカの ABCC（原爆傷害調査委員会）建設予定候補地に挙がっていたため，そこに決めることはできなかったと回想している（大平 2015: 18）。また 1954 年には北村西望が「建立地は原爆中心地付近が適当だろうと考えている」と新聞で報じられた（大平 2015: 20）。

　しかし 1952 年 1 月建設候補地をめぐっては，観光施設期成同盟会会長で油屋町自治会長であった長田信男らから「平和祈念像を風頭山男岳〔長崎市中心部から南東の場所〕に建設方請願の件」が上程され，建設委員会で付託される。この案をめぐり，1 年 8 ヵ月ほど，議論が交わされた。その間に実地検分や代表者への意見収集なども行われ，最終的には「趣旨，立地条件，制作者の意図等」から「浦上爆心地が適当である」という結論に至った（長崎市議会編 1997: 866-7）。そして北村自身が「『低地よりも高地がよい』と希望」していたことと（大平 2015: 20），1954 年 8 月，長崎市の薦めもあって「公園敷地内の高台（岡町）を建設地」に決まる（末廣 2008: 224）。その後，記念像の建設過程では，設計の変更や予算の増加などがあり，完成期限の延長もあったが（長崎市議会編 1997: 867），1955 年 8 月 8 日に平和祈念像の除幕式が取り行われた（長崎市議会編 1997: 869）。

　この男神像（平和祈念像）は，さまざまな宗教や人種を超えた存在として構想されていた。彼の言葉を借りれば，平和祈念像は「本像はすべての既成の宗教や人種を超越すると同時に，何れの宗教何れの人種にも受け入れられることを念願して制作されたもの」（平和祈念像建設協賛会・長崎県教職員

組合編 1954: 10）であった。しかし，すべての宗教を超越したものと言いつ
つ，具体的なイメージは，奈良の大仏を想定していた。北村はこの像の構想
を最初に県人会で披露した際，次のように語っている。

　　……奈良時代に，朝廷の下に全国を統一して日本を仏教国家とするた
　めには何らかの手段を以て国民に強く訴えることが必要であつた，実に
　奈良の大仏は右の時代的要請に応えるものであつた。……もし大仏が小
　さなものであつたなら人心に訴えることころも小さく仏教を全国に流布
　する上に於て大きな役割を果たすことは無かつたのではないかと思われ
　る。……平和祈念運動を延いては平和運動を強力に推進するためには，
　どうしても奈良の大仏の前例にならつて出来るだけ大きな平和祈念像を
　こさえて全国民否人類全体に平和祈念像を訴えなければならないと信ず
　るので本案の採用を是非考慮してもらい度い（平和祈念像建設協賛会・
　長崎県教職員組合編 1954: 10）。

　北村はここで，記念碑としては，奈良の大仏のようなものが時代状況から
ふさわしいのではないかと発言している。協力者も神でも仏でもあるという
ことよりも，この像は「昭和の大仏であり」と述べており，協力者もおおむ
ね奈良の大仏が想定されていたことがわかる（平和祈念像建設協賛会・長
崎県教職員組合編 1954: 20）。この男神像案に対して市が意見することはな
かった。それは彼が長崎市に対して「私の意志を受け入れてくれるなら，そ
れこそ望ましい仕事で，真剣に作ってみせる，という態度で応じた」（北村
1983: 148）と語っているように，前述の杉本の記録とあわせると像の作成・
建設に関して長崎市は北村にすべてを委任していたことがわかる。その結果，
像は市が意見し，それを汲むことなく北村の作家性が存分に発揮されたもの
となった。
　こうした北村の意向が如実に反映されたこの男性像は，長崎市民の一部か
ら批判されることになった。制作中から完成まで「グロテスクだとか，斗争
的だとか，筋骨隆々たる裸体は文化的ではないとかさまざまな批判」（杉本
1972: 145）があったという。また「制作中は，長崎の消印で葉書や手紙が，
糞味噌に悪口を書いて今の内止めなければ考えがあると云つて来る」（平和
祈念像建設協賛会・長崎県教職員組合編 1954: 20）と北村が記しているよう

47

に，作品の悪口など計画的な妨害などもあった。東京都武蔵野市にある北村の使った「住居兼アトリエ，作品所蔵の彫刻館，さらに屋外に多くの作品が展示されている」彫刻園で長年説明をしてきた人物も，当時のことを「制作途中には裸体がいけないなどの中傷や脅迫もあった」と語っている（『東京新聞』2011 年 8 月 5 日付）。

　こうした誹謗中傷や建設の遅れ，建設候補地の変更はあったが，平和祈念像は 1955 年に完成する。そしてこの像の完成にともない，これ以降，式典は落下中心碑のある爆心地公園から，この像の前の広場で開催されることとなった。この像の完成と周辺の公園の整備によって，現在の形で平和祈念式典が行われるようになったのである6。

　戦後の過程のなかで，長崎では〈原爆〉という出来事を記念するため，爆心地周辺に記念碑や記念施設が建設された。その中で平和祈念像が建立され，その建設地周辺が記念公園として整備されていった。そして，この平和祈念像の完成を機に，これまで終戦から 10 年の間，爆心地公園で行われた公的な式典は，平和公園の平和祈念像前で行われることとなったのである。

　しかし，かつて慰霊祭が行われていた爆心地公園は忘れられた場にはならなかった。その後も爆心地公園は慰霊・記念の空間としての役割を担っていた。その結果，平和祈念像の完成と記念式典の開催場所の移動によって，長崎原爆の慰霊・記念の空間は二重化されていく。爆心地公園では「慰霊」，平和祈念像前の平和公園では「平和祈念」（末廣 2008）というように，記念行事において慰霊と祈念が 1 つの場に収斂しない状況になったのである。

1.4 〈平和公園〉の聖域化

　1955 年に平和祈念像の完成と，2 節で詳述する長崎国際文化会館の開館（現在の長崎原爆資料館）によって，〈平和公園〉が整備され，現在の記憶空間が形成された。その一方で，長崎市は平和公園と爆心地公園，長崎国際文化会館といった公園・施設の公的な意味づけを積極的に行ってこなかった。そのままでは問題があるとして，市が明確な位置づけ・意味づけを行ったのが，1983 年から検討された〈平和公園〉の聖域化である。

　この「聖域化」とは「利用する人々がどう感じるかという意味で，非常に精神的な側面が大きく，被爆体験の地であるという歴史的経緯から原爆死没者の御霊のやすらかを祈り，平和を願い，気持ちを静かに自ずと頭をたれる

落ちついた環境の敬虔な地域」として理解されることを目指すものである（長崎市原爆被爆対策部編 1996: 474）。

　こうした「聖域化」が問題となった背景として，市民の間で各公園や施設の使用目的が明確化されていないことがあった。1980年初頭，爆心地公園一帯で，花見客の大量のゴミ排出が問題視されるようになっていた（『長崎新聞』2006年8月8日付）。こうした問題への対策も含めて，1983年に市議会で〈平和公園〉の聖域化について検討委員会が設置され，利用目的を明確にする〈平和公園〉の聖域化が検討される。この計画における基本理念は「平和公園の聖域化を図ることにより，被爆による犠牲が現在の平和の礎となったことを多くの来訪者に伝え，後世への被爆体験の継承と共に，人々が平和希求の心を再認識できる公園造りを目指すもの」であった（長崎市原爆被爆対策部編 1996: 474）。

　こうした理念を踏まえ，委員会は各公園の目的の明確化と〈平和公園〉の一体化の基本方針を打ち出す。具体的には，「祈念像前公園と中心地公園の目的を明確にすることにより，霊の安らかを祈り世界の平和を願うという平和公園設置の目的をより具体化し，聖域と観光の調和を図」り，「来訪者の敬虔な気持ちが断ち切られることが無いよう，祈念像前公園，中心地公園，国際文化会館の空間的一体性を創出し，動線についても連続性を出すようにする」というものである（長崎市原爆被爆対策部編 1996: 474）。

　報告書の聖域化計画案では，平和公園と爆心地公園を高架橋で結ぶことや，名簿奉安箱を移設する案も出されていた7（長崎市原爆被爆対策部編 1996: 475）。この計画案は最終的に「平和公園」をゾーンごとに分け8，平和祈念像のある広場周辺は「願いのゾーン」――「平和の願いを展開する」場――，原爆落下中心地碑が建つ原爆落下中心地周辺は「祈りのゾーン」――「平和の原点となる祈りの」場――，長崎原爆資料館周辺は「学びのゾーン」――「被爆の惨禍や，平和の尊さを学ぶ」場――として位置づけられ，それに沿って整備されていくこととなった（長崎市原爆被爆対策部編 1996: 478. 前掲図 2.1）。

　この聖域化計画によって，平和公園と爆心地公園の役割が明確化されることになった。当初の平和祈念事業では，平和祈念像のある平和公園が，慰霊と平和祈念の両方を兼ね備える場になる予定であった。しかしこの聖域化によって，慰霊の役割は爆心地公園が担うことになり，平和公園の祈念の役割

については曖昧な記述になった。もちろん，平和公園と平和祈念像が，現在も平和祈念式典の催される記念行事の場であることには変わりない。しかしこの聖域化によって，平和公園だけではなく，爆心地公園も長崎において重要な位置にあることを市が公式に明確にし，役割を分担させる形となったのである。事の始まりは花見客による公園のゴミ問題ではあったが，この聖域化によって，公式に「爆心地公園＝慰霊」，「平和公園＝祈念」と機能の分担が明確になったのである。

1.5 原爆落下中心碑の移設問題

こうした聖域化による再整備が完了したなかで起きた問題が，原爆落下中心碑の移設問題である。これにより，中心碑を含む爆心地公園一帯が市民の間で象徴的な場となっていることが再確認された。

1996年，前市長の本島等を破り新市長となった当時の伊藤一長は何の前触れもなく，爆心地公園にある中心碑を移設して，そこに聖母マリアを連想させる母子像を設置することを明らかにした。これが，原爆落下中心碑の移設問題である。

この移設が問題となった理由は，1億円以上もの税金をかけて，わざわざグラウンド・ゼロの象徴となっている中心碑を移設し，宗教的意味合いの強い母子像を設置することに何ら正統性が見当たらなかったことである。長崎市内の各市民団体は移設撤回を求め，署名活動を行うなど反対の声を挙げた。その結果，署名は11万人余りに達し，多くの市民

写真2.6　被爆50周年記念事業碑（母子像）
（2014年8月）

や地元マスコミもそれに同意して，移設に反対した。1997年，最終的に伊藤市長は現在の中心碑はそのまま残し，母子像は公園内の適地に設置することを表明し，事実上の撤回を行った（「原爆と防空壕」刊行委員会編 2012: 95-7）。その後，被爆50周年記念事業碑（母子像）は，爆心地公園の一角に建立され，祈りの空間を形成している（写真2.6）。

この問題を通して原爆落下中心碑が，長崎原爆を象徴するモニュメントの

1つであり，これを正当な理由なく取り替えることに長崎市民の中で強い抵抗感があることが示された。つまり，中心碑を含む公園一帯は戦後から現在まで，市民にとって長崎原爆の象徴的な場所と理解されているのである。

1.6　慰霊と記念の空間的分離

　これまで長崎市の〈平和公園〉の形成を歴史的に検討してきた。そこで見えてくるのは，この〈平和公園〉の整備において，長崎市が原爆被害をどう受け止め，どのように記念していくのかについて，市民との社会的合意の上でつくろうとしてこなかったことである。平和祈念像の建立の経緯でいえば，この像は市内の意見を集約し，それを踏まえた上で計画・建設されたものではなく，外部の高名な彫刻家に市は意見を挟まないという条件で依頼しつくられたものであった。そのため，原爆記念碑の予定であったものは彫刻家の作風が如実に反映された男神像に変更され，長崎市民や市内の被爆者の認識からすれば，ズレたものができ上がってしまった。また，原爆落下中心碑の移設問題では，被爆者や長崎市民の実感，慣行に即した形で認知されていた中心碑を市民にとっては縁もゆかりもない，また空間に馴染まない母子像に取り替えるという案が市長から出された。これは市民運動によって撤回されたが，この像は爆心地公園内に設置されることになったのである。

　こうしてみると，市は戦後を通じて被爆者や長崎市民の実感や要望，慣行に即した形で慰霊・記念の空間を構築してこなかったといえる。しかしそうしたなかにおいても爆心地公園は市民や被爆者には慰霊の場として理解され，そして市もそれを認めて役割を明確化することになった。

　こうした経緯から大平晃久（2015）は，広島平和記念公園のようなモニュメンタリズムに欠け，それは平和公園と爆心地碑が切り離され，景観的に結びつけられていない状況になっていると分析している。また末廣眞由美（2008）はさらに一歩踏み込み，長崎における原爆の記念は，広島とは異なり，記念空間の中心化・象徴化が進まず，原爆の集合的記憶を形成する上で妨げになったことを指摘している（末廣 2008）。

　しかし，大平（2015）が述べているように景観的に結びつけられない・一体化されていないのは確かではあるが，末廣（2008）が述べるように，広島とは異なり，慰霊と平和記念の場が中心化されていないという理由のみで原爆の集合的記憶の形成に長崎が失敗したとするのは早計だろう。

51

記念空間の中心化によって，広島は規範化・定型化できない，こぼれ落ちる記憶・語りきれない記憶に焦点化しづらい構造になったということも可能である。長崎では集合的に原爆を記憶する力は弱く見えるかもしれないが，中心化された構造に回収されないからこそ，記憶の小さな断片が見つけやすい構図になったということもできる。また，広島の慰霊・記念の空間が中心化しているのか，そのこと自体にも検討の余地があるだろう。慰霊・記念空間の歴史的形成において，広島と長崎のどちらが記憶継承において有効な空間であるかということは，簡単に結論づけることのできない問題である。

2　長崎原爆資料館と展示論争

これまでは〈平和公園〉についてその歴史的変遷を検討してきた。次に，長崎市の平和記念事業の中心の1つ，国際文化会館（現在の長崎原爆資料館）の建設とこの館の歴史的変遷を見ていく。

2.1　長崎国際文化会館の展示

長崎国際文化会館（以下，会館）は国際文化都市法のもと建設され，1955年に開館した（写真2.7）。これにより，爆心地公園内で開館していた長崎市原爆資料館（1949年5月開館）の原爆資料は移設されることになる（長崎市被爆継承課編 2016: 38）。しかし当初は，原爆資料を展示したフロアは5階のみで，原爆資料を展示することが主たる目的ではなかった（長崎市原爆被爆対策部編 1996: 396）。むしろ「結婚式場も兼ね備えた多目的施設としての役割を果たしていた」（長崎市原爆被爆対策部編 1996: 396）。職員も当時の会館について次のように述べている。

写真2.7　長崎国際文化会館
同会館パンフレット表紙より（長崎市 1989年）

　　　　結局，国際文化会館時代についてはもともと展示を目的としてその国

第 2 章　記憶空間としての長崎

際文化会館の建物が建てられたわけじゃなくて，いろんな他の施設も
入ってたんですよ[9]。

　しかし，年を追うごとに展示スペースは拡大していく。1973 年には 2・
3 階を原爆資料館とし，展示スペースはそれまでの 2 倍に拡充される。具体
的な展示は 2 階に「祈りの長崎」というテーマでカトリックコーナーが置か
れ，3 階は，被爆者の手記・平和運動の歩み，「訴える長崎」などのテー
マ（その他 9 コーナー）で構成されていた（長崎市原爆被爆対策部編 1996:
397）。

　2 年後の 1975 年には，原爆被爆 30 周年を記念し，原爆資料センターとな
り，2 階から 4 階が資料展示室，5 階が視聴覚室となった。なお，建て替え
が決まった時点の 1989 年の会館は，当時のパンフレットによれば，2 階に
原爆投下のいきさつ，さく裂，被害状況等を，3 階に人的被害とその影響及
び救護状況等を，そして 4 階には平和を求める長崎の姿や被爆者の書いた絵
図等を展示していた。5 階は，遺品と遺品にまつわる遺族の話を映すビデオ
が置かれ，「かたみコーナー」「ビデオコーナー」としての展示が行われてい
た（長崎市 1989: 2-5）。

　こうして年を追うごとに，原爆資料の展示が会館の中心的な機能を担うこ
ととなった。展示空間拡大の背景には，寄贈などを含めた原爆資料の増加が
ある。戦後，原爆の跡を残した資料を市は収集し，集めた物を展示するため
にスペースを確保していった。なかには，展示しなければ寄贈しないという
人もいたため，展示を条件に物を引き受けたこともあったようだ[10]。

　しかし，この原爆資料の展示スペースの拡大により，会館は当初の想定と
は異なるかたちで利用されていく。その結果，会館自体がもつ建築構造上の
問題や限界を浮かび上がらせることとなった。『長崎原爆被爆 50 年史』によ
れば，展示が 2 階から 5 階と階ごとに分かれており，狭く不便であった（長
崎市原爆被爆対策部編 1996: 405）。またエスカレータやエレベーターは配備
されておらず，修学旅行生など大人数の来館者が訪れると，階ごとの人の出
入りが滞り，かなり混雑することになった[11]。さらに冷房も完備されておら
ず，展示資料の管理に適した施設ではなかった。

　さらに会館内の展示は体系的に整理されておらず，意図が不明確でわかり
にくいものであった。職員が寄贈されたモノを並べ手作りで展示を行い，漠

53

図 2.2　長崎原爆資料館ガイドブック表紙（2000 年）

然とした統一性，類似性に配慮していただけで，明確な設計のもとで展示されていなかった。そのため，何を見せたいのかが曖昧で，「原爆の知識のない」初めての人には理解しづらいと，職員の目には映っていた12。こうした，建物の老朽化や来館者の不便さ，資料倉庫の不十分さ，展示意図の不明確さから，会館は建て替えられることになった。それが 1996 年に開館した現在の長崎原爆資料館である（図 2.2）。これを機に建築構造上はもとより，展示上の問題の解消も図られることになった。

2.2　展示資料の拡大と長崎原爆資料館の建設

長崎原爆資料館（以下，資料館）は，どのような理念と構想のもとに，建て替えられたのだろうか。1988 年 11 月の新しい資料館建設に関する答申において，当時の本島市長はその基本理念を次のように述べている。

①原爆被爆都市の使命として核兵器の脅威と非人道性，戦争の悲惨さ，平和の大切さを世界に訴える。
②原爆被爆に関する資料の体系的な整備・展示・保存を図るとともに戦争の恐ろしさと原爆被爆の体験を次世代を担う子供たちに語り伝える。
③世界恒久平和実現に努力する国際平和都市長崎のシンボル的な施設とする（長崎原爆被爆対策部編 1996: 397-8）。

ここでは，語り伝えるべき対象者が「子供たち」に設定され，彼らに向けた展示を行うことが示されている。また，会館とは異なり，資料館では原爆資料の展示が主たる目的となり，「長崎原爆資料館の概要説明」によれば，標準的な観覧時間は 1 時間に設定されている。

こうした基本理念・構想は 6 つの機能を資料館に与えることになった。その機能とは，「収蔵機能」や「学習機能」，「交流機能」，「情報提供機能」，「いこいの機能」，そして「展示機能」である。

第2章　記憶空間としての長崎

　展示機能においては，「歴史的事実と国際的視野を踏まえ，被災資料・写真，また映像・音響などを使って核兵器の脅威と非人道性，戦争の悲惨，平和の大切さをわかりやすく展示する」（長崎市 1992）ことが目指されている。それまでは，会館が〈原爆〉を展示する専門の施設ではなかったため，わかりやすさという点で来館者への配慮を欠いていた。この点を改善すべく，現在の資料館は建て替えを機に，子どもでも理解しやすく，「時間のない来館者」（おもに修学旅行生を想定）でも回ることのできる効率的な展示を目指すことになったのである[13]。これによって，会館が抱えていた問題点の解決を図った。

2.3　長崎原爆資料館の開館と加害展示論争

　国際文化会館での展示の歴史的変遷を見ると，年を追うごとに展示空間が拡張され，会館の中で原爆資料の重要性が増していったことがわかる。ただ会館では，展示品を体系的かつ効率的に提示することはしてこなかった。そのため，展示の仕方を含めた展示空間の構造上の問題が徐々に問題化していった。こうしたなかで，原爆資料の展示を専門とする資料館を設立する気運が高まり，建て替えが決まった。しかし新資料館は開館前後から，展示内容にクレームが寄せられ，国際問題にまで発展する論争が起きた。これが「長崎原爆資料館加害展示論争」と呼ばれているものである。この論争は，15年戦争におけるアジア侵略といった加害行為に関する展示を新資料館に展示することの是非が問われたものであった。

　ここでは，まず論争に至る経緯を概観し，次にそこで問われていたことを検討したい。最後に長崎市は原爆を展示することにどう向き合ってきたのかを明らかにする。

　事の始まりは，1992年9月に長崎国際文化会館の建て替えに関する検討委員会にまでさかのぼる。この委員会の中で，当時の本島等市長の強い意向を受けて「日本の侵略の歴史も踏まえた展示とする」ことが確認され，それにともない諮問機関や監修者会議が設置され，計画が推進されることになった（鎌田 1996: 25）。

　なぜ本島市長は「日本の侵略の歴史も踏まえた展示」を行う意向を示したのか。それは彼が市長として原爆行政に取り組む中で，築き上げた「原爆観」によるところが大きい[14]。

55

本島等は長崎県・五島出身のカトリックである。長崎市選出で長崎県議会議員を1959年から務め，1979年に市長に初当選する。もともと，本島にとって「原爆と平和」は優先順位の低い課題であった。しかし，市長就任を機に原爆・平和行政に関わるなかで，本島独自の原爆観を築き上げていく（横田2008: 108）。

　本島はまず，長崎平和推進協会の設立や平和宣言の文体の変更などを行った（横田 2008: 115）。平和・原爆行政に関わるほど，本島は長崎の原爆・平和行政が広島に比べて遅れていることを痛感した。そこから，どのように広島との差を埋め，かつ長崎の独自色を打ち出していくのかを模索していくなかで，彼は「被爆以外の戦争被害や日本の加害」に目を向けるようになっていったのである（横田 2008: 124）。

　そして，こうした視点をより深化させ，公の場でも「被爆以外の戦争被害や日本の加害」発言を行うきっかけとなったのが，1990年1月の本島市長銃撃事件である。

　事件は1988年12月7日の市議会で市議の質問に対して本島が「天皇の戦争責任はあると思います」と答えたところから始まる。時は折しも昭和天皇が危篤状態にあり，世間が自粛ムードになっていた。この地方自治体首長の発言が日本中に大きな波紋を呼び起こし（横田 2008: 134-6），政治問題に発展していく。本島は保守系議員や右翼団体から猛攻撃を受け，特に右翼団体からは暴力的な威嚇や脅迫が行われるようになった。そして，1990年1月18日，本島は右翼団体員から銃撃を受けたのである（横田 2008: 136-64）。それでも九死に一生を得て回復し，その後1995年まで市長を務めた。

　この「天皇に責任はある」発言から，本島は「日本の加害」について本格的に考えるようになり，公共の場においても「戦争の加害の側面」や「被爆ではない戦争被害の側面」を語るようになっていった。そうした原爆観をもつ市長の強い意向のもとで，原爆資料館の建て替えの検討が行われたのである。

　ただし，この資料館の建て替え計画において重要なことは，これが長崎市民に開かれることなく，秘密裏に進められたことである。これに関して，本島は後年，週刊誌のインタビューで下記のように述べている。

　　資料館を作るに当って，私の要望は二つでした。一つは，ディスプレ

イや演出で，原爆の爆発直後の悲惨さを再現してほしい，ということ。もう一つは，なぜ原爆が落とされたのかが分かるようにしてほしい，ということです。少なくともアメリカが，パールハーバーがなかったら原爆もなかった，と思っているのは事実なんです。ある日，突然，原爆が落ちた，という展示では不完全だと思うんですよ。つまり，私の強い信念で日本の加害，侵略を展示することにしたのです。なぜ，その展示内容を直前までオープンにしなかったのか，というと，公表すれば出来るものも出来ないからです。議会に詳細に話したりすれば，まとまるはずがない。たとえば，南京大虐殺を認めない人もいる。そういう少数の人は無視するしかないのです（『週刊新潮』1996年5月23日号：54）。

　もしオープンにすれば，導入したい展示内容にクレームがついてしまい，思い通りに新しい資料館の展示を構成できないと考え，本島市長は展示内容を秘密にしたのである。かつて本島自身の「天皇には戦争責任がある」発言が政治問題になってしまったため，こうした事態が起きないように，公表を控えたのかもしれない。

　しかしこの戦略は，後の展示論争の引き金となってしまう。この秘密主義は，伊藤一長新市長にも引き継がれ，開設の準備は進められていった。そして開館の迫る1995年，展示内容に関する要請書が2つの団体から提出される。9月には「長崎の原爆資料館展示を考える協議会」から，12月には「長崎日の丸の会」（遺族会で構成）からであった。

　9月に要請書を出した「長崎の原爆資料館展示を考える協議会」は，市民団体と平和団体の有志（被爆者も含む）で構成された会である。この会の要請を要約すると，下記になる。

⑴ アジア太平洋戦争の全体像と原爆投下に至る原因を明らかにする。
⑵ 日本の侵略と加害の歴史を展示する。
⑶ 長崎と戦争のかかわりについて展示する。
⑷ 外国人の強制連行と強制労働，外国人被爆の実態を明らかにする。
⑸ 新資料館の展示企画案を公開し，市民の意見を聴く会を開く。
⑹ 長崎市原爆資料協議会の協議内容を明らかにする。
⑺「長崎国際文化会館」という名称を原爆資料館にふさわしいものに改名

する（鎌田 1996: 26）。

　また，会のメンバーであり，長崎の証言の会会員の浜崎均は，長崎新聞記者とのインタビューで，原爆の問題であっても加害と被害の双方を直視すべき理由を次のように述べている。

　　原爆と戦争を切り離しては語れない時代になっている。外国の人々には，原爆被害だけを話しても共感してもらえない。加害も被害もすべて直視する姿勢を見せて，初めて核兵器廃絶の訴えも世界へ届く（『長崎新聞』1996 年 4 月 12 日付）。

　原爆と戦争をセットで語らなければ，外国の人びとに原爆被害を共感してもらえない（『長崎新聞』1996 年 4 月 12 日付，『長崎新聞』1996 年 4 月 13 日付）。どのようにして，世界に原爆被害を伝えていくのか，そして核廃絶の世界世論をつくっていくのかといった観点に立てば，加害の展示を原爆資料館の中で示すことは有意味であると，協議会は市に提起した。
　ただ，こうした展示内容についての要請もさることながら，重要な点は，(5) の新資料館の展示内容とそれに関する議論の公開と，市民に開かれた議論を要請していたことである（これらの点は，後に市の回答を受けるが，協議会は納得せず再度抗議している）。
　一方，12 月に「長崎日の丸の会」は要請書を出したが，その要請とは(1) 展示で，日本軍の侵略と加害の歴史を避けること，(2) 原爆投下の原因やアメリカの投下責任を明らかにした展示にすることであった（鎌田 1996: 26）。また当時の同会の理事長・上杉千郷は後に，加害の歴史は疑問が残ると主張し，加害展示は原爆容認論につながると述べている（『長崎新聞』1996 年 4 月 11 日付）。原爆容認論とは，原爆によって日本は降伏し多くの人命が救われた，よって原爆投下は正しかったというものである。長崎日の丸の会は，加害展示を多くの訪問者に見せることは，核廃絶というメッセージとは異なる容認論につながるために，展示を控えよと主張したのであった[15]。
　このように，政治的立場の異なる市民グループから，新資料館開館直前から抗議が出ていた。そして，1996 年 1 月 1 日の朝日新聞全国版に長崎原爆資料館の一部展示内容が報じられたことで，展示論争が本格化していった。

第 2 章　記憶空間としての長崎

ここには，「加害行為を重視し常設展示へ　4 月開館の長崎原爆資料館」という見出しで，次のように書かれている。

　　長崎市は四月に開館する長崎原爆資料館に，先の戦争での日本による加害行為を説明する展示を常設することにした。被爆の実相を訴える従来の展示に加え，世界の近代史の中で原爆投下の意味をとらえる。『核兵器廃絶』を世界に訴えるには，原爆投下に至る日本の加害の歴史を反省する必要があると考えたためで，『被爆五一年』にして初めて，加害の視点が盛り込まれる。日本の加害行為について展示するのは『日中戦争と太平洋戦争』コーナー。日本による戦争の歴史を，一九三〇年代以降を中心とする年表や地図，映像でたどる。南京大虐殺や細菌戦を研究した旧日本軍の七三一部隊，従軍慰安婦の問題も写真などを使って触れる予定だ。……（『朝日新聞』1996 年 1 月 1 日付）。

　さらに，「原爆の非人道性を伝えるのが被爆地の使命。そのためには戦争の歴史，加害の事実をたどらなければ原爆の実相は伝わらない」という伊藤一長市長の談話も掲載された（『朝日新聞』1996 年 1 月 1 日付）。これまで一切語られてこなかった具体的な展示内容がここで明らかにされたのである。

　それ以前から長崎市には「右翼団体や保守派議員たちから直接圧力」（鎌田 1996: 26）があったが，これをきっかけに右翼や保守派関係者から展示内容の改善を求める声が，さらに強くなっていく。そこで問題とされたのは，展示空間③の「日中戦争と太平洋戦争」コーナーの展示であった（図2.3）。

　1996 年 4 月の開館が近づくにつれ，「加害展示」をめぐる各団体の動きも活発化していく。長崎日の丸会が 2 月と 3 月に幾度となく常設中止を要望した。また，自民党市議団が 2 月 29 日に展示内容について抗議し，変更を迫った（『長崎新聞』1996 年 3 月 30 日付）。当時，市議団長であった佐藤忠は，後に南京大虐殺の写真展示になぜ反対するのかという記者の質問に対して，次のように答えている。

　　われわれは，原爆資料館ができると理解していた。それが戦争資料館

59

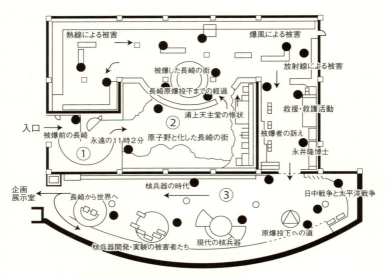

図 2.3　長崎原爆資料館　常設展示平面図
（出典）長崎市市民局原爆被爆対策部調査課（2013: 99）

のようになっていた。あくまで原爆を中心とした資料館であるべきだ。……過去の戦争責任を非難し合う場ではないはずだ（『長崎新聞』1996年4月10日付）。

　……長崎がことさら謝罪する必要があるのか。長崎の資料館は原爆の悲惨さと核兵器廃絶を訴えれば十分と思う。むしろ，加害の展示で，原爆投下容認論を助長することの方が心配だ（『長崎新聞』1996年4月10日付）。

　あくまで，長崎原爆資料館は，「原爆」の被害を伝える資料館でなければならない。決して太平洋戦争全体を伝える資料館ではない。つまり問題となった展示は余計であり，それを原爆と一緒に提示することは原爆容認論を助長するだけだという主張である。もちろん，戦後50周年の節目でもあり，加害の問題に対して過敏になっていた時代背景もあった。
　最終的に長崎市は，3月21日にこれまで伏せてきた展示台本を公開する。しかしここで明らかにしたのは，すでに展示内容を変更した台本であった（『長崎新聞』1996年3月30日付）。

第2章　記憶空間としての長崎

「南京大虐殺」や「死のバターン行進」の写真が,「南京入場」や「真珠湾攻撃」の写真に差し替えられていたのである(『長崎新聞』1996年3月30日付)。また,「戦争への道 前史」という説明文がすべて削除されていたことも明らかになった(鎌田 1996: 28)。こうした差し替えや削除は,自民党市議団からの抗議を受けたものであった(『長崎新聞』1996年3月30日付)。

　これを地元マスコミが報じ,市内の平和団体や長崎在住の華僑らがこの展示差し替えに対して市に抗議し,平和団体は当初案の展示に差し戻すように要請する。また,このことが中国『人民日報』でも報じられ,中国総領事館が市に説明を要請する事態にまでに発展した。一方「長崎日の丸会」は一貫して加害展示全体の削除を要求した。

　これに対して,3月30日に市は「虐殺直前 連行された中国の人々」の写真に差し替えることを発表した。結局,4月1日に「南京入場」の写真を「虐殺直前連行された中国の人々」に差し替えて,市は開館式典を開催した。このように展示内容を二転三転させる市の姿勢は,地元マスコミを含めた多くの人びとからその立場にかかわらず批判されることになった(鎌田 1996: 28,1997: 63)。

　自民党の有力な支持母体である県被爆者手帳「友の会」(長崎県内最大の被爆者団体)は,政治的対立とは異なる形で,加害展示に対する意見を述べている。この会の代表の深堀勝一は,この問題において,南京大虐殺写真の削除よりも南京入城写真に変更したことが問題であり,戦勝写真を展示することは間違っているという。さらに「被爆体験を基にイデオロギーにとらわれず,戦争や平和を考え続け」るべきだと述べる。そして「国境を超えて戦争犠牲者はあまねく救う考えに立つべきだ」(『長崎新聞』1996年4月14日付)と主張した。つまり,政治的なイデオロギーとは関係のない立場で戦争と平和を考えることのできる,原爆資料館の展示を考えるべきだと述べていた。

　しかし,この展示問題はこれだけでは終わらなかった。展示した「虐殺直前連行された中国の人々」の写真が,ある映画の一場面を切り取ったものであり,当時の様子を実写したものではないという報道が,4月17日になされた。これにより,再度保守系の市民グループの活動が活発化し,市は展示の真偽をめぐる対応に追われた。市が議論を重ねた結果,展示していた写真

61

が再現フィルムの一場面であることが判明し，展示も差し替えられた。また
それ以外の展示の真偽も検討され，最終的に展示の修正は，説明文の修正が
40ヵ所，ビデオ映像については419あった画面中，176画面を削除すること
になったのである（鎌田 1996: 28-9, 1997: 63-4）。

　最終的に，この展示の修正・削除によって，論争自体は収束していく。し
かしこのような展示に対する市の二転三転する姿勢は，次に示すようなこの
原爆資料館の別の問題を浮き彫りにしていった。

2.4　論争後の展開：展示構想に関する思想の欠落

　加害／被害の展示をどうするか，展示の是非を問う論争は，結果的に展示
品が「偽」であったことにより収束した。その後，なぜこうした問題が起
きてしまったのかについて検証が行われた。そのなかで，新資料館の展示構
想が議論の対象となっていった。特に問題となったのは，新資料館が長崎原
爆の記憶を継承していく上で適切な展示を行っているのかという点であっ
た。それらを検証するために，市は，市民派と保守派を含めて新資料館の展
示について議論する場を設ける。それが「原爆資料館運営協議会」（以下，
協議会）である。

　協議会において，新資料館の展示方針などが明らかにされていく。そもそ
もの論争のきっかけが市の秘密主義から来ていることから，資料館の展示が
意義あるものになっていないのは，市民との対話が欠如していたためである
と指摘された[16]。ある協議会委員は，市民と自治体が一緒になってやってい
れば論争や問題にはならなかったと述べ，展示は市民が合意できる適切な
内容にしたほうがよいという意見を出している[17]。また，展示監修を加藤
周一や安斎育郎といった長崎とは直接関係のない専門家に依頼していた点に
ついて，その経緯や彼らの方針・意図がどのようなものであったのかが問わ
れ，中央の学者の視点と被爆地との視点のズレも指摘された[18]。

　それに対して，市側は，展示方針や展示意図は教科書に準拠していると回
答している[19]。この「教科書」準拠という回答は，見方によっては内部の論
理ではなく外部の何かに依拠していることを示している。これでは，自分た
ちの立場や態度を極力表明しない展示方針を選択したと見なされても仕方が
ないであろう。

　こうした議論から見えてくるのは，加害に関する歴史をどう展示するのか

第2章 記憶空間としての長崎

という問題よりも、展示に関する市の責任回避・主体性のなさである。協議
会の議論を見ていくと、新資料館の展示について、当時の本島市長の意思を
反映した展示部分以外は、市がどのように〈原爆〉と向き合い展示を行うの
かについて方針をもたず、外部にまかせていたことが明らかになっている。
つまり協議会の中で、市は資料館の展示の中身に関して、主体的に関わらな
いという態度をとり、責任をとることを避けていたのである。協議会の議論
では、展示方針以外に原爆資料館のインパクトのなさも委員から指摘されて
いる。「厳粛さが感じられない」「原爆被爆の実態に迫る展示になるように工
夫してほしい」という発言があり、展示の物足りなさが指摘されている[20]。
これに館長は反論している[21]。

　前身の会館は、展示が手作りであり、市民の来館者は親近感を抱く一方で、
現資料館は、展示が機械的あるいは科学的で、市民から遠いと感じられたこ
とも、インパクトに欠けるという意見が出された理由の1つかもしれない。
たとえば、別の識者が資料館に対して「長崎の心」と表現したような、長崎
原爆を象徴する展示が欠けているという指摘（今田 1999）は、これまであっ
た資料館の独自性が消えてしまったことを指すのかもしれない。そこには展
示物を提示することの難しさと同時に、原爆をどのように視覚で記憶するの
かについて、困難が示されている。

　重要なことは、長崎市がどのような形で長崎原爆を記憶しようとしていた
のかという思想の欠如であった。この加害展示論争を経由して表面化したも
う1つの問題は、長崎市あるいは市民がどのような形で〈原爆〉を展示する
のかという思想が欠落したままで資料館が建てられたことである。この問題
に関しては、長崎市側の展示方針が明確にあり、かつ市民との間に一定の社
会的合意を作り出せていれば、ここまで問題化することはなかったのかもし
れない。

3　旧浦上天主堂廃墟の保存をめぐる論争

　これまで第1節と第2節では、記念公園や資料館など、原爆に関係する碑
や建物をどう作っていくのかについて議論してきた。第3節では、戦後長崎
市は原爆被災によって被害を受けた建物をどう残そうとしたのかという点を
検討したい。そこで重要な事例となるのが、残されていれば広島の「原爆

ドーム」と並んで，長崎原爆の象徴となっていたといわれる旧浦上天主堂である。この建物を残すのか，それとも解体するのかという論争が1950年代に起きた。以下では，この論争を見ていこう[22]（写真 2.8）。

写真 2.8　現在の浦上天主堂（2017 年 8 月）

3.1　旧浦上天主堂

旧浦上天主堂（以下，天主堂）は，爆心地から 500 メートル北東側の位置にあった建物である（横手 2010a: ii）。1945 年 8 月 9 日 11 時ごろ，この建物で「8 月 15 日の『聖母被昇天の日』に向けて準備が進められ」（横手 2010b: 70）ていた時に，原子爆弾が落ち炸裂した。浦上信徒 12,000 人のうち，8,500 人が亡くなり（横手 2010a: iv），天主堂自体は「一部側壁を残すのみで全壊」した（浦上小教区編 1983: 107）（写真 2.9）。

原爆によって破壊される前の天主堂は，高さ 25 メートルの双塔の鐘楼を持つ東洋一の教会であった（写真 2.10）。当時の天主堂は 84 体の天使半身

写真 2.9　破壊された旧浦上天主堂（長崎原爆資料館）
松山町の高台から浦上天主堂を望む

第2章　記憶空間としての長崎

写真2.10　破壊される前の旧浦上天主堂（長崎原爆資料館）

破壊された旧浦上天主堂
正面入口の壁には大きな亀裂が入ったが，倒れずに残った。林重男撮影（長崎原爆資料館）

像と33体の獅子，14体の聖者石像を外壁に配置していた。天主堂は1895年に着工され，双塔の建設まで含めると1925年に完成した。30年かけて完成した天主堂が，1945年8月9日の原爆投下によって破壊されたのである。完成された天主堂が存在したのは，20年ほどの期間であった（浦上小教区編 1983: 85）。

　もともと天主堂のあった場所は，江戸時代から明治時代初期にかけて，信徒たちを迫害，弾圧するための「絵踏み」が行われていた跡地であった。浦上地区にキリスト教の布教が行われたのは，1584年有馬家の当主有馬晴信が沖田畷の戦の勝利を感謝するために，浦上村をイエズス会に知行地として寄進したことに始まる。当時，浦上は有馬家の領地であった。そして，1612年江戸幕府による禁教令で，キリスト教が禁止された後も「隠れ」として信仰が続けられた（浦上小教区編 1983: 75, 23-4）。その間，信徒たちは組織的にさまざまな工夫を施して弾圧を逃れ，信仰を続けた。しかし1790年と1842年，1856年，1867年に，信徒の信仰が発覚し，4度にわたり検挙事件が起きている。これを信徒たちは「崩れ」と呼ぶ。その中で，最大の弾圧で多くの犠牲者を出したのが，1867年に起きた「浦上四番崩れ」である（横手 2010b: 68）。この「四番崩れ」によって浦上の信徒は全国21藩に流配され，処分は各藩に委ねられた。6年後の1873年2月，明治政府によってキリス

65

ト教禁制が撤廃され，この流配は解かれる。流配された信徒 3,394 名のうち，613 人が病死・拷問死した（浦上小教区編 1983: 44-5）。

　信徒たちは当然，自分たちの故郷である浦上村に戻ることになった。その数は，約 1,900 人ほどであったという。しかし，浦上村は以前とは違い荒廃し，これまで祈っていた場所も取り壊されていた。そのため，暮らしの再建と同時に祈りの場が必要となった。とりあえず浦上川のそばに仮聖堂を建設したが，この建物は 200 人ほどしか入れない小さなものであったため，大きな聖堂を望む声が挙がった。その中で，大きな聖堂の建設場所として挙がったのが，庄屋高谷家の土地である。この土地は，かつて「絵踏み」が行われ，「流配」を申し渡された場であった。信徒たちは自分たちを苦しめた場所に教会を建てることに決めたのである（浦上小教区編 1983: 39, 68-9, 73, 75; 高瀬 2009: 40）。

　しかし，この天主堂の建設は困難の連続であった。特に深刻であったのは，資金難である。天主堂の建設は 1895 年に着工したが，本聖堂正面双塔の完成までを含めると 30 年の月日を要した。これは日清・日露戦争によってインフレが起き，その結果資材と人件費が高騰したためだと言われている（浦上小教区編 1983: 80, 85）。これ以外にも幾多の困難に遭遇するが，それを乗り越え，天主堂は 1925 年にようやく完成したのである。

　このように天主堂建設の歴史的経緯を見ていくと，天主堂とその土地には，浦上の信者のさまざまな迫害と試練への思いが込められていることがわかる。そして，旧天主堂の関係者や信者は原爆による被害を「五番崩れ」と表現していたように〈原爆〉をこれまで見てきた浦上のカトリックの苦難の歴史のなかに位置づけている。こうした背景をもつ地域で，天主堂廃墟の保存をめぐる論争が起きることになった。

3.2　旧浦上天主堂廃墟保存をめぐる論争

　終戦直後，原爆で破壊された天主堂の廃墟は，そのままの状態で放置されていた。浦上は爆心地から近い場所にあったこともあり，物的被害と同時に多くの人が亡くなった。1946 年に状況が落ち着き始めると，信徒たちは仮聖堂の建設にとりかかる。同年 11 月，天主堂の瓦礫の山を取りのぞいた場所に木造の仮堂が建設された（長崎市史編さん委員会編 2013: 670；高瀬 2009: 108-9；浦上小教区編 1983: 129）。その後 1949 年，フランシスコ・ザ

第 2 章　記憶空間としての長崎

ビエル来日 400 年祭のために残りの瓦礫なども取り除かれ，正面右側と右側面の一部側壁が残された（長崎市被爆継承課編 2016: 124）。

　こうした状況のなかで，1949 年 9 月に「原爆資料保存委員会」が発足する。これは市長の諮問機関で「戦後あちこちに散逸していた原爆関係の資料をまとめて保存するのが目的」であり，委員には市議会議員や教会関係者も含まれていた。そして，その資料の 1 つに天主堂の廃墟も含まれていた（高瀬 2009: 109）。委員会では，天主堂廃墟保存に関する議論も行われ，「保存すべき」という結論が出された。しかも「保存すべき」という答申は 1958年まで 9 回にもわたった。この委員会の結論によって，天主堂の廃墟をどうするのかという議論が，長崎でまき起こった。

　田川務長崎市長は当初，天主堂廃墟の保存には肯定的であった。高瀬毅によれば，市長は元長崎県の技師に保存方法の検討を依頼していたという。ただし，天主堂は長崎市ではなく，カトリック長崎司教区（現：大司教区）の所有物であった。そのため，保存には，教会側との交渉が不可欠であった。教会側も自分たちで判断するつもりはなく，市と話し合いながら方針を決めていく態度を取っていたという（高瀬 2009: 109, 115-7）。

　この段階では，市長を含め行政と市議会は保存する意向で話を進めていた。市の方針と具体案が決まれば，天主堂関係者も天主堂廃墟の保存に肯定的な結論を出す可能性があったかもしれない（杉本 1972: 140-1）。

　しかし天主堂が翌年再建されることが明らかになった 1957 年，保存を主張していた田川市長はセントポール市との姉妹都市提携のために渡米し，帰国後，突如態度を変えて保存に消極的になる。それに対して市議会や地元マスコミによる天主堂廃墟保存のキャンペーンが行われ，彫刻家・北村西望も保存の要望を行った（長崎市被爆継承課編 2016: 123）。

　市長の突然の豹変について，当時の岩口夏夫市議会議員（1 期目）は長崎市議会で質問を行った。要約すると，全市をあげて，このような価値のある廃墟を保存すべきだという主張であった。これに対して市長は廃墟の価値を認めず，教会側が，新しい教会を建設するにあたり廃墟の瓦礫を取りのぞくことを望んでいるため，教会側の意向を尊重したいと回答した（横手編 2011: 54-77）。しかし岩口は，当時は教会の換え地のプランもあり，教会側はその場所に固執していなかったと述べ，市長の態度次第では保存できた可能性があったと，高瀬によるインタビューの中で語っている（高瀬 2009:

67

143)。

　その後も引き続き，長崎市議会では 32 名の市会議員によって「旧浦上天主堂の原爆資料保存に関する決議案」が上程・可決され，市議会は，市に保存の要請を行った。また，1958 年 2 月 18 日には市長の諮問機関である原爆資料委員会は 9 回目の「保存すべき」という答申を出した。同年 2 月 21 日には，脇山市議会議長が山口司教を訪ね，可決した決議文を手渡し，廃墟の現地保存を要請した（長崎市議会編 1997: 879）。

　原爆資料委員会は同じ日に天主堂の保存対策を協議し，3 案を市長に出している。それは以下のようなものであった。

(1) 新天主堂建設のため正面の残骸は取り壊されても，現在の礼拝堂横にある壁だけでは建物に立て掛けるようにして保存する。
(2) それができなければ廃墟の一部を原爆公園などに移して残す。
(3) 原爆で吹き飛ばされ，教会横の空き地に埋もれたままになっている天主堂のドーム（10 メートル四方）を掘り出し資料として保存する（長崎市議会編 1997: 879）。

　この 3 案を受けて，同年 2 月 26 日，田川務市長が山口司教と会見し，天主堂遺跡の現地保存の仕方について協議する。同年 3 月 5 日に市長は，教会側との折衝の末，天主堂再建の都合上，現状保存は不可能であると述べ，移転保存の具体策を検討することを表明した。その後，天主堂廃墟の取り壊しが始まったなかで，市は廃墟をすべて移築して保存することは技術的・資金的に困難であったため，保存を断念し，一部を移築保存することを決定した。そして，7 月に天主堂側壁の一部を柱状として爆心地公園の中心碑の近くに移築されることとなった（長崎市議会編 1997: 880）（写真 2.11）。建物は解体再建され，落下した鐘楼と破壊された聖像の一部が現在まで保存されている（写真 2.12）。

3.3　教会側の態度

　保存をめぐる論争を見ていくと，市長の態度変更と教会側の方針の尊重という理由から，天主堂廃墟は解体されたことになる。しかし，解体を主張した教会側も一枚岩ではなく，廃墟保存を主張する立場もあり，そこではさま

第 2 章　記憶空間としての長崎

ざまな議論が行われていた。

　主任司祭である中島万利神父は廃墟保存に賛成し，消極的ではあるが換え地に教会を建てることに賛成していたという。そこでの賛成とは，再建する天主堂の換え地を市が用意することが前提であった（杉本 1972: 140）。廃墟の現場保存に好意的であった中島神父は，長崎港口にある伊王島出身であった。この出身地の違いも立場の違いに現れたのかもしれない。こうした保存に対して賛同していたのは中島神父だけではなく，一定数いたという（高瀬 2009: 166）。

写真 2.11　爆心地公園に移築された天主堂遺壁（2012 年 11 月）

　しかし，それでも多くの信徒は教会の移転を望まなかった。その代表格が，決定権をもつ山口大司教であった。彼は浦上出身であり，浦上という土地に強いこだわりをもっていた。そこから高瀬は「何代にもわたって弾圧に耐え抜いた浦上の信徒にとって，現在の「絵踏み」が行われた忌まわしい場所の上に天主堂を建てることは，部外者にはうかがいしれない重みがあるのかもしれな」いと述べている（高瀬 2009: 166-7）。父親が天主堂建設にあたった浦上教会の信者・深堀繁美顧問も「信者は『先祖の血が染み込んだ丘』，『この場所で絵踏した足を洗ってその水を飲んだ』，そのような土地である以上，

写真 2.12　保存された浦上天主堂鐘楼と聖像
落下した鐘楼と被爆聖像が現地保存されている（2017 年 8 月）

69

他の土地には代え難い信仰の場所であると認識していた」と同様のことを語っている（長崎市被爆継承課編 2016: 121）。浦上の信徒は，長崎の原爆被害を「浦上五番崩れ」と呼び，過去の弾圧事件との連続性の中に意味づけていた（高瀬 2009: 167）。

　もちろん，こうした場所の記憶だけではなく，教会側は建設資金の問題を抱えていた点も考慮すべきだろう。1954年7月に「浦上天主堂再建委員会」が発足し，そこで作成された計画書では，建坪400坪を必要とし，総工費が6000万円と見込まれていた。しかし信徒の拠出金は3000万円が限度で，当時は戦後直後でもあり，資金は思うように集まらなかった。最終的には山口司教が渡米してアメリカ各地で支援を仰ぎ，資金提供の約束を取り付けることに成功した（高瀬 2009: 154; 浦上小教区編 1983: 129; 横手編 2011: 84）。

　こうしたことを踏まえると，浦上の信徒にとって天主堂廃墟のある場所は，どこにも替えがたい土地であり，代替不可能な場所として認識されていたのである[23]。

3.4　教会側の意向と構築される旧天主堂廃墟の真正性

「旧浦上天主堂が残っていたらよかったのに」という声が，長崎の平和活動の担い手や市民からもよく聞かれる。確かに保存されていれば，広島の原爆ドームと並ぶ世界遺産級の象徴的な建物になっていたことだろう。ではなぜ，天主堂は原爆ドームとは異なり保存することができなかったのか。以下では，原爆ドームの保存過程を参照することで，その理由を考えたい。

3.4.1　原爆ドームの保存過程[24]

　原爆ドームは原爆の悲惨さ，恐ろしさを伝える象徴的な建物として保存され，1995年には世界文化遺産に登録された。しかし当初から保存が決まっていたわけではなく，長崎市と同様に，広島市も消極的だったといわれる。

　広島市は，国の予算を使って原爆ドームを撤去する予定でいた。しかし1947年から1948年にかけて原爆ドームの周囲に「仮設のバラック住居が立ち並んでいた」ため，爆破工事による撤去ができず，計画は頓挫する。結果的に，市の復興整備を進めていくなかで，原爆ドームがそこに留め置かれることになった（福間 2015: 46）。

　市内の世論はというと，戦後直後から1960年代まで，原爆ドームを残すか壊すかについて，議論が分かれていた。いくつかの調査結果や有識者の発

言などから，戦後直後から原爆ドームを保存せよという声が一定数存在していたという（頴原 2017: 128）。その中には稀少な観光資源として残して欲しいというものもあった。その一方で，保存に否定的な意見も同程度に多かった。地元有識者や当時の市長も，保存に対して否定的な意見を述べていた。

　1960年代前半の原爆ドームに対する被爆者の思いや態度は，リフトン『ヒロシマを生き抜く』（1968＝2009）に詳しく描かれている。それによれば，被爆者らは当時をフラッシュ・バックしてしまうため，原爆ドームを撤去して欲しいという意見や，ドームがなくなることで自分たちが受けた原爆被害も忘却されてしまうという意見，あるいはドームは観光資源の見世物となり自分たちの被害を好きなように利用されるだけではないのかという意見，ドームの存在は逆に原爆被害を矮小化してしまうのではないかという意見などがあった。

　リフトンは，こうした被爆者の原爆ドームに対する複雑な（時には相反する）思いや態度を3つに類型化している。1つめは永久保存の態度である。この態度は「ドームの保存は必要だが辛いことであるという考え方が基調」になっている。2つめは早急な撤去の態度である。これは，「原体験の絶対的な忠実さか……，それがない場合にはそれを想起させるものは完全に抹消するか，の二つに一つ」といった考えである。3つめはリフトンが「第三の方法」と呼ぶ「ドームも壊しもしないし無期限に残してもおかない」態度である（Lifton 1968＝2009（下）: 45）。これは，現時点では保存にも撤去にもどちらにも与せず，とりあえず時間を置き，決断しないという立場であり，市の姿勢もこれであった。これは「融和の方法であり，個々の内部で，あるいは市全体で，相対立するもろもろの力を調和させるやり方」であったとリフトンは述べている（Lifton 1968＝2009（下）: 50-1）。

　リフトンの被爆者に行った73名の聞き取り調査において，3分の1弱が保存の態度を示し，3分の1が解体の態度を示し，残りが「第三の方法」を指示するか，態度を保留するかであった（Lifton 1968＝2009（下）: 50-1）。このように1960年代前半において原爆ドームの存廃をめぐる被爆者の立場や態度は3派に分かれ，保存や解体といった態度をとることが難しく，第三の方法や態度を保留する被爆者が一定数存在していた。

　原爆ドームの存廃の議論が分かれるなか，広島市はドームを解体せずにそのまま遺すことで，こうした要望に対処していく。一定数の市内在住の被爆

者もそれを受け入れていた。そうしたなかで，保存運動が1960年頃から行われる。この運動の中心になったのは「折り鶴の会」によるドーム保存への募金活動であった。こうした世論の高まりを受け，1960年8月に浜井市長の「『存廃は世論に従って決める』との談話」が地元紙に発表される（頴原2017: 137）。

1960年代半頃になると原爆ドームの遺構としての価値が高まりを見せる。これは戦後20年を経過し，都市復興が進み原爆の痕跡が町並みから消えていくなかで，数少ない被爆遺構は原爆の痕跡をとどめる価値あるものとして見出されたためであった(福間 2015: 66)。これは市内に限ったことではなく，市外の著名な研究者も連名で原爆ドーム保存の要望書を提出した。

また保存運動では，折り鶴の会の粘り強い運動を受けて，他の平和団体も保存を訴え始める。1964年12月22日には原水爆禁止運動団体と平和運動をする宗教団体，被爆者団体など11団体は，会長らの連名で原爆ドーム保存を訴える「要望書」を提出した。浜井市長はこれを受け，原爆ドームの保存方法を検討する研究を開始することを約束し，1966年7月11日の市議会は原爆ドームの保存を満場一致で決議することになった。その後1967年4月に保存工事が着工し，8月5日に完工式が行われ，原爆ドームが保存されたのである。この調査に踏み切った背景には，市長によれば折り鶴の会の熱心な働きかけ，被爆者の感情が20年を経て多少変化してきたことがあった（頴原 2017: 138-9）。

以上が，原爆ドームの保存過程である。原爆ドームが保存された条件を見ていくと，浜井元市長が挙げているように，保存に向けた熱心な運動と20年を経た被爆者の感情の変化があるだろう。それだけではなく，原爆ドームこと産業奨励館の土地が民有地ではなかったことも大きい。そのまま放置しておくことが可能であったため，浜井のいう被爆者感情の変化を生んだともいえる。またそれは同時にドームの保存への社会的価値を高める結果となった。つまり，時間の経過によるドームの稀少性の高まりと市内外の保存運動の盛り上がり，被爆者の感情の変化から原爆ドームは保存されることになったのである。

3.4.2　なぜ旧天主堂は保存できなかったのか

まず原爆ドームと異なる点は，天主堂の土地が民有地であったことと，そこが長崎のカトリック信者にとって歴史的な場であったこと，保存運動が盛

り上がらなかったことである。

高瀬（2009）の丹念な取材から見えてくるのは，天主堂があった土地への教会側のこだわりである[25]。教会関係者や信徒らは原爆被災を「浦上五番崩れ」と呼んでいたように，江戸時代から続くカトリック信徒の記憶の中で，天主堂を意味づけていた。こうした歴史的連続性ゆえに，教会をこの土地で再建することにこだわったのである。

他方，保存するための市民世論はどうであったかというと，市議会や地元マスコミによる大々的なキャンペーンを行われたとする見解と（長崎市被爆継承課編 2016: 123），保存に関しては地元紙の扱いは大きくなかったという見解（福間 2011: 311-2）との若干の相違はあるけれども，確認できることは長崎市民による保存運動が行われた形跡はなかったということである。また，長崎市は教会と換地や費用など具体的な案を出すことはなかった。当時，長崎市や多くの市民が，天主堂廃墟の現地保存を真剣に望んでいたのかについては，疑問が残る。結局のところは，長崎市は天主堂廃墟が教会所有のものであったことから，教会側に多くの判断を委ねていたのではないだろうか。そのため，教会側が強く保存を望まなければ現地保存は難しかったように思える。これは，社会学者のJ. ジョーダンが，ナチス時代にまつわる建造物保存において，建物が私有物である場合，現地保存が難しいと述べているように（Jordan 2006），原爆記憶の保存においても同様に難しいことを証明している。

この保存をめぐる論争の中で明らかになったことは，長崎市は積極的に現地保存に動いた形跡がないこと，教会の再建を希望する教会側の意向が大きく働いていたことである。所有者である教会関係者や信徒の多くは，土地の記憶とこれまで培ってきたカトリックの歴史から，天主堂廃墟のある場所に新たな天主堂の建設を望んだ。つまりこの論争は，行政の対応の問題だけではなく，教会側の意向の問題であった。広島の原爆ドームと比較すれば，民有地であったこと，保存運動が盛り上がらなかったこと，そもそも天主堂にある土地自体が関係者にとって重要な歴史的な場であったことが，保存できなかった理由になるだろう。

もちろん，市が具体案を提示し，かつ市民による保存運動が大きく展開されれば，一部の現地保存の可能性はあったかもしれない。しかし，実際にはそうした動きは起きなかった。その結果，原爆被害を示す象徴的な建物が長

崎では撤去されてしまったわけだが，撤去された天主堂の被爆遺構としての
社会的価値は，解体以前よりも増していく。福間によれば，天主堂の撤去が
終わり 10 年を経過したあたりから，撤去を惜しむ意見が，繰り返しメディ
アの中で取り上げられるようになり（福間 2011: 311-2），「旧天主堂」が当
時よりも強いシンボル性を帯びていった（福間 2011: 306-16）。そして，証
言運動などの盛り上がりなどから，「旧天主堂」が「長崎固有の体験のシン
ボルとして思い起こされる」（福間 2011: 314）に至ったのである。

4　長崎における記憶空間の形成

　これまで，平和公園・爆心地公園と原爆資料館を含む記憶空間の形成過程
と天主堂保存問題の経緯を見ることで，長崎原爆の記憶空間がどのように形
成されてきたのかを検討してきた。
　平和公園・平和祈念像の建設や原爆資料館の建設の経緯では，長崎市内の
専門家や被爆者らの話を聞いて案を練っていくというよりも，市外の権威あ
る専門家を呼び，そちらにまかせてしまう傾向があった。特に平和祈念像
の建設においては，長崎市がどのような形で原爆記憶を残していくのかにつ
いての考えは全く反映されず北村西望自身の理念のなかで自由に錬られたも
のが建設された。その結果，長崎市民や被爆者らの社会認識とはズレたもの
が設置され「長らく不評がついて回ることになった」（大平 2015: 21）。
　天主堂廃墟保存をめぐる論争については，長崎市は当初，保存する方針を
打ち出してはいたものの，市は現地保存に関して具体案を提示するなどの公
式的な交渉をした形跡はなく，教会関係者の意向に沿うことを選択し，結果
的に撤去されることになった。この問題においても，原爆を市はどのような
形で継承していくのか，記憶していくのかという青写真をもっていなかっ
た。しかしこの問題に関しては，市が主導して動いていたとしても，保存は
難しかったかもしれない。なぜなら，この保存をめぐる論争には，長崎市の
対応に問題があったというよりも，浦上地区の社会層がもつ固有の歴史的事
情が強く影響していたからである。そのため，天主堂の解体を一概に市の怠
慢と結びつけることはできない。とはいえ，天主堂廃墟が解体されたことに
よって，長崎の記憶空間において，広島の原爆ドームと匹敵するような象徴
的な遺跡がなくなってしまったことは確かである。

最後に第2章の検討を通じて明らかになったことは，長崎市が方針を打ち出して，〈原爆〉の記念を主導するような明確な構想をもっていなかったという点である。戦後を通して，市がどのようなビジョンをもって原爆記憶を残していくのかについては，一貫した青写真がなく，市民や被爆者と議論を行い，市民間での社会的な合意をとることを怠ってきた。平和祈念像の建立や原爆資料館建設に顕著であるように，市行政は市内の専門家や被爆者らの話を聞いて案を練るといった作業をせず，市外の権威ある専門家を呼び，まかせてしまう傾向があった。そのため，長崎市は戦後何度も，地元の意見を聞こうとしないとして，市民から原爆行政の姿勢を批判されてきた。しかし一方で，天主堂保存をめぐる論争から明らかになったように，原爆落下周辺地区は，市が主導して動いたとしても，保存に向けて社会的合意をとりにくい固有の歴史事情も存在していた。

こうした市の戦略のなさと地域事情の結果，平和公園の平和祈念像や浦上天主堂廃墟のように，長崎原爆の象徴となり得たもののうち，天主堂廃墟は解体され，他方，平和祈念像は象徴性の強いモニュメントになり得なかった。平和祈念像に関しては，むしろ年を追うごとに，他のモニュメントや遺構と比べると相対的に力が弱まっているようにさえ見える。長崎原爆の慰霊・記念の空間は，平和祈念像のある平和公園が市民にとって中心的空間にならず，平和公園と爆心地公園の2つの場がその機能を担っている。つまり，公共的な慰霊・平和祈念の空間が二重化しているのである。そして現在では市がそれを公的に認めている。さらに長崎市の記憶空間は広島の原爆ドームと同様の象徴性の強いモニュメントや遺構は存在しないため，さまざまな原爆の痕跡が都市空間の中に散在しているような状況になっているのである。

注
1　国際文化都市建設法は「国際文化の向上を図り恒久平和の理想を達成するため長崎市を国際文化都市として建設する」（第一条）ことを目的とし，国及び関係諸機関が事業の促進と完成に援助を与えることを定めたものである。また，この国際文化都市建設法の要点は下記の3点になる。
　　①長崎市を国際文化都市とするに相応しい都市計画と施設計画を定め，国等は特別の援助を行うこと

②長崎市長は事業の速やかな完成に努力し，6ヵ月ごとに政府に報告，政府は国会に報告すること

③これまでの戦災都市特別都市計画は，本事業に適合するよう変更すること（長崎市 2013：100-1）。

2　本来の計画では，前記施設以外のものも建設する予定になっていた。しかし，厳しい財政状態から1955年時点で5カ年計画の進捗状況は69.1％にとどまり，同年，田川市長が「大体終了した」と述べ，この事業は終了し（長崎市史編さん委員会編 2013: 102），「国際文化センター」構想事業に引き継がれた。

3　ある出来事の記憶を喚起・想起させる物理的な空間のことを指す。

4　西地区の「広場のゾーン」や「スポーツのゾーン」は本章では関連がないため，触れない。

5　なお，当時長崎県職員として復興計画に関わった城浩によれば，爆心地一帯を公園とする計画も当初存在していたが，公園になると道路に出られなくなるという付近の住民から陳情があり，実現しなかったという（石丸 1983: 28-9）。

6　長崎の平和祈念式典の歴史は，末廣（2008），西村（2006），福田（2011）が詳しい。

7　名簿奉安箱は実際に移設された。

8　この報告書は，平和公園を含む周辺の改修など関連事業が輻輳していったため（長崎市原爆被爆対策部編 1996: 475），平和公園の整備計画が立ち上がり，聖域化案は平和公園再整備検討委員会に引き継がれた（長崎市原爆被爆対策部編 1996: 478）。

9　2008年8月4日長崎市内で，長崎原爆資料館職員からの聞き取り。

10　2006年10月11日長崎市内で，長崎原爆資料館職員からの聞き取り。

11　2008年8月4日長崎市内で，長崎原爆資料館職員からの聞き取り。

12　当時の展示は，モノの管理・維持を目的とせず，また体系的に整理整頓されていなかった。そのため，来館者は展示品を間近で見ることができ，現在の資料館の展示よりもモノ自体がもつリアリティやインパクトを感じることができたかもしれない。

13　2008年8月4日長崎市内で，長崎原爆資料館職員からの聞き取り。

14　本島等に関する記述は，横田（2008）をもとに構成している。

15　気をつけなければならないのは，南京事件を含む加害・戦争責任に批判的な人びとが，原爆容認論を引き合いにして加害責任批判を展開した面も否定

第2章　記憶空間としての長崎

できないということだ。原爆容認論は，その点を差し引いて考えなければならない。とはいえ，加害展示を行うとなぜ原爆の実相が伝わらないのか，加害展示反対派の論拠も，考えるべき論点である。

16　「原爆資料館運営協議会議事録」第1回 1996 年 5 月 31 日。

17　「原爆資料館運営協議会議事録」第2回 1996 年 6 月 25 日。

18　同上第4回 1996 年 11 月 1 日。

19　同上第2回 1996 年 6 月 25 日。

20　同上第4回 1996 年 11 月 1 日。

21　同上第4回 1996 年 11 月 1 日。長崎原爆資料館のインパクトのなさについて，筆者はかつて資料館職員の聞き取りと展示品の検討を行い，広島の原爆資料館との比較を試みたが，広島の資料館に劣るような結論には至らなかった。広島の資料館も前身の国際文化会館も，開館当初から被爆の実相を表現しきれていないという意見は散見され，インパクトに欠けるという語り口も歴史的に一定数存在している。したがって，展示の変更にともなうこうしたクレームは，ある程度避けられない。それは深谷（2009）で述べたように，原爆体験（＝戦争体験）を記憶として継承すること自体が抱えるジレンマである。

22　旧浦上天主堂廃墟保存をめぐる論争に関する記述の多くは，高瀬毅（2009）や横手（2010a, 2010b），浦上小教区編（1983）に依拠している。

23　なお，長崎県五島では教会の多くは絵踏みが行われた場所や，信徒が折檻され弾圧された場所に建てられている。苦難の場に教会を建てるのはよくあることであった（高瀬 2009: 168）。

24　原爆ドームの保存過程に関する記述は，頴原（2017）と福間（2015）の議論に依拠している。原爆ドームの保存過程に関する研究は近年，蓄積されてきており上記研究だけではなく濱田（2013, 2014）や島川（2012）などもある。

25　高瀬（2009）の結論は，長崎市と教会の保存から解体への変更に対して，アメリカ側の意向が働いたのではないかというものである。日本国民に原爆・核兵器に対して否定的な印象をもたせたくないアメリカ側が，教会側に新天主堂を同じ場所に再建することを条件に資金を提供するなどして，原爆被害の象徴となり得る天主堂を解体させたのではないかと高瀬は述べている。

77

第3章　城山小学校被爆校舎の保存とその活用
——被爆遺構の保存と記憶の継承

1　モノと記憶の関係

1.1　被爆遺構の現地現物保存

　第2章では，市民や行政が被爆直後から戦後50年まで，どのように原爆記憶を記念してきたのかを検討してきた。原爆資料館の展示や浦上天主堂廃墟の解体などからもわかるように，長崎市内で戦後50年まで行われてきた記憶の継承実践は，原爆被災の跡を残したモノに関心はあったものの，これを現地で保存することは重要視されていなかった。むしろ，原子野となった市内の生活再建や都市復興が優先課題であったため，その妨げにならない程度の移転保存や生存者の証言を集める作業が継続的に行われてきた。

　そのため，長崎市において原爆で被災したモノのほとんどは，現地で残されることはほとんどなかった。原爆被災物の一部は資料館に保管されるか，遺構を解体して，記念碑や記念館が建てられることが多かった[1]。これまで，保存の世論を喚起するには至らず，いくつかの遺構が解体されてきた。たとえば，第2章で触れた「旧浦上天主堂廃墟」は，広島の原爆ドームに匹敵するほどの象徴的な遺跡であったが，1958年に解体されている。

　1970年代後半以降にようやく，証言の記録のほかに，継承のもう1つの重要な課題として原爆被災物の保存が位置づけられ，現地現物保存の重要性が語られるようになった。そして，遺構保存をめぐる問題が市民の関心事として再び浮上したのが，1980年前後に起こった城山小学校被爆校舎保存の問題であった。

　本章では，まず現在の長崎において，被爆遺構の保存がどのように行われてきたのかを概観する。その後，遺構保存の端緒となった城山小学校被爆校舎を事例として取り上げる。城山小学校被爆校舎は行政の解体方針に対して，地元関係者や市民の保存運動によって被爆遺構[2]が残された，長崎で初めて

78

の例である。その過程を通じて，原爆記憶の継承において遺構を残すことが，そこに住む生活者にとってどのような意味をもつのかを明らかにする。

1.2 記憶・モノ・場所

具体的な議論に入る前に，「記憶の社会学」において，記憶とモノ・場所の関係はどのように位置づけられてきたのかを確認しておこう。

M. アルヴァックスに始まる集合的記憶論では，記憶は現在の視点から各社会集団の依拠する社会的枠組みに従って，その都度構成される（Halbwachs [1925]1952, 1950=1989）。集合的記憶は決して固定的でも，貯蔵庫でもなく，時代の中で構築・再構築されるアクティブな過程である（Olick 2007）。しかし，その構築過程は言説や表象の論理のみに規定されるわけではない。そこには，記憶を生きる人びとの実践や生活が関わっている。こうした視点を踏まえると，遺跡がどのような形態で保存されるのかは，その記憶を想起する時点の社会過程に大きく依存することになる。困難な過去の存在だけでは，場所・建造物を記念する十分条件とはならない（Jordan 2006: 10-1）。保存を望む市民や保存対象となる場所の利用者，その土地の所有者，行政，地元民といったアクターが絡み合う交渉過程の中で，そこに価値が見出されたとき，場所・建造物は意味あるものとして私たちのもとに現れ，保存すべきものとなるのである（Jordan 2006）。

しかし社会過程の中で生み出された場所・建造物の社会的な価値は，物質性との結びつきなしには語ることはできない。記憶は常に風景や場所，建造物に埋め込まれ，刻み込まれている（Opp and Walsh 2010: 5）。ただし，モノ・場所が言説や記憶実践を一方向的に規定するわけではない。遺跡やモノは想起し記念する人びとの活動の中で意味を帯びて現れるのだ。したがって，「記憶の社会学」では人とモノ・場所の関係を含む相互作用に着目し，その展開過程を記述しなければならない[3]。

本章ではこうした視点にもとづき，まず旧浦上天主堂廃墟解体以降の長崎の被爆遺構の現状と，その中で長崎において重要な建造物とされる城山小学校被爆校舎の保存過程，そして保存後長らく放置されていた状態から平和祈念館として開館するに至る経緯を論じる。城山小学校被爆校舎の解体をめぐって起きた地元住民の保存への働きかけは，被爆遺構を保存することに市民の関心を向ける端緒となった。どのような社会過程で保存がなされたのか，

写真 3.1　被爆した山里小学校
岩屋橋たもとの巨木越に山里国民学校を見る。校舎は解体されたが防空壕は保存のAランクに指定されている（長崎原爆資料館所蔵）

そしてその後どのように活用されたかの検討を通じて，モノのもつ意味やそれを媒介とした原爆記憶の継承とは何かを明らかにしたい。

2　被爆遺構の解体から保存・活用へ

2.1 被爆遺構保存の基準

　長崎市で本格的に被爆遺構の解体に反対した保存運動が行われるようになったのは，1980年代後半以降のことである（長崎の原爆遺構を記録する会編 205: 121）。

　たとえば，爆心地近くで被爆した山里小学校校舎（写真3.1）は，1988年に校舎老朽化のため解体されることになった。遺構を残し，平和教育に役立てて欲しいと市民・被爆者から声が挙がったが，長崎市教育委員会は「形あるものはいずれ風化する。平和教育の一環として，精神面で継承する方が効果的」と結論し，当初の計画通り校舎をすべて解体し，新しい校舎に建て替えた（長崎の証言の会編 2004: 37）。校内にあった防空壕のみが保存・整備された。しかし，長崎市の被爆建造物保存整備事業によって，防空壕が以前とはかけ離れた姿になってしまったため，2001年5月に平和団体が「元の

第3章　城山小学校被爆校舎の保存とその活用

姿に近い形に直すことなど」を求めて市に抗議した。市は安全面の確保を考えれば、現在の保存状態が最良として、平和団体の要請を退けている（『長崎新聞』2001年5月16日付）。

1989年には山里小と同じく爆心地近くにある淵中学校も校舎を解体することが計画されたため、同年7月に「被爆遺構の保存を進める会」が長崎の証言の会を中心に結成され、保存運動が行われた。しかしそれもむなしく同年8月にこの校舎も解体された。この「被爆遺構の保存を進める会」が、長崎で初めて被爆遺構保存を求めた市民団体である（長崎の証言の会編 2004: 38）。

さらに1992年には、平和公園の改修工事において、旧長崎刑務所浦上元刑務所支所の遺構（建造物基礎部分や死刑場の基礎部分）が発見され、この保存を求める「平和公園の被爆遺構を保存する会」が同年2月に結成され、保存運動が行われた。しかし、これも平和公園のイメージにそぐわないなどを理由に、全面保存には至らず、一部保存にとどまっている（「原爆と防空壕」刊行委員会編 2012: 134-9）（前掲写真2.4）。

もちろん長崎市は、あらゆる遺構の保存を否定してきたわけではない。次節で詳述するように、1979年に長崎市は市立城山小学校の老朽化した旧校舎の解体と新校舎建て替えを計画したところ、地元関係者・校区住民らが粘り強く交渉し、市と市教育委員会は城山小学校被爆校舎の一部保存に合意した。

2.2　長崎市被爆建造物等の取扱基準

1984年に長崎市は長崎市原爆被災資料協議会を設置し、被爆遺構の対策に乗り出した。長崎市原爆被災資料協議会は「原子爆弾の被災資料の収集に協力し保存及び公開に関する調査・研究を行うことを目的とした機関」である（木永 2005: 156）。

1992年にこの協議会が主導し、「長崎市被爆建造物等の取扱基準」（以下、取扱基準）が作成・施行される。この基準では「原子爆弾による被害を受けた建築物、橋、石垣、鳥居、石碑等」は「被爆建造物等」として定義され、その対象となったものは「取扱基準」に従って調査が行われた[4]。この取扱基準による調査対象は、爆心地から2キロ以内とおよそ4キロ以内の「現存する被爆建造物等及びすでに滅失した大規模な被爆建造物等」であった[5]。

81

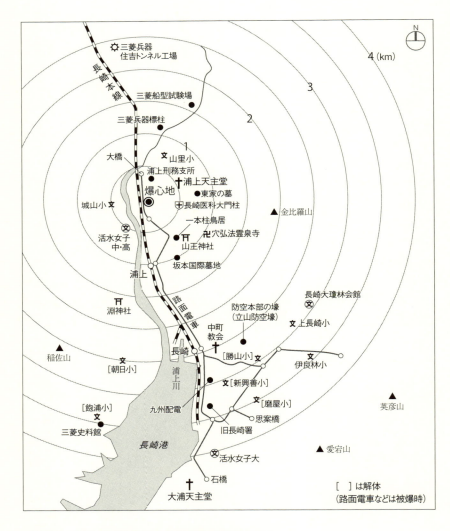

図 3.1 長崎におけるおもな被爆遺構（被爆建造物）
（出典）長崎の原爆遺構を記録する会編（2005: 18）をもとに作成

第3章　城山小学校被爆校舎の保存とその活用

表3.1　おもな被爆遺構のランクと爆心地からの距離

ランク	被爆遺構	距離（km）	状態
A	城山小学校平和祈念館（被爆校舎）	0.5	保存
A	山王神社二の鳥居	0.8	保存
A	長崎医科大学門柱	0.6	保存
B	旧新興善小学校校舎	2.8	解体
B	立山防空壕（長崎県防空本部）	2.7	保存
B	三菱兵器住吉トンネル工場	2.3	保存

（出典）「原爆と防空壕」刊行委員会編（2012）をもとに作成

　調査の結果，被爆遺構はAからDの4段階にランクづけされた（巻末の被爆建造物一覧表）。

　Aランクは「被爆建造物の中で，原子爆弾の熱線，爆風及び放射線により破壊，又は著しく影響を受け，原子爆弾のすさまじさを感じさせるこん跡があるもの，又は，著しいこん跡は認められないが，当時の社会的状況を特に強く示唆するもの」である。次にBランクは「被爆建造物等の中で，原子爆弾により何らかの影響を受け，こん跡が認められるもの，又は，こん跡は認められないが，当時の社会的状況を示唆するもの」とされている。この基準で注目すべきは，原爆による外傷が認められなくても，「当時の社会的状況」が認められれば，保存検討の対象になるという点である。「当時の社会的状況を示唆するもの」とは，戦争や原爆被害と何か関係する場所や建物を指している6。

　A・Bランクに認定された被爆建造物等は保存されるべき対象となった。ただし，実際には保存検討の対象になっても，保存されない被爆遺構もあった（表3.1）7。現在までのおもな被爆遺構は図3.1に図示した通りである。

3　被爆遺構保存の経緯——山王神社二の鳥居と立山防空壕

3.1　山王神社二の鳥居の保存：神社と周辺住民の理解

　長崎市内で保存されたA・Bランクそれぞれの被爆遺構の保存経緯を確認しておこう。

　取り上げるのは，1970年代半ばに現地現物の保存がなされた後にAランクに指定された山王神社の二の鳥居と，Bランクに指定された後に保存が決定した長崎県防空本部防空壕（立山防空壕）である。

写真 3.2　山王神社二の鳥居（2017 年 7 月）

　山王神社は爆心地から南東に 800 メートルに位置し，原爆により甚大な被害を受けた 8。神社の参道にある一の鳥居から四の鳥居のうち，三の鳥居と四の鳥居は倒壊したが，一の鳥居と二の鳥居は爆風に対して平行に立っていたため，原爆による倒壊を免れた。ただし，二の鳥居北側の柱とその上部は原爆により吹き飛ばされたため，片足（一本足）鳥居となった（写真 3.2）。一の鳥居は原型をとどめていたが，1962 年 3 月交通事故により倒壊し，後に撤去されている（長崎市被爆継承課編 2016: 164）。

　1951 年の時点では，二の鳥居は一本足・片足鳥居とも呼ばれ「『長崎の名物の一つに数えられ，長崎を訪れる観光客に当時の生々しさを語るよすがとなっている』」と記録されている。また，神社の境内で被爆し枯れ木の状態から甦った「被爆クスノキ」も広く語り継がれている。

　戦後長崎では，旧浦上天主堂廃墟と片足鳥居は原爆を思い出させるから撤去せよという意見もあった。この鳥居の保存について 1963 年に長崎新聞のインタビューに答えた先代宮司は「『氏子さんたちもこの一本足鳥居をどうこういう話はでていない。それにお宮にカネがありませんからナ。原爆記念にいまのままでいいでしょう』と笑い飛ばしていた」（長崎市被爆継承課編 2016: 165）。

　ただし 1970 年代に入ると状況が変わる。片足の鳥居の下を通る周辺住民から危険を訴える声が目立つようになり，安全性の問題から解体撤去の議論が地元紙面で取り上げられるようになったのである。当時の宮司もこうした

第3章 城山小学校被爆校舎の保存とその活用

安全性の問題と神社の性格上，片足鳥居が望ましい姿ではないことから，現物保存に難色を示していた。

こうしたことを受けて，長崎市は専門家に依頼し，安全性に関する調査に乗り出す。1970年と1973年に出された調査結果は，鳥居は安定しており補強の必要はないというものであった。その後，危険性に関する住民の意見は聞かれなくなった。坂元町山王自治会副会長によれば「二の鳥居が危険であるということは全く思いもしなかった」と述べているように，二の鳥居の安全性は1970年代半ばには市民に認知されたようである（長崎市被爆継承課編 2016: 165）。取扱基準の施行後，二の鳥居は被爆遺構のAランクに指定された。

以上から，二の鳥居が保存されてきた理由を検討すると，再建・再利用の計画が生まれにくかったことと安全性が科学的に証明されたこと，戦後の生活のなかで，慣れ親しんだ風景の一部として周辺住民に溶け込んでいたこと，さらに神社側がある程度理解を示していたことが結果として，保存につながったといえる（長崎市被爆継承課編 2016: 165）。特に，安全性に関する専門家のお墨付きだけではなく，一本足鳥居（二の鳥居）が周辺住民の日常の生活世界の一部になっていたことや，第2章で見てきた旧浦上天主堂とは異なり，所有者である神社側が解体を強く望む意向をもたなかった点が特徴的である。

3.2 立山防空壕の保存：相対的な価値

次に長崎県防空本部防空壕（以下，立山防空壕）を見ていく。立山防空壕は，爆心地から南東2.7キロにあり，「空襲警報が発令されるたび，知事らが駆けつけて警備や救護の指揮に当た」り（長崎の原爆遺構を記録する 2005:7），被爆時には「壊滅した長崎で唯一の通信所の役割を担った防空壕」であった（長崎の原爆遺構を記録する会編 2005: 78）。当時，そこには知事室や防空監視所や「全国の新聞社，放送局に記事を配信していた同盟通信社の無線室が配置されていた」（長崎の原爆遺構を記録する会編 2005: 77）。2005年11月から遺構は保存整備され，見学できるようになった（写真3.3）。

1992年に取扱基準が施行されると，立山防空壕は被爆建造物としてリストアップされ，被災資料協議会内で協議された。1993〜95年度にかけて行われた調査を踏まえて，1997年度末にBランクに指定された[9]。実際に保存整備が検討されたのは，新興善小学校校舎解体（2004年4月）の直後であっ

85

写真 3.3　立山防空壕入口と内部（2017 年 8 月）

た。しかし，立山防空壕も何の異論もなく保存が決定したわけではなかった。
　2004 年 5 月，具体案が練られている段階において，原爆被災資料協議会である委員から，立山防空壕の遺構としての価値に疑義が呈されている。

> 防空壕をなぜ残すのかが私にはわかりません。私は防空壕そのものは核兵器をなくすための役割をどれほど果たせるのかと思います。……立山防空壕が原爆に関することで果たしてきた役割はなんなのかということもわかりませんし，なぜこれを残さなければならないのかということも説明していただきたいです[10]。

　これに対して，別の委員らは，この防空壕と原爆との直接の関係は薄いとしながらも，戦争の遺構として価値があることや，実際に建造物でBランクに指定され，歴史的に当時を物語る資料として価値があることを述べて，立山防空壕を保存する正当性を主張した[11]。
　それ以外にも，Bランクに指定されていた新興善小学校校舎の解体を受けて，Bランクの遺構は必ず保存してほしい，被爆遺構が次々になくなっているので少しでも原爆に関係していれば残すべきだという意見も出された[12]。こうして，保存の意義や遺構としての価値を議論し，現地視察を経て，2004 年 6 月の会議で疑義を呈した委員も納得し，保存が決まったのである[13]。
　ここで注目すべきは，この保存において，立山防空壕自体の歴史的価値だけではなく，市内には遺構がほとんどないから残すべきという，相対的な価値づけのもとに保存が主張された点である[14]。このやりとりが行われた時期

第3章　城山小学校被爆校舎の保存とその活用

は，新興善小校舎が解体された直後であり，被爆遺構であれば，保存したいという意識が委員の中に共有されていたのかもしれない。また長崎市側もこの防空壕を解体すると，新興善小校舎に続いてBランクの被爆遺構を解体することになり，平和団体や市民から批判されかねないと憂慮していたように思える[15]。

現在, 長崎における被爆遺構は, 市民有志による保存運動や市の施策によって保存される傾向にある。しかしそれは，単に被爆遺構そのものの価値よりも，長崎では被爆遺構の多くがすでに姿を消していることが，市民や被爆者らの危機意識を生み，保存に結びついている面もある。

以上が，長崎における被爆遺構の保存運動と長崎市の態度であった。次に，こうした保存への端緒となった城山小学校被爆校舎の保存と活用過程を詳しく見ていくことにしよう。

4　城山小学校被爆校舎の一部保存[16]——経緯と始まり

4.1　城山小学校被爆校舎

1997年10月17日，長崎市原爆被災資料協議会は市内に現存する被爆遺構について，保存のための助成制度を設け，保存後の被爆遺構を活用するように長崎市に要請した。同協議会の作業部会はその中で，特に重要度の高い城山小被爆校舎（写真3.4）や浦上天主堂石垣など（計46件）について補助制度を設け，被爆遺構を保存・活用するよう長崎市に求めた（内田 1999: 220-1）。市の助役は「この報告を基に市内部で詳細を詰め，早ければ来年度にも予算化したい」と前向きに発言し，その結果市は約4600万円の事業費を投入することを決定した[17]。1998年には城山小被爆校舎は，長崎市内の被爆建造物等ランク付一覧表の建築物でAランクに位置づけられ，活用が図られることになった。

1999年，保存された城山小被

写真3.4　城山小学校被爆校舎外観（2017年8月）

87

爆校舎の一部が「城山小学校平和祈念館」として開館し，2016年には被爆
遺構として国の史跡に登録された。近年この「平和祈念館」には，修学旅行
生など年間3万人以上が訪れている（『朝日新聞』西部本社版，2013年6月
22日付）。

4.2　城山小学校と周辺地区のプロフィール

城山小学校は，爆心地から500メートルの高台に位置し，1923年尋常小
学校として創立された（1941年に城山国民学校と改称）。当時の校舎は県内
初の鉄筋コンクリートで3階建てであり，長崎市城山町1丁目の小高い丘の
上に立つモダンな建物であった（『朝日新聞』長崎版，2013年7月31日付）。
周辺地区の世帯数は800世帯であったといわれる。

城山小周辺（現城山町，城栄町など）は1920年に長崎市に編入された後，
市営住宅の整備，路面電車の延伸（大橋まで），長崎市立商業高等学校の完
成などにより人口が増加した。また周辺に学校や官公庁，三菱系列の企業に
勤める世帯が多かった（長崎市役所編 1979: 627-8）。

しかし原爆によって，城山小の教職員，三菱兵器製作所の所員・動員学徒
ら158人のうち120人以上が，児童数1,500人のうち1,400人が自宅などで
亡くなった（『朝日新聞』長崎版，2013年7月31日付）（写真3.5）。

被爆直後，1946年3月に城山小は休校し，稲佐国民学校と合併する。長
崎市は残った校舎を住宅難解消のために改修し，戦災者と引揚者のアパート
として使用した。運動場は野菜やいも畑に利用された。しかし，城山小学校
復興後援会が組織され，当時20万円の会費を拠出し，1948年4月1日に再
び学校として使用されるようになり，新1年生の入学式が行われた。その当
時の児童数は105名であった（内田 1999: 213）。

4.3　保存に向けた活動の始まり

城山小は戦後，修理しながら教室を使用していたが，老朽化を理由に長
崎市教育委員会が校舎を建て替える計画を立てたのは，1979年6月である。
長崎市は補正予算のうち，1億300万円を城山小学校改築費用として計上し，
議会に提出した。そこから，城山小校区住民らは建て替えの計画を知った。
この予算はその後，市議会で討議され，最終的には総務委員会が「学校建設
については，当該同窓会・育友会[18]などでも充分に話し合うように」とい

第3章　城山小学校被爆校舎の保存とその活用

被爆前：城山国民学校。小川虎彦撮影

被爆後：保存された被爆校舎は中央部分
写真3.5　被爆した城山小学校（長崎原爆資料館所蔵）

う結論に至り，教育委員会の事案となった（長崎の証言の会編 2004: 65）。

　2ヵ月後，市教委の施設課長から「城山小学校の改築問題について」育友会にも相談したいという連絡が育友会会長に入る。学校と校区住民の代表は協議し，城山小学校の歴史的意味と教育的意義から被爆校舎を遺すことを決める。1979年9月，学校側と住民代表の2人が市建築課長と会い，城山小学校を遺す必要性を説いた。10月に再び建築課長・建築課係長・施設課長・施設課係長と校舎の保存について協議し，遺構として遺すことで両者意見の一致をみる。当時，内田らが長崎市長への陳情の日程を打ち合わせるために，市秘書課長と会った際，秘書課長は「……原爆被災のシンボルとして残すことは尊い行為であり，城山小には生々しい原形が残されていることや建物に人間の体臭と血がにじんでいることを思えば，残すことは意味がある」と前

89

向きな発言をしていた（内田 1999: 214-5）。

　保存問題初期において，校区住民らは，比較的早い段階で校舎建て替えの情報を知り，住民内で校舎保存の方針を決めていた。保存に向けての活動が比較的早かったこともあり，市の建築・施設課と意見が一致していた。また，市行政も歴史的意義を考えて，保存に関しては前向きな発言をしていた。

　そして 1979 年 10 月 16 日，城山小育友会・同窓会・慰霊会は，市長と市教育長，市議会議長に「陳情書・城山小学校改築に伴い現校舎の一部を原爆資料館にしていただくお願い」を提出した。この陳情の要旨は以下の通りである。

　　　私どもは，城山小学校育友会，全同窓会，全原爆殉難者慰霊会であります。
　　　このたび，長崎市当局におかれましては城山小学校の校舎を危険校舎として解体し，新校舎を改築していただきますことは，私ども一同深く感謝申しあげます。
　　　この機会に校舎の一部を残し，私ども長年の念願であります原爆資料館にしていだき，原爆の惨禍と，平和の尊さを永久に伝える原爆の遺跡としていただきたいのです[19]。

　この陳情書の中で，地元関係者は，長崎原爆の惨禍における城山小の歴史的意義と学校の平和教育における被爆校舎の重要性などを述べ，南校舎最南端の一教室と階段室を資料館として一部保存することを長崎市に訴えたのである。しかし，同年 12 月になると雲行きが怪しくなっていく。

4.4　一部保存への前向きな検討から，解体の方針へ

　1979 年 12 月 18 日，城山小育友会・同窓会・慰霊会の 3 団体は，校舎の一部保存と資料館建設を市議会に陳情する。長崎市議会教育厚生委員会は，早速この陳情を審議している。そこで，伊藤一長市議会委員長（その後1995〜2007 年まで長崎市長）が，議会を代表して「前向きで納得できる措置をとるように」教育長に要望する。また，各委員からも「『長崎市だけの問題ではなく，国内，国際的な問題』『城山小は原爆の犠牲になった小，中学校の代表。教育の見地からも残すべき』『必ずしも資料館でなくても遺

跡でもよいから保存を』といった」意見が挙がった（『毎日新聞』長崎版，1979 年 12 月 19 日付）。市議会は，校舎保存に対しては比較的好意的であった。

しかし，こうした陳情と要望に対して，市教委側は，3 団体の意見を聴き，協議すると述べつつも，「『気持ちは十分わかるが，校舎の一部を保存して学校敷地内に置くと，学校敷地が狭くなるので，学校の整備，運営が十分はたされるように検討したい』」と答え，保存に対して慎重な態度を示していた（『毎日新聞』長崎版，1979 年 12 月 19 日付）[20]。「痛みがひどく，天井からしっくいが落ちることもあり，危険校舎として文部省の許可で全面改築することになった」との報道もなされた（『読売新聞』長崎版，1979 年 12 月 19 日）。

1979 年 12 月 27 日に市議会の教育厚生委員会における審査結果が，関係者に通知される。そのなかで市教委は校舎保存ではなく，解体の方針であることが明らかになる。内容は以下のようなものであった。

> 陳情の趣旨は理解できるが，学校施設の将来計画等から勘案すると，現在地に残すことは学校の管理運営上問題がある。また移築保存することは，その用地，あるいは財政面で十分検討する必要があり，今後陳情者の意見を聞きながら慎重に対処したいとの見解であります。……（内田 1999: 216）

市教委は，敷地の広さ・予算・管理の観点から，保存ではなく，解体が望ましいと結論づけた。城山小の地元関係者は長崎市との交渉過程で，市長や市議会から一部保存に向けて前向きな返事をもらったものの，保存において重要な意思決定機関の 1 つである市教委を説得することができなかったのである。

4.5　一部保存決定へ

年が明けた 1980 年も，地元関係者は校舎保存のため，内部の意見調整の協議も含め，市教委などと交渉を続けた。しかし，こうした協議が継続中であるにもかかわらず，長崎市は校区住民・地元関係者側に何の連絡もせず，解体業者に校舎取り壊しの現場説明を行った（内田 1999: 216-7）。市教委は，住民との協議を無視して既定路線として解体計画を進めていったのである。

当然のこととして，関係者はそれに抗議しつつ，その後も市・市教委と粘り強く協議を重ねた。

　1年後の1981年，市教委は新校舎建設に支障をきたさない被爆校舎の階段部分のみを残す案を3団体に提示してきた（『毎日新聞』長崎版，1981年7月8日付）。

　荒川秀男元教頭の日記に従えば，校舎建て替え計画が出されて2年後の1982年2月19日，関係者と市教委との協議の末，ようやく北校舎の階段を遺すことで最終意見がまとまる。荒川は同年8月の校舎解体にともない，遺体を火葬した場所を聖地として確保することも希望していた（『朝日新聞』長崎版，2013年8月3日付）。

　そして同年9月16日，長崎市教育長から，原爆殉難者慰霊会長あてに城山小校舎改築にともなう陳情についての回答が寄せられた。その内容は，①将来取り壊す予定の北側校舎のらせん階段を残す，②南側校舎の被爆時にできたヒビ割れの柱の一部（二柱）を校内の他の場所に移設して保存する，③新たに原爆資料室，図書室を学内に設置する，という「三点について相互に確認し了解した事項について，教育委員会が責任をもって，この実現に努力することを確約し回答といたします」というものであった。市や市教委との合意後，城山小校舎の解体作業が行われ，1984年に北校舎の補強工事は完了した（内田 1999: 217）。城山小被爆校舎の保存問題は，関係者の粘り強い交渉と保存運動によって北校舎の一部保存という形で，幕を閉じたのである（『長崎新聞』2013年6月22日付）。

　以上が，保存問題の経緯である。建て替え計画にあたって，担当部署の市教育委員会は明言を避け，その後地元関係者が提出した陳情に対して，保存は難しいという立場を表明する。それでも，地元関係者はあきらめず，関係者内の支持を広げ，さらに市との交渉を続けた。また，早い段階で保存に向けて住民内部の合意をまとめ，保存運動を行った成果も大きかった。その結果，最終的には被爆校舎の一部保存の合意を市行政から取りつけるに至ったのである。

第3章　城山小学校被爆校舎の保存とその活用

5　城山小学校被爆校舎の保存運動

5.1　行政の立場

　長崎市は被爆校舎保存の要望に対してどのような態度をとっていたのだろうか。改めて詳しく見ていこう。

　まず保存問題がもち上がった1979年10月当初，小学校・地元関係者の陳情に対して，秘書課長は「……原爆被災のシンボルとして残すことは尊い行為であり，城山小には生々しい原形が残されていることや建物に人間の体臭と血がにじんでいることを思えば，残すことは意味がある」と答えている。また，翌1979年10月31日，助役も「尊重することが，長崎市の立場であろうと思います。保存については，全体を含めて……やりたい。学校現場の問題でもあり，安全性を最大限に配慮したいが，何とかうまい方法はないものかと，検討したい」と述べていた（内田 1999: 214-215）。一見，市は校舎保存に対して前向きな姿勢を見せているようには思えるが，これを残すのは悪いことではないという価値基準を述べるにとどまっていた。

　むしろ，問題となっている校舎は市の教育施設であるため，担当部署の代表である教育委員会の教育長の意向が重要になっていた。しかし当時の教育長は，当初から保存に対して慎重であった。1979年10月31日，教育長は「機能的なもの，地域が持っている伝統的な八月九日，そして非常な苦しみをもった城山小学校の独自性と地域性の両者をマッチさせた新しい学校づくりのための調和をめざしたい」と語り，保存すべきかどうかについての議論を避けている（内田 1999: 215）。さらに保存に関しても，市教委は「敷地が狭く，学校運営上の観点から施設をどうするのか考えるのが基本」とし，一部保存は念頭に置かれてないことが明らかになっている（『朝日新聞』長崎版，1979年12月18日付）。

　そして，2年後の1981年6月に，市教委管理部長・宅島節夫は「"原爆校舎"もかなり補修が行われており当時の姿ではない。原爆遺構として保存する価値があるか評価は分かれる。校舎改築工事としては解体する方が効率的」と校舎保存に対して否定的な意見を述べるに至ったのである（『長崎新聞』1981年6月9日付）。

　市教委は当初，発言を控えていたが，校舎をどうすべきか決断が迫られる

93

につれて，徐々に態度を明らかにしていった。基本的なスタンスとして，行政は校舎保存に対しては，否定的であったといえよう。

5.2 学校関係者の立場：育友会・同窓会・原爆殉難者慰霊会

　学校関係者の態度を見ていこう。1979年10月16日に保存を訴える学校関係者はまず，市に「陳情書」を提出する。要約すれば，そこで求められていたのは，校舎の一部保存と長年の念願である原爆資料館の設置であった。そして，市に校舎問題に対して「行政上の都合や学校の利便性だけで判断」しないように訴えた（内田 1999: 219）。

　また，保存の意義や支持を広げていくため，地元関係者の代表は，学校関係者に働きかけていく。同窓会の役員会では，解体を急速に進めようとする市教委のやり方に批判が集中したという。そして，市との交渉は育友会と同窓会に一任することが役員会で確認された（長崎の証言の会編 2004: 64-5）。慰霊会代表も保存に向けて前向きであり，学校関係者の主要なグループである同窓会と慰霊会の足並みが揃った。

　懸念の1つは，通学児童の父母・保護者たちの態度であり、実際どのような反応を見せるのかが，保存活動を行う上で重要となった。まず，育友会会長の内田伯は，原爆をよく知らない保護者の支持を取りつけるために広報活動を展開する（長崎の証言の会編 2004: 64）。彼は「城山小学校校舎保存をどうすすめるのか」（「育友会だより№3」）を配布するなど，低学年児童の父母を対象に，一部校舎保存への理解を求めた（内田 1999: 217）。「育友会だより」から引用しておこう[21]。

　　城山小学校校舎の保存をどうすすめるのか
　　会長　内田伯
　　校舎改築に当たって
　　　このたび，本年度から三カ年計画で，修理の限界もあり，新しく全面改築されることになりましたが，そのことは大変喜ばしいことであります。しかしながら，原爆の爪痕を残してきた校舎の中で，子供たちは毎月九日，あの日のことを自分の目で確かめながら，平和教育の中で育ってきました。しかしながら，その校舎が全てなくなってしまうことになりますと，もう見ることができなくなり，口伝えだけの平和教育になっ

第3章　城山小学校被爆校舎の保存とその活用

ていくことを案じているのです。

天は語らず廃墟をして語らしむ

　長崎市の場合，広島市に比べて，あの日の原爆の惨禍を次の時代へと，また後世へと伝えるような生きた遺跡が殆どありません。牢固な建物としては，城山小学校が最後のものとなるでしょう。かりにこのまま，当校舎が撤去された場合，今日まで被災校として大事に修復されてきた建物は，全く消滅し，復元されることもないでしょう。

　いま，世界に目を向けた場合，第二次世界大戦の戦跡や遺跡として，ナチスドイツによる，……アウシュビッツ強制収容所や……が今日でも世界の注目を集めています。ところが，はっきりいうならば，あの悲惨な記憶に満ちている長崎には，何一つないのが現状です。

貴重な資料，南校舎の遺壁
（省略）

　このことは，城山小学校だけでなく，国内的にも，国際的にも貴重なものであるので，是非，一部だけでも保存できるように，関係者の努力をお願いしたいと，したためてありました。私どもは，これらの方々の願いを無にすることなく，南校舎の遺壁の永久保存に向かって努力をいたしてまいりたいと思います。遺壁保存の手法はいくつかが考えられます。今のまま遺すとか，すぐ近くに移設するとかが考えられます。
（省略）

特別資料室として

　さらに，子どもたちに向かって，核時代をどう生き抜いていけばよいのかを示唆してくれる，そういった工夫を凝らしてほしいと思います。

　時あたかも，本島市長は，平和公園における平和祈念式典に今年はじめて，小・中・高生を参列させ，小さな胸にむかって核兵器のない平和な世界づくりと，若い世代への継承を強く打ち出したのであります。

　幸いにして，城山小学校には，約百二十枚の校舎の被災写真と，校区の被災写真が関係者のご尽力により，学校に寄贈され，大切に保存されてきたことはご承知のことと思います。さらに，これらを生かし，活用するための資料展示室を考える必要があります。

95

とにかく，今，育友会にとっても，そのことに向かってきちんとした永久保存のための意思表示と，その力が試されているときではないでしょうか22。

　こうした働きかけが功を奏した結果，学校関係の3団体が一致して「校舎一部保存」を訴えていくことが可能となった23。こうして3団体が協力して市との交渉を粘り強く進めていった。

5.3　保存運動のキーパーソン

　当時，保存活動の代表者として市との交渉や学校関係者の意見の集約などに尽力したキーパーソンは2人いる。1人は育友会会長・内田伯，もう1人は原爆殉難者慰霊会長・荒川秀男である。

　内田は校舎保存の意義を次のように述べている。

　　目から消え去る物は，心からも消え去る。目で見て感知することの重要性を考えてほしい。
　　言葉だけだったら薄っぺらになってしまいます。実際に目にしないとですね。悲劇の痕跡がきちんと残っているということ，見て感じること，伝えることに，意味があると思います（長崎国際観光コンベンション協会 2011）。

　〈原爆〉を伝えるには，言葉だけではなく，被爆の痕跡に触れる営みも重要ではないかと内田は言う。また，原爆殉難者慰霊会長・荒川秀男は「城山小学校がすべての原爆遺構を取り崩し，普通の小学校と同じようになっていいのだろうか。平和教育の語り部としてそっくり残して欲しい」（内田 1999: 219）と述べている。

　しかし，単に「残せ」では市行政は納得しない。実際に，校舎は老朽化しており，建て替えは決定していた。市との交渉の中で，現実にどの部分の校舎を残すかが課題となった。当時はいくつかの案があり，別の選択肢もあったといわれるが，その中で北側校舎階段部分が浮上した。

　荒川の当時の日記によれば「……何とか南校舎を階段の一部でもよいから残してもらいたい気持ちはいっぱいあったが，だめだった」（82年2月23

第3章　城山小学校被爆校舎の保存とその活用

日）」（『朝日新聞』長崎版，2013年8月2日付）とあり，一番被害が大きいといわれた南校舎を移築保存する案もあった[24]。しかし，耐震の問題も含めて，こうした案は市にとっては現実的ではなく，結果的に北側校舎の保存というかたちで落ち着くことになった。

5.4　なぜ，校舎一部保存が実現したのか

　校舎の一部保存が実現した理由として，次のことがいえるだろう。それは，内田や荒川らを中心とする学校関係者が一丸となって，保存を主張し続けたことである。特に父母・保護者の理解を得られたことは大きかった。

　また，この学校が戦後培ってきた歴史が保存に大きく影響したように思われる。城山小では学校関係者の多くが被爆し，大多数が亡くなった。しかし，生存者が努力して学校を再建した歴史がある。そのため，被爆から学校再建，教育再開まで，過去から現在へ〈原爆〉と直接つながりを保っていることで，校区住民らは保存に意義を見出しやすく，同意しやすかったのである。さらに重要なことは，城山小校舎自体が象徴的な場所であり，実際，校舎に被爆の跡があることを主張しやすかったため，行政への説得が容易であった点にある。

　しかしこうした保存活動によって，一部校舎が保存されたが，その後10年以上，危険であるという理由から児童が近寄れない場所になる。

6　平和祈念館の設置と開館——保存から活用へ

　城山小被爆校舎の建て替え問題は1979年から始まった学校関係者の保存運動により，1982年に北校舎階段部分の保存が決まり，1984年に保存のための補強工事が完了した。しかし，これは単なる保存にとどまり，校舎はフェンスに囲まれ，1984〜99年まで中に入れない状態が続いた（『長崎新聞』2013年6月22日付）。運動の成果として保存が実現したにもかかわらず，校舎はそのまま10年以上放置されたのである。しかし，ある出来事を契機にこの遺構が平和祈念館として整備されることとなる。

6.1　児童による「城山小学校原爆資料館」構想

　その契機は，1996年8月に城山小の児童が発案した被爆校舎の「城山小学校原爆資料館」構想であった。当時，被爆校舎は男子児童がフェンスによ

97

じ登っては教員に怒られたり，またある児童たちからは気味悪がられたりしていた。城山小の平和教育は，城山国民学校で被爆死した動員学徒を悼んで校庭に植えられた「嘉代子桜」の物語が中心であり，被爆校舎を活用する平和教育は行われていなかった。

きっかけは，1995年に被爆校舎周辺の草むしりをしていた女子児童（3年生）が担任に尋ねたことであった。「広島の原爆ドームと同じくらいすごいのに，なんで放っておくの」。この一言を契機に，事態は動き始める（『朝日新聞』長崎版，2013年8月3日：『長崎新聞』2013年6月22日付）。

翌1996年，4年生らが被爆校舎の活用法をクラスごとに考えていく平和学習が行われる（『朝日新聞』長崎版，2013年8月3日付）。そして，城山小平和委員会の児童らが，被爆校舎を「平和資料館」にする構想を8月9日の平和祈念式典で発表し，校舎の活用を訴えた。それが式典に参加していた市会議員の目にとまり，9月の市議会で伊藤一長市長に被爆校舎の活用策を質問して，この資料館構想が紹介された（『公明新聞』2012年8月9日付）。

それはちょうど，1992年9月に施行された取扱基準にもとづき，他の建造物とともに城山小被爆校舎をどのように保存するか，市が方法を検討していた最中であった。これを受けて市長は「『校舎内部を平和教育に活用する児童の提案について，すでに調査している』と行政の取り組みを披露」しつつも「校舎の補強方法などを研究し」「児童の提案を平和教育に活用できるか研究したい」との考えを示した（『長崎新聞』1996年9月10日付）。

そして，約2年半後の1999年2月25日，城山小学校平和祈念館（被爆校舎）が開館したのである（写真3.6）[25]。

小学生のふとした疑問を端緒として，被爆校舎は平和祈念館となった。開館後は平和祈念館協議会を立ち上げ，ボランティアが日替わりで館に滞在し，利用者を案内している。また児童は館に休み時間を利用して訪れ，ボランティアの話を聞いている。児童の関心は高く，特に小学5，6年生が多いという。長年，協議会のメンバーである内田は，以前よりも原爆への問題関心が高まっているという印象をもつ。

城山小の教育の歴史を振り返ると，同校では毎月9日に平和発表会が行われ，そこで各児童は発表を行わなければならない。全学年で行う平和集会への準備や小学5，6年生が担う修学旅行生へのナビゲートの準備で，小学生たちは祈念館を訪れ，学習している[26]。平和発表会，8月9日の慰霊祭など，

第3章 城山小学校被爆校舎の保存とその活用

写真 3.6　城山小学校平和祈念館（被爆校舎内観）
　1999 年公開。（2017 年 8 月）

この場を介して原爆と子どもたちの生活が密接につながっている。

6.2　城山小被爆校舎の保存と活用から見えてくるもの

　城山小被爆校舎は，地元関係者・校区住民の保存運動によって，一部保存が実現した。しかし，安全性の問題から当初の要望であった資料館としての活用はなく，補強工事を終えた後の保存校舎はフェンスで囲まれ，放置された。児童の平和教育という旗振りによる保存であったにもかかわらず，城山小学校の平和学習活動の対象は，「嘉代子桜」の物語が中心であり，校舎は利用されないままであった。しかし，小学生のふとした疑問から市民の関心が校舎に集まり，平和祈念館としての活用につながった。

　ここから見えてくるのは，遺構には「本質性」と「構築性」の両面があり，それらが密接に結びつき，モノは保存され活用されることである。遺構の本質性とは，遺構そのものがもつ質感やモノとしての力，真正性のことなどを指す。遺構の構築性とは，遺構の価値は社会過程を通じて構築されることを指す。遺構が保存されても，そこに居る人たちが価値を見出さなければ意味

99

をなさない。もし城山小学校被爆校舎がそのまま放置されれば，小学生たちから単に怪しい建物と見られ続けたであろう。過去の苦難の痕跡さえあれば，人は自然とその重みを感じ，記憶を喚起，あるいは継承する活動を起こすわけではない。むしろ，遺跡やモノに価値が見出され，活用されるなかで，それらは私たちにさまざまなことを教えてくれるのである。

　しかし，古びた不気味な校舎として存在し続けていたことが，小学生のふとした疑問を引き出した側面も否定できない。つまり，触れそうで触れられない，日々の暮らしに入り込む，異物としての校舎が存在し続けていたことが，活用につながったと解釈することもできる。これは，遺構自体がもつ想起する力が引き金となったことを意味する。

　城山小の被爆遺構では，「本質性」と「構築性」の両面が共存してうまく結びつき「校舎保存→祈念館開館」に至ったといえる。つまり，遺構は社会過程の中で価値と意味を帯びてくるのであるが，その過程を動かすものとして，遺構それ自体がもつ質感や力があったのである。この相互関係は，記憶論において過去の構築性を強調する「現在主義」（Coser 1992）とは異なる一面を示している27。「現在主義」の視点に立つと，私たちは何の制限もなく自由に，その都度過去を発明できるかのように思えてしまう。しかし，実際にはそうではなく，何かしらの遺構と諸社会集団との関係性の中で，過去は形づくられていくのである。

7　〈原爆〉を想起・記憶する場所の力

　本章の議論を整理しておこう。まず，城山小校舎の老朽化が問題視され，それにより，校舎解体の問題が表面化した。城山小校舎保存に向けた保存運動は長崎市ではかなり早い段階であったため，市行政，特に市教委は当初解体の方針であった。しかし，学校関係者側の粘り強い活動と交渉の末，結果的に北側校舎階段が保存されることになった。もし運動が行われなければ，校舎すべてが解体されていた可能性もあった。後に国の史跡に指定されたことを考えれば，運動の成果は評価されるべきである。しかし，関係者の念願であった記念館建設は叶わず，10年以上放置されたままになる。その後，学校児童らの要望を受けて，1999年に城山小学校平和祈念館が開館したのである。

第3章　城山小学校被爆校舎の保存とその活用

　城山小被爆校舎保存の社会過程からどのような知見を導き出せるだろうか。この遺構が明らかにしたことは，ごく当然ながら単に残すだけではなく，活用しなければ，記憶の継承において意味をなさないことである。北側校舎階段の保存後，しばらくの間平和学習に活かされてこなかったことはそれを示している。ただ，内田が言うように（本章5節），一部でも校舎が保存されたことによって，小学生の気づきが生まれ，その後の平和祈念館の設立や平和学習活動につながった面も否定できない。モノ・建物が言説や記憶の継承実践を規定するわけではないが，出来事を想起し，記念・継承活動を起こす上で，モノや建物そのものの力はやはり重要な位置を占めるのである。

　また，この校舎は活用の仕方においても特徴的である。私たちはこの校舎の中に入り，間近でそれを見ることができる。来館者は原爆の痕跡を通して，そこで起きた出来事とのつながりを肌で感じることができるのである。小学校が隣接するため，平和学習活動の中で在校児童が頻繁に訪れる。長崎では被爆遺構が日常の生活空間の中に埋め込まれているのである。

　校区住民・地元関係者は建て替えられた校舎を，新築ではなく改築と呼んでいる[28]。これは，旧校舎を解体し，新たな建造物に作り替えるのではなく，原爆被害を受けた校舎との連続性の中に新校舎があることを意識した表現と思われる。学校生活が〈原爆〉との連続性の中にあるといえる。

　ここで暮らす人びとの間では，地域コミュニティと城山小の日々の実践の積み重ねの中で〈原爆〉が想起され，継承されている。城山小の空間では，〈原爆〉の記憶継承は，学校教育を含む生活者の実践のかたちをとる。後続世代である子どもたちが〈原爆〉を感じ，意識して，〈原爆〉という出来事を自分たちの記憶として継承しているのである。

注
1　地元郷土史家の越中哲也は明治期の洋風建築で「港長崎の表徴」であった「高島炭坑社」の解体を例にして，長崎の公的機関は保存への意識が低いことを指摘し，保存運動の必要性を説いている（『長崎新聞』1985年1月24日付）。こうした現地保存への関心の低さは，負の遺産である原爆遺構の保存への関心の低さにも通じているかもしれない。
2　長崎市の行政上の名称は「被爆建造物等」である。ここで「等」がついて

いるのは、植物（14件）もそれに含まれているためである。たとえば「山王神社大クス」や「城山国民学校カラスザンショウ」などがＡランクに指定されている。「長崎市被爆建造物等の取扱基準」の詳細は、長崎市（1996）を参照のこと。

3　この点に関しては環境社会学の町並み保存論が参考になる。たとえば堀川三郎（1998, 2010, 2014）；森久聡（2016）。

4　「長崎市被爆建造物等の取扱基準」。以下も同。

5　取扱基準の第5条において「保存対象とする被爆建造物等の保存については、原則として現地での全面保存に努めることとする」とある。もちろんそれがかなわない場合、他の保存方法も明記されているが、現地現物での保存が優先されることになっている。

6　なお、Ｃランクは「被爆当時の建造物等ではあるが、被爆のこん跡が希薄であり、社会的な関連も希薄なもの」と定義され、Ｄランクは「被爆当時の建造物等ではあるが、被爆のこん跡が全く認められず、原爆との関連も定かではないもの」と定義されている。同上。

7　新興善小学校校舎はＢランク指定を受け、当初は一部校舎が保存される予定であったが、2004年に解体された（第4章）。しかしそれ以降、Ｂランク以上の被爆遺構は保存される傾向にある。

8　山王神社の保存経緯の記述は、長崎市被爆継承課編（2016）に依拠している。

9　「長崎市原子爆弾被災資料協議会抄録」第25回2004年6月28日。

10　同上第24回2004年5月31日。

11　同上。

12　同上。それ以外にも「目に見えない形での放射線の障害があるのではないかと思います。そういうことで被爆地域の拡大などを考える場合でも、大切な資料になるのではないかと思います」というものもあった。同上。

13　同上第25回2004年6月28日。

14　これと似たケースとして保存された遺構に住吉トンネル工場跡がある。被爆前は軍需工場（疎開工場、魚雷部品を製造）であり、被爆直後、負傷者に応急処置が行われた場であった。この遺構は当時の社会的状況を示唆するものとして、Ｂランクの指定を受けた後、保存整備された。2010年3月に公開され、見学可能になっている（「原爆と防空壕」刊行委員会編2012）。

15　委員の1人は、Ｂランク遺構を保存することは、市が遺構の保存に努力していることをアピールできるのではないかと述べている。「第24回長崎市原子爆弾被災資料協議会抄録」2004年5月31日。

16　城山小学校被爆校舎保存と活用の経緯については，内田伯氏への継続的な聞き取り調査と内田氏から提供を受けた資料（内田 1999 など）にもとづいている。内田氏は被爆校舎保存に尽力し，現在も精力的に被爆校舎にある平和祈念館でボランティアガイドを行っている。

17　これに対して，反対の議員もいたという。2012 年 11 月 28 日長崎市内で，内田伯氏からの聞き取り。

18　育友会は，当時の小学校父母会に当たる。内田伯はその会長を務めた。

19　「陳情書 城山小学校改築に伴い現校舎の一部を原爆資料館にしていただくお願い」。

20　同様のことを各紙が報じた。朝日新聞は，市教委は「敷地が狭く，学校運営上の観点から施設をどうするのか考えるのが基本」と述べたと報じた（『朝日新聞』長崎版，1979 年 12 月 18 日付）。また，西日本新聞でも，保存運動側に，理解を示しつつも，教育長は「『現在地に残すことは困難だ。グラウンドに移転する意見もあるが，これでは狭い校庭を一層狭くする。こんご三団体とも十分話し合い，検討する』と，保存には消極的な見解を示した」と報じた（『西日本新聞』1979 年 12 月 19 日付）。

21　引用では，本章の論旨とは関係のない箇所は省略した

22　内田伯「育友会だより№ 3 城山小学校校舎の保存をどうすすめるのか」。正確な作成時期は不明だが，1979 年作成と思われる。資料は，縦書きを横書きに改めるなどしている。

23　城山小に勤務する学校教員は，保存活動に対して表立って動いたり，邪魔をするようなことはなかったという。2014 年 8 月 29 日長崎市内で，内田伯氏からの聞き取り。

24　2014 年 8 月 29 日長崎市内で，内田伯氏からの聞き取り。

25　「城山小学校平和祈念館パンフレット」。

26　2012 年 11 月 28 日長崎市内で，内田伯氏からの聞き取り。

27　こうした「現在主義」をもとにした記憶論の代表的なアプローチに「伝統の創造」論がある（Hobsbawm and Ranger eds. 1983=1992）。

28　2014 年 8 月 31 日長崎市城山小学校平和祈念館内で，在館中のボランティアガイドの方への聞き取り，フィールドノーツより。

第4章　新興善小学校校舎の解体とその活用
　　　──被爆遺構の解体と記憶の継承

1　救護所となった新興善小学校

1.1　新興善小学校のプロフィール

　本章では，長崎市新興善小学校校舎の保存問題を事例に，被爆遺構の保存をめぐる論争と記憶を継承する実践を検討する。
　新興善小学校（当時は新興善国民学校）は，爆心地から南に約2.9キロの地点に位置していた。1945年8月9日の原爆投下によって，13名の新興善小学校児童が被爆死した（今田 1999: 201）。校舎は窓ガラスが割れ，熱線が壁を焦がすほどの被害を受けたが，倒壊や焼失は免れた。長崎医科大学付属病院や市立長崎病院は原爆によって壊滅状態であったため，同小学校校舎は被爆直後，特別救護病院を経て，長崎医科大学臨時付属病院として利用され，多くの被爆者の救護や治療の場となった（長崎市 1996）（写真4.1）。

写真 4.1　被爆した新興善小学校
　新興善国民学校救護所と教室内の救護活動。桝屋富一撮影（長崎原爆資料館）

第4章　新興善小学校校舎の解体とその活用

1.2　なぜ校舎保存の合意がなされなかったのか

　新興善小学校校舎は長崎市がBランクの保存対象に指定した建造物であり，市内最後の大型被爆遺構であった。この校舎は，かつて救護所として被爆者の最期を見届け，原爆がもたらした痛みや苦しみをとどめた空間である（写真4.2）。

　しかしこうした価値や意義にもかかわらず，市行政と保存運動の間で保存の合意に至らず，同小の統廃合にともなう閉校の後，2004年に校舎は解体された。跡地に長崎市立図書館が建設され，その一角に救護所の診察室を再現展示したメモリアル・ホールが設置された（写真4.3，後掲写真4.4）。

　新興善小学校校舎が解体された一方，それ以外の長崎市内のA・Bランクに指定された主要な被爆遺構は保存されている（前掲表3.1）。ではなぜ，新興善小学校校舎は他の被爆遺構とは異なり，解体された後にメモリアル・

写真4.2　新興善小学校
（1970年頃）
（出典）新興善小学校百周年記念誌編集部（1974）

写真4.3　長崎市立図書館（左）と新興善小学校跡の碑（右）
　2008年開館（2014年8月）

105

ホール設置に至ったのか。再現展示という保存形態に決定された政治過程と記憶を継承する意義を明らかにするために、まず新興善小学校校舎の保存問題の経緯と市の解体理由から検討することにしよう1。

2 新興善小学校校舎の保存問題

2.1 中央3小学校統廃合と新興善小校舎一部保存：問題の始まり

新興善小学校は，長崎市の商業と政治の中心地に位置し，交通量の多い国道に面した市役所と県庁の間を結ぶ通りにあった2。そのため，戦後一貫して中心市街地の空洞化から人口減少に歯止めがかからず，児童が減り続けた。その結果，長崎市は子どもの教育環境を優先し学校を適正規模に保つため，1992年に市中心部にある勝山・磨屋・新興善の3小学校を廃校にし，新たに2校を新設する方針を明らかにする（『長崎新聞』1992年3月24日付，1992年6月2日付）。その後，相対的に校地面積の広かった磨屋小・勝山小跡地に新設の小学校を設置し，新興善小跡地に市立図書館を建設することが決定された。しかしこの決定は事前の説明が不十分であったために，地域住民や3小学校に通う保護者の反発を招いてしまう。新興善小校区の住民も，小学校がなくなる統廃合に反対の立場を表明し，この案を再考するよう市側に強く訴え続けた。これが後に，新興善小校舎保存に影響を与えることになる「中央3小学校統廃合問題」である。

1995年，校区住民と長崎市が何度も協議を重ねていくうちに，反対していた校区住民からも統廃合と新興善小の廃校について同意が得られたことで，統廃合計画をめぐる対立は終息し，跡地をどう活用するかに協議の焦点は移ることになった。これが新興善小校舎一部保存問題の始まりである。

2.2 新興善小校舎の被爆建造物指定

新興善小校舎が保存対象に取り上げられたのは，1992年に新興善小の廃校という市の方針が明らかになり，今後に向けて校舎・校地の取り扱いの問題が浮上したことによる。この問題が市内の関心事になった結果，1992年9月，平和団体による「新興善小学校被爆者救護所施設跡」保存のための陳情が行われた3。

1993年、市長が一部保存を表明した後，市の調査が行われ，原爆被災資

第4章　新興善小学校校舎の解体とその活用

料協議会で遺構としての価値が議論されていく。そこでは平和教育にとって重要な建物であるという主張や，小学校の中に救護所・病院の名前が残っていることに価値があるので，どうにか保存してほしいという意見などが出された[4]。

　こうした議論の末，新興善小校舎は1997年，外見上の被爆の痕跡は認められないが，被爆建造物等のBランクに位置づけられる。ただ，ここで気をつけなければならないのは，「新興善小校舎」は「原爆による外傷が認められた」ものではなく，あくまで「当時の社会的状況を示唆する」ものとして，つまり戦争や原爆被害に歴史的に関係する場所や建物として保存対象になった点である。そしてこの評価は，後の議論に尾を引いていくことになる。

2.3　長崎市の一部保存撤回と保存運動の展開

　一部保存を表明してから10年後の2003年3月，校舎が小学校としての利用を終え，跡地利用についての結論が差し迫った時期においても，依然として，長崎市は一部保存に前向きな発言をしていた。またそれに併せて，市原爆被爆対策部長も校舎を一部保存し，一教室で資料や写真を展示すると述べていた（長崎の証言の会編 2004: 44）。しかし，同年7月に行われた長崎市長と校区住民代表との懇談会後に，事態は急展開する。同年10月，長崎市はこれまでの方針を転換し，校舎の一部を保存するのではなく，「図書館を建設した後の残りのスペースにメモリアル・ホールを設置し，校舎の窓枠や壁板などを利用した当時の救護所を再現する」ことを表明したのである（『長崎新聞』2003年10月28日付）。

　当初の約束通り，校舎の一部が保存されると考えていた平和団体の長崎の証言の会（以下，証言の会）は急遽，校舎解体の撤回を求めて，保存運動を起こした。証言の会は2004年1月，市長に「旧新興善小学校校舎一部保存についての公開質問書」を提出し，解体反対校舎保存の市民シンポジウムを長崎教育文化会館で開催した（長崎の証言の会編 2004）。そして同年2月，証言の会を中心とした「新興善救護所跡を保存する市民連絡会」（以下，市民連絡会）が結成される。

　4月に取り壊しが始まった後も，保存運動は続けられ，小学校前で取り壊し反対の大集会が2度実施された[5]。市民連絡会は，校舎が市の保存対象（B

107

表 4.1　戦後の新興善小学校校舎利用の変遷

1946 年 2 月	新興善国民学校は校舎を長崎医科大学附属病院に引き渡し晧台寺に移転
1949 年 1 月	長崎医科大附属病院が使用している校舎の裏手に仮校舎が完成し新興善小学校が晧台寺から移転
1951 年 12 月	長崎大学本部と附属外来診療所が移転し，新興善小学校が全面復帰（～ 1996 年まで）
1992 年	長崎市が市中心部にある勝山・磨屋・新興善の 3 小学校を廃校にし，新たに 2 校の新設を計画
1995 年	校区住民が廃校に同意
1997 年	統廃合により閉校，その後他の小学校仮校舎として一時利用される
2003 年 7 月	長崎市長と校区住民代表の懇談会
2003 年 10 月	長崎市，方針を転換して，校舎解体，図書館建設，メモリアル・ホール設置を表明
2004 年 1 ～ 2 月	平和団体の長崎の証言の会（以下，証言の会），校舎解体の撤回を求めて，保存運動を行う
2004 年 4 月	長崎市，校舎解体を決定
2008 年	長崎市立図書館開館，校舎解体時に保存していた校舎資材を利用して救護所を再現した「救護所メモリアル」を図書館 1 階に設置。新興善小学校史を展示する「新興善メモリアル」も併設

ランク）であったことと，市側が 1993 年に一部保存を約束していたことを根拠に解体の撤回を訴えた。しかしこの運動は市の方針を変更させるには至らず，市の意向通り 2004 年に校舎は解体されることになった（長崎の証言の会編 2004）。そしてその跡地には，長崎市立図書館が建設され，図書館内の 1 階スペースに当時救護所となった新興善小の教室が再現され，「救護所メモリアル」として再現展示が行われることとなった。以上が新興善小学校一部校舎保存問題の経緯である（表 4.1）。

2.4　長崎市の一部保存撤回の背景と地元の意向

なぜ長崎市は当初の一部保存を撤回し，メモリアル・ホールへと舵を切ったのだろうか。当時の教育長は一部保存の撤回理由を「狭い敷地内で図書館機能や緑地確保を考えると，館内での救護所再現がより効果的な方法と判断した」と述べている（『長崎新聞』2003 年 11 月 21 日付）。またこうした判断は「地元〔＝校区住民〕の意向に沿った」ものであったことも伊藤市長（当時）は明らかにしている（『長崎新聞』2003 年 11 月 22 日付）。つまり長崎市は，校区住民や関係者の主張を受け入れたため，当初の方針とは異なる解

第4章　新興善小学校校舎の解体とその活用

体の決定をしたのである。

　だがそこで気になるのは，なぜ市が地元の意向を尊重し要望をそのまま受け入れなければならなかったのかである。木永勝也（2005）によれば，こうした市の校区住民への配慮は，「中央3小学校統廃合問題」が影響していたという。木永はこの問題を「後年教育長が『行政主導で行い地域の方の意見を聞くことが少なかったという中央3小学校の反省』と評し」ていたことを根拠に，新興善小校舎の跡地利用において，校区住民や関係者の意向を無視できないものになっていたのではないかと指摘する（木永 2005: 157）。新興善小学校校舎保存問題には，中央3小学校統廃合問題での顛末が尾を引いていた。

　前述のように中央3小学校統廃合計画をめぐって地元側が強く反発したため，長崎市は地元と時間をかけて交渉し妥協点を見出し，合意に至った経緯がある。そのため市は地元側と新興善小の保存問題で再度揉めることを望まなかった。市は，これまで築いてきた地元との関係が崩れかねないという懸念もあったのだろう。そうした統廃合問題の経緯から，長崎市は地元側（校区住民）の意見を尊重し，一部保存を撤回し，メモリアル・ホール設置による再現展示を主張するに至ったのである。

　もしそうであるならば，さらなる疑問がわいてくる。それは，なぜ校区住民側が再現展示を主張したのかである。見方によっては，校区住民らが校舎の一部保存を望んでもおかしくない。しかしその校舎を解体してほしいと主張するのは，校区住民側に何かしらの事情があったはずだ。したがって，この保存問題を詳細に検討していくためには，校区住民側のメモリアル・ホールによる再現展示の論理と，その形成過程を検討しなければならない。またそれと同時に，なぜ市民連絡会側の主張が長崎市民と地元住民，さらには行政に受け入れられなかったのかを明らかにするために，市民連絡会側の一部保存の論理とその社会的背景も検討する必要がある6。

　校舎保存に対する態度は，現物保存派と再現展示派の2グループに大きく分かれる。現物保存派は，市民連絡会（そこで暮らす住民とは限らない）であり，一部保存を主張したグループである。一方，再現展示派は「地元」（校区）住民7であり，メモリアル・ホール設置による再現展示を主張したグループである。

　ではこうした観点から，現物保存派と再現展示派それぞれの保存の論理を

109

検討していこう。

3　現物保存派の論理——新興善救護所跡を保存する市民連絡会の主張

　現物保存派はどのような理由から保存を訴えたのだろうか。証言の会と市民連絡会の運動過程や保存に対する態度は，長崎の証言の会編（2004）と木永（2005）に詳しい。また新興善小校舎一部保存問題を対象とし，証言の会・市民連絡会の主張を中心に論じた研究も存在する（木永 2005；木村 2008a, 2008b）。そのため，保存運動の詳細については，上記の文献に譲るとして，ここでは現物保存派の論理と，なぜ一部保存にこだわったのかという点に絞り，検討していく。

3.1　現物保存派の保存戦略
　市民連絡会側は，被爆遺構としての新興善小校舎の価値を「長崎の街並みの歴史の被爆証人」（長崎の証言の会編 2004: 39），「長崎の原爆の出発点，生と死とが交錯した場所」（長崎の証言の会編 2004: 75）として，現地現物保存の社会的意義を長崎市・市民に強く訴えた。しかし新興善小学校は戦後一貫して小学校として利用されてきたため，一目で確認できる外傷，または外観に意匠的な魅力があるわけではなかった。被爆建造物指定においても，原爆被災資料協議会は原爆被害について視認可能な外傷はないと結論づけている。そのため現物保存派は，当時医療に携わった人たちが残した歴史的記録を使用するなどして，この遺構の社会的な重要性を主張していた（長崎の証言の会編 2004: 40, 44, 66）。もちろん，外形的な被爆の痕跡も指摘していたが，非常に微細なものであり，素人が瞬時に判断できるものではなかった。そのため，この保存戦略は，歴史的な証言・記録による価値づけの比重が大きくならざるを得なかった。つまり現物保存派は，語りや記録を使用することで，この被爆遺構としての社会的な価値を高め，保存を訴えたのである。長崎の町並みの中に原爆の跡を消してはならないとして（長崎の証言の会編 2004），現物保存派は視覚的に確認できる原爆の痕跡を残すことを主張しつつ，それだけでは足りず，証言や記録を補強することで，校舎に遺構としての力を持たせようとしていた。

110

第4章　新興善小学校校舎の解体とその活用

3.2　現物保存派の2つの社会的背景

　ではなぜ，現物保存派はこの遺構を現地に保存することにこだわったのだ
ろうか。そこには2つの社会的背景があったと考えられる。

　1つは，長崎市内の遺構群がこれ以前に数多く解体されてきたことである。
1980年代後半，長崎市内において，建物の老朽化などの理由から，多くの
被爆建造物が解体されていった。爆心地近くにある山里小学校（被爆校舎）
は，校舎が老朽化したため取り壊され，新しい校舎に建て替えられている
（第3章）。1992年には，平和公園の改修工事において，かつてあった旧長
崎刑務所浦上元刑務所支所の遺構（建造物基礎部分や死刑場の基礎部分）が
発見された（前掲写真2.4）。しかし，それも平和公園のイメージにそぐわな
いなどを理由に，一部保存にとどまっている（「原爆と防空壕」刊行委員会
編 2012: 134-9）。原爆体験の風化が大きく叫ばれるなか，広島の原爆ドーム
のような，被爆を象徴する大型の建造物のない長崎において，原爆被害を受
けたモノの解体は，年を追うごとに被爆者や関係者の危機感を募らせていっ
た。その中で新興善小は大型被爆遺構として残されていたのである。また，
Bランクの被爆遺構が解体されると，それが前例となり，他の被爆遺構の
解体につながりかねないという危機意識もあった（長崎の証言の会編 2004:
56-62, 83）。

　原爆の記憶は戦後日本のあらゆるメディア，写真や映像などのイメージを
通して再生産されている。私たちが原爆記憶をイメージ可能なものとして想
像できるのは，近年のメディア環境によるところが大きい。しかしこうした
視覚メディアは，あらゆる問題を想像可能にするのと同時に，満たされない
何か，たとえば人びととの会話や臭い，触れられるモノへのあこがれを喚起
させる（Dicks 2003: 20-1）。そのため，視覚メディアによるイメージの浸透は，
私たちにより　リアルなものを切望させ「物質的な存在」を確認したいという
要求を生じさせる（Yoneyama 1999=2005）。その結果，原爆記憶の継承運動
では小さく細かな原爆の痕跡であってもマークし，現地で保存・展示するこ
との重要性が，以前にも増して強調されるようになってくるのである。

　もう1つは，前市長の本島等を破り新市長となった伊藤一長（当時）の平
和行政への不信感である。1996年に長崎市は，爆心地公園にある落下中心
地碑を移設して，そこに聖母マリアを連想させる母子像を設置することを明

111

らかにした。この原爆落下中心地碑の移設問題は，伊藤市長の行政姿勢に多くの疑問を投げかけさせることになった。1億円以上もの税金をかけて，わざわざグラウンド・ゼロの象徴となっている中心地碑を移設し，宗教的意味合いの強い母子像を設置することに反発の声が挙がる。各市民団体は移設撤回を求め，署名活動を行い，その署名は11万人余りに上った。そして多くの市民や地元マスコミもそれに同意し移設に反対した。その結果，1997年に市長は現在の中心地碑はそのまま残し，母子像は公園内の適地に設置することを表明し，事実上の撤回を行ったのである（「原爆と防空壕」刊行委員会編 2012: 95-7）。

　伊藤市長のこうした姿勢は，被爆者やその関係者に不信感を与えた。しかしそれと同時に，市が原爆問題に関して不用意な政策をとれば，これに反対する平和団体は市民からの支持を得ることができること，その力を後ろ盾として，市の政策を撤回させることができることを印象づけた。つまり，市民連絡会は原爆問題に関する自らの主張について，市民を味方につけることが可能であると理解したのである。平和行政に対する不信感と市民の力による政策変更への期待が，校舎一部保存運動の背景の1つにあったといえる。

3.3　平和団体側の保存の論理

　平和市民団体は，市の一部保存の表明と被爆建造物Bランク指定を根拠に保存を訴えた。その際，現物保存派は，当時そこで従事した看護師らの証言や記録を再構成することで，新興善小校舎の被爆遺構としての価値を浮上させようとした。語りによる意味づけによって，小学校校舎は被爆した建物であり，現物を残す価値のあるものだと長崎市民に示そうとした。そうすることで，世論を喚起し市に解体の撤回を迫ったのである。

　しかし新興善小校舎は，被爆建造物等のBランク指定にある通り，原爆の痕跡は認められないが「当時の社会的状況を示唆するもの」であった。誰の目にもこの遺構は，「小学校」であり「救護所・病院」の痕跡を素人目で見つけることは困難であった。そのため現物保存として，建物を残すことの重要性を主張すればするほど，視認可能な痕跡がどこにあるのかが問われていったように思える。そこには「現物」と「保存の語り」にズレがあったのである。

　もちろん，現物保存派もこれには自覚的であったようである。それでも一

第4章　新興善小学校校舎の解体とその活用

部保存を主張し続けた理由は，やはり物質的なモノへの強いこだわりがあったためだ。被爆遺構が長崎には少ないため，どのような原爆の痕跡でも保存することを望んだのである。

　しかし，新興善小校舎一部保存運動は，中心碑移設問題とは異なり，十分な世論を喚起できず，さらに校区住民の賛同も得られぬまま，最終的に校舎は解体されてしまった。なぜ校区住民は現物保存に同意できなかったのだろうか。

4　再現展示派の論理——校区住民の主張(1)

4.1　校区住民の保存の論理

　ここでは一部保存ではなく図書館内にメモリアル・ホールの設置を主張した校区住民がどのような論理に立ち，さらにこの論理がどのような社会的文脈の中で形成されたのかを検討していく。本節では，校区住民の保存の論理を「跡地活用会議」（1996〜1997年）や「旧新興善小学校の一部保存に関する説明会会議」（2003年），そして筆者が，2010年から行っている校区住民代表者への聞き取りをもとに見ていく。

　まず校区住民側のメモリアル・ホール設置の論理を明らかにし，次にこの論理がどのような社会的文脈の中で形成されたのかを検討していく。ここで筆者が焦点を当てるのは，中央3小学校統廃合問題である。それはここでの議論が，校区住民の保存に対する態度の基盤となったと考えるからだ。もともと校区住民の論拠となった「跡地活用会議」自体は1992年に起きた中央3小学校統廃合問題を契機に設置されている。したがって，校区住民の保存の論理を理解し，その形成過程を記述するためには，この統廃合問題とそれをめぐって起きた学校の存続運動を取り上げることが不可欠である。そしてこうした議論を経ることで，地元がどのような社会的枠組みのもとでこの保存問題をとらえていたのかが明らかになる。

4.2　校舎はあくまで母校であり，被爆遺構ではない

　まず，校区住民側の態度を見ていこう。現物保存派が校舎を被爆遺構と見なし，その価値を訴えていたのに対して，校区住民は校舎を必ずしも被爆遺構とは見なしていなかった。地元代表の1人は，会議の場で「新興善小学校

113

は被爆建造物に当るのか分りません」8 と述べている。また元自治会長の A
氏は，「新興善小校舎」を一目でわかる原爆被害の跡がないと語り，被爆遺
構として認識していない。

　　　原爆ドームみたいに物理的に説得力のあるようなものであったら，ぜ
　　ひ我々も残せと要求するけれども，そんなことじゃなくても今あるやつ
　　〔救護所メモリアル〕でもいいでしょということをお願いした9。

　A 氏は，「新興善小校舎」は外形的な被害を残しておらず，それでは何も
わからないという。彼は，観光客が「この校舎の一部を見ても，何も思わん
でしょ」10 と述べ，何でも残せばいいという立場に否定的である。
　校区住民にとって「校舎」は，「新興善小学校〔が〕ここにあったのだか
らメモリアル・ホールでも残そうというのであって被爆遺構としては考えて
いない」11 というように，あくまで「小学校」として記憶される場所であり，
原爆を想起させる「救護所・病院」として記憶されるものではなかった。こ
の建物は「母校としての小学校」であり，被爆の痕跡をとどめる「被爆遺構」
ではないと彼・彼女らは理解していたのである。
　それではなぜ，校区住民は「救護所・病院」と「小学校校舎」との直接的
な結びつきを見出さなかったのか。それについては時代を遡り，新興善小関
係者と救護所・大学付属病院との関係をみる必要がある。小学校史をひもと
くと，校舎が被爆者を治療する救護所となっていた時期に，当初は共用で利
用されていたが，市による校舎接収後，新興善小児童は現場から離れた皓台
寺という「狭く・古い・暗い」別校舎で授業を受けていた。その後，長崎県
がそのまま附属病院としての使用を考えていたため，校区住民らが校舎復帰
運動を行い，それが実って 1952 年に元の校舎に復帰することになった（新
興善小学校百周年記念誌編集部 1974）12。
　校史の中では，別校舎での授業と校舎復帰運動の側面が，この時期の思い
出として強調されており，そこに小学校時代の記憶と原爆（救護所）との直
接的な結びつきは見られない。当時を経験している新興善小出身者にとって
は，校舎の救護所・病院利用期は，自分たちの校舎が市・国の政策のもとで
使用できなくなり，本来の校舎から離れて，別の場所で学んだ苦い思い出の
期間として映ったのである（新興善小学校百周年記念誌編集部 1974）。

114

第4章　新興善小学校校舎の解体とその活用

　また戦後，救護所であった期間は短く，校舎は長い間あくまで「小学校」として使われてきた。そのことも卒業生が「校舎」と救護所の記憶を結びつけない理由になっている。新興善小関係者にとっては「校舎」であり，「救護所」を想起させるものではなかったのである。では，校区住民らは，何を通じて，原爆の記憶を想起していたのだろうか。

4.3　学校行事としての献花慰霊の催し

　校区住民は，「校舎」に物質的なモノとして被爆の痕跡があるという認識をほとんどもっていない。しかし，住民は〈原爆〉に無関心であったかというと，決してそうではない。むしろ別の形で原爆の記憶を見出していた。それは校舎というモノではなく，学校行事や記録の内であった。その中でも強調されていたのが，小学校の行事「献花慰霊の催し」である。ある会議で地元代表の1人は，「建物そのものを残すよりも慰霊的なものを残す」ことが適切なのではないかと述べている[13]。この慰霊祭を廃校後の新しい学校に引き継いでもらい，平和学習に役立てることが重要であるという[14]。

　さらに，「心の部分を大事にしてほしい」「慰霊としてみるのは，〔治療が行われた〕教室なのですよ」と語り，校舎ではなく「慰霊」や「教室」といった部分が強調されている。そのため校舎を残すことへのこだわりは見受けられなかった。メモリアル・ホール内に教室の1つあるいはその一部を再現する方が，救護所の記録を見せる上で有効な展示になるのではないかという主張もあった[15]。このように原爆被害のあった物質的なモノの保存よりも，学校行事を何らかの形で残す記憶実践が重視されたのである。

　また，校区住民が校舎保存に前向きな態度を示さなかった理由の1つに，敷地の空間的制約の問題があった。校舎を残すことよりも記録や行事を残しつつ，狭い敷地を有効に活用することが，将来世代のために妥当なのではないかという意見が会議で出された[16]。メモリアル・ホールの設置は跡地を有効に活用でき，かつ救護所・付属病院の記憶を保存するための有力な選択肢であった。跡地の「有効活用」という言葉にはどのような意味が込められていたのだろうか。

4.4　公共財の維持

　新興善小校舎は，戦後の一期間を除いて小学校として利用された。しかし

「学校」は，教育的機能をもつだけではない。校区住民らは，学校のある空間を地域生活のための公共財としてとらえていた。新興善小の跡地利用に関する会議でも「小学校が無くなるということで，地域の住民にとっての利益がある程度無くなる。その辺を還元するという趣旨もあって，地域に還元できるものが出来ないだろうか」という意見が出されている。さらに，校舎保存が跡地活用の妨げになるのであれば，解体も選択肢に入れなければならないと，住民の代表は長崎市に伝えている[17]。

　具体的な例として，地域密着の施設を市に要望するなかで，毎年10月に市を挙げて催される諏訪神社の秋季大祭である「長崎くんち」の練習が可能な施設が欲しいという声があった[18]。また，A氏は災害避難場所の確保を挙げた。彼は，1982年の長崎大水害のとき，新興善小が重要な場所となったことを教訓に，災害避難場所の確保を市に求めている[19]。このように，地元は小学校の廃校後も，公共財としてこの空間を維持することを求めていた。

　ただ，ここで気をつけなければならないのは，地元側は利便性のみを重視していたわけではなく，これまでの社会的機能を維持しつつ，どのように記憶を残すのか，それらとどう折り合いをつけるのかを議論していたことである。つまり，小学校と同等の機能を維持しつつ，新興善小の思い出や救護所の記憶をどう残していくのかが，校区住民の課題となっていたのである。

5　「小学校」のもつ意味——中央3小学校統廃合問題と校区住民の主張(2)

　そこで疑問に思われるのは，なぜ校区住民らは「校舎」という物質的なモノの保存ではなく，「慰霊祭」や「歴史」といった行事や記録の保存を主張するに至ったのか，そしてなぜ，「小学校」にこだわったのかという点である。この疑問に答えるために，「中央3小学校統廃合計画」に付随して起きた校区住民の統廃合反対運動の中で，校区住民の保存の論理の形成過程をとらえてみよう。なぜ校区住民が頑なにメモリアル・ホール設置による記憶継承を主張したのか，そしてなぜ保存派に苛立ちを示したのかが見えてくる。

5.1　統廃合反対運動

　中央3小学校統廃合問題は，2.1でも述べたように，1992年に市中心部に

第4章　新興善小学校校舎の解体とその活用

ある勝山・磨屋・新興善の3小学校を廃校にし，新たに2校を新設する長崎市の計画に対して，地域住民や3小学校に通う保護者の反発を招いた問題である。当初は中央3小学校統廃合計画に，校区住民は反対する意向を表明し，長崎市に学校存続を訴えたが，最終的に住民は新興善小の廃校に同意した。

　しかしここで注目すべき点は，1995年の校区住民の廃校同意は，条件付きであったことである。決して無条件に市の決定に従ったわけではない。そしてその条件は，図書館計画の白紙撤回と救護所としての歴史の保存，小学校の行事である慰霊祭の継承であった[20]。この要求は1990年代前半に小学校の存続を住民が訴えていくなかで形成されていったといえる。そのため，住民が上記の条件を市に要求した過程を見ていきたい。

　まず，長崎市と校区住民のやりとりから見ていこう。長崎市が行った統廃合に関する説明会で，自治会の代表は長崎市に対して，次のような発言をしている。

　　新興善小学校は終戦後，特設教護病院，長崎医科大学付属病院として徴用され，その後，地元出身の田川市長〔当時〕を先頭として，様々な苦労をして国と折衝した結果，この施設を新興善小学校としてとりかえした経過がある。このような経過を踏まえた学校が統廃合の結果に廃校にされてしまう[21]。

　さらに，中央3小学校統廃合問題検討集会では，小学校に通う児童の保護者は「明治7年に長崎で2番目に建てられてきた歴史ある学校である。原爆・戦争の重要な資料として残すべきだ」[22]と述べている。そこでは希有な歴史的出来事を経験してきた小学校は長崎や地元民において貴重な遺産であるという理由から，市に廃校決定の撤回を求めている。

　もちろんそうした歴史的価値の中に，原爆に関連する出来事も含まれている。これを前面に押し出して，市長や教育長に訴える人もいた。学校存続か統合かの決断が差し迫り，地元住民側と伊藤一長市長（当時）との対話集会が行われたときのことだ。

　　先日，50周年の平和集会の折に，降旗先生とお会い出来てとても感慨深いものがありました。これ程迄に新興善を愛し，子供達に良くして

117

下さる降旗先生の為にも新興善を残してほしい。私達被爆都市長崎に生まれた一市民としても新興善で治療がなされた事実を語り継いで行く為にも「百聞は一見に如ず」という言葉通りに目で見て感じ取って行かなければいけないと思います23。

　これは，子どもたちが被爆遺構である学校で平和教育を受けることが，原爆の悲惨さを学ぶ上で，重要な教育的効果をもつことを理解して欲しいという訴えである。つまり平和（原爆）学習の場・原点としての新興善小学校を，という声であった。

　しかしこの訴えに対して，長崎市の代表である教育長（当時）は「当時の社会状況を訴えるものとして，救護活動としての歴史がある。正門，正門玄関の一部を残して，保存活用する」と被爆遺構としての価値を認めているものの「必ずしも，校舎全体を残さなくてもよい」と述べ，「学校の機能を残す事と，被爆校舎を残すこと」は別物であり，「切り離して考え」るべきだと述べている。むしろ彼は，「新興善小学校に学ぶ子供達に限らず，市内外の子供達が平和学習ができる場として遺構が活用できるのではないか」と語り，被爆遺構として価値があるから学校を存続すべきだという議論を牽制している24。

　つまり平和学習の場であれば，「校舎＝建物」だけを残し，多くの市民に開かれた場にする方が，現状よりも有効にこの場を活用できるのではないか，さらに被爆遺構であれば，それだけを残せばよいのであって，小学校の機能を存続させるのとは別次元の問題ではないか，という回答である。

　長崎市と住民が学校存続について交渉していくなかで，校舎の被爆遺構としての価値を訴えて，小学校を存続せよという論理は，長崎市が「被爆遺構」として一部保存を表明した後では，政策変更を促すほどの強い根拠にはなりえなかった。むしろ，遺構としての価値を強調すればするほど，行政側にとっては「小学校の存続」と「平和・原爆教育の場」は直接には結びつかないと映った。そのため，校区住民は被爆遺構としての「新興善小学校」の価値を前面に押し出すのではなく，「小学校」の存続を訴える根拠になり，かつ原爆との関係性を主張できるものとして記念行事と平和教育といった実践面が強調されるようになったのである。そしてそれは，過去の経緯と照らし合わせると，住民にとって，受け入れやすい理屈であったといえる。「校舎」

という容器を残すべきだと訴えたところで，その中身となる小学校存続につながらなければ意味がない。そこで校区住民は，小学校存続の論拠として位置づけ可能な慰霊祭や平和学習の重要性を強調したのである。

　行政と交渉していくなかで，校区住民が校舎と原爆の関係を強く主張すれば，新興善小校舎は原爆記憶の表象（代表）としてのみ扱われるため，逆に校区住民の母校の記憶は後景化する可能性をはらんでいた。こうした経緯から，地元住民はその後，市との跡地活用の協議のなかで，原爆の記憶と小学校の記憶の折り合いをつけられるメモリアル・ホール設置による保存に同意したのである。

5.2　現物保存派への違和感
　最後に，校区住民らは現物保存派の保存運動にどのような印象を抱いていたのかを見ていこう。地元代表の1人であるB氏は，これまでの経緯を含めた上で次のように語っている。

　　私たちとしては母校がなくなるという悲しみを越えて，原爆遺構も大事ですが，平地が乏しい長崎市ですからこれからの子供たちのための施設用地として利用して欲しいということになったんです。そしたら今度は原爆の団体が座り込みば始めたっですよ。育成会の元会長が言われてました。「学校長・教頭・育成会役員・生徒たちの代表で毎年献花をして慰霊祭ば続けてきたばってん，未だかつて一度の参加もない原爆の団体が何で今頃座り込みばせんばいかんとか？」私たちは原爆被爆者救護所跡地の世界における価値を十分尊重し，後世に引き継ぐべく子供たちとともに慰霊祭を続けて来ました。そのうえで保護者・校区内住民・長崎市と協議を重ね，総意のもと決定されたものです[25]。

　ここでは校区住民たちが行ってきた廃校の議論や小学校行事である慰霊祭，公共財としての「学校」を考慮しない形で，校舎一部保存の訴えが進められてきたことへの苛立ちが語られている。地元マスメディアを含めて現物保存派のキャンペーンの中で，小学校を救護所として扱い，校区住民が救護所を忘れているかのように扱ったことも，反発を強める一因となっている。現物保存派が「原爆」と関係する「校舎」の保存を主張したことを，再現展示派

は，かつて小学校であった文脈や廃校議論の過程を無視していると受け取ったのである。

5.3 校区住民（再現展示派）の保存の論理とその形成過程

校区住民は，一貫して校舎の一部保存は行わず，メモリアル・ホール建設を主張した。それは，校区住民にとってこれまでに述べてきた理由から被爆遺構よりも「母校」という意識の方が強くあったためだ。つまり，再現展示派は校舎を含めた新興善小学校（救護所跡）を「小学校」として見ていた[26]。さらに「校舎」の保存は土地の有効活用の妨げになるという認識ももっていた。こうして土地の有効活用と，小学校の伝統行事の継承・平和学習の場の提供を共存可能にするものとして「メモリアル・ホール」設置の主張がなされたのである。

そして，校区住民が小学校としての意味づけにこだわったのは，救護所と校舎に直接のつながりを見出せなかったこと，救護所（原爆との関係）を主張しすぎることは自分たち母校の記憶を薄めること，そして現物保存派が小学校という文脈や廃校議論の過程を無視したことも理由であった。ここで明らかになったのは，現物保存派と再現展示派の依拠する社会的枠組みが異なっていたため，校舎への意味づけ＝記憶が異なり，その結果，保存の論理の違いを生んだことである。

5.4 新興善小校舎一部保存問題の特徴と論点

本章ではここまで，新興善小校舎一部保存問題における校舎解体，再現展示決定の政治過程から，保存派・再現展示派それぞれの保存の論理と形成過程を検討してきた。長崎市・市民連絡会・校区住民間で合意を生み出せず，図書館内にメモリアル・ホールを設置し，再現展示を行うに至った理由を2点挙げることができる。

1つは，市民連絡会側が，新興善小学校を「救護所」の記憶が宿る場としてとらえ，校舎現物保存を主張し続けたことである。こうした主張は，利害当事者である校区住民側から見れば「母校」の記憶や地元の文脈を考慮していない，地元固有の事情を無視していると受けとめられた。その結果，校区住民側は現物保存派の主張に同意することができなかったのである。

もう1つは，市民団体側の保存の論理とモノ自体の記憶を喚起する力と

第4章　新興善小学校校舎の解体とその活用

のズレがあったことである。D. ハイデンによれば，建物（視覚情報による）そのものは，記録（書物）よりも社会的記憶を喚起する力をもつという（Hayden 1995: 33=2002: 58）。彼女は，文書などの記録から構成するよりも，視認による認識の強さを指摘している。しかし「新興善小校舎」は，そのモノ自体の「露呈してしまう質感」が乏しいものであった。つまりこの校舎は，そこで当時何がどう行われてきたのかを示さなければ，遺構としての価値を提示できないものであった。それに対して，現物保存派は，原爆を感覚的に実見できるとして保存を主張し続けたのだが，市や校区住民側を納得させることはできなかった。

　以上の考察から，この保存問題が物語っているのは，第一に同じ建物・場所であっても，複数の記憶が交錯しているがゆえに，場所の記憶同士の対立や矛盾があることである。この対立・矛盾は，救護所の記憶にもとづく現物保存を主張した市民と，戦後この空間で生きてきた記憶にもとづく再現展示を主張した市民との対立であった。これは，市民の記憶実践を権力との対抗関係として読み解くだけではとらえきれない，記憶実践同士のせめぎ合いであった。したがって，原爆の痕跡がある建物や場所であっても，無条件に残すべきであると主張するのではなく，そこにある複数の場所の記憶の対立・矛盾を念頭に置きながら，どのような保存形態が最適なのかを検討していくことが求められるのである。

　第二は，モノそれ自体がもつ原爆体験を想起させる力は，保存を主張する側の文脈に沿って，都合よく創られるものではないことである。現物保存の論理を展開しても，場所や建物が本来もつ想起する力とのズレが大きければ大きいほど，逆にその正統性が問われてしまう。つまり，存在しない事実や些細な事象から，過去や記憶をいかようにも想像・創造できるわけではない。むしろ何かしらの物質的なモノとしての存在との関係のなかで，過去や記憶は私たちのもとへ到来するのである。

6　「救護所メモリアル」の再現展示

　これまで「新興善小学校校舎一部保存問題」に見られる2つの保存の論理を検討することで，この問題の論点を明らかにしてきた。本節では小学校校舎が解体され，その跡地に設置された「救護所メモリアル」がどのような施

写真 4.4 救護所メモリアル
　再現された救護所（教室）と当時の医療器具の展示（2012年11月）

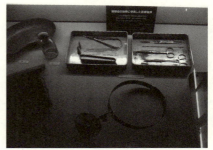

設になったのかを見ていく。

　現在，新興善小学校の場所には長崎市立図書館が建設され，その1階スペースに「救護所メモリアル」として「再現展示」が行われている。「救護所メモリアル」は，新興善小学校の教室の床板や腰壁，窓枠などを再利用して，当時救護所であった一部の教室が再現され，そこに写真や被災資料，映像資料などが展示されている。また，当時使用された医療器具も展示され，黒板に設置されたスクリーンには「あの日この校舎」（短縮版）という記録映画が流れている。これは，治療にあたった看護師やそこで治療を受けた人の話，惨状を目撃した当時の小学生らの体験に関する証言をまとめた映像である。それ以外にも，当時の写真や証言が廊下の壁に掲げられている（写真4.4）[27]。

　「新興善小学校」そのものの記憶は同じ図書館内の「新興善メモリアル」という施設に展示という形で保存されている。このメモリアル内は校区住民が望んでいたコミュニティセンターとしての機能も備えられており，地域活動を支える施設として位置づけられている（写真4.5, 図4.1）[28]。

　この施設では，廃校，校舎解体，市立図書館建設という流れの中で，これまで小学校と結びついていた「救護所」の記憶が切り離された形で保存されている。「救護所メモリアル」は「救護所時代」に特化した再現展示となり，他方「新興善メモリアル」は新興善小学校史の展示が行われている。

第4章　新興善小学校校舎の解体とその活用

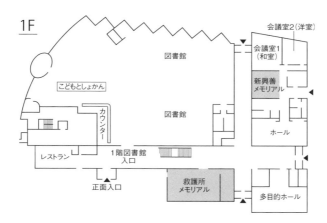

図4.1　長崎市立図書館1階平面図
（出典）長崎市立図書館サイトをもとに作成

　つまり，現在の「救護所メモリアル」は，小学校の行事や平和学習といった学校全体の記憶との結びつきは解かれ，救護所時代の記憶のみが展示されているのである[29]。これによってこの空間は，P.ノラのいうような「記憶の場」となっている。「記憶の場」は既存共同体との結びつきを失った空間である。この「記憶の場」としての継承は，ある出来事の部分を，地域の生活史的文脈から切り離して，その部分のみを濾過し，鮮明な形で残していく作業である。原爆記憶の継承の問題が市民の関心事になることで「新興善小学校」が原爆の痕跡をもつ場所として浮上してこなければ，こうしたメモリアル施設すら設置されなかったともいえる。

写真4.5　新興善メモリアル
市立図書館内の市民ホール・会議室の一角
（2012年11月）

　城山小校舎の保存問題や新興善小校舎の保存問題を含めて，被爆遺構の保存に関する議論を中心に検討してきたが，断っておきたいのは「現物による保存」と「再現による展示」のどちらが優れた保存形態であるかと問うこと

123

が，本書の目的ではないことだ。これまで，さまざまな立場と角度から，保存に対する態度を検討してきたのは，現物を残さなければならないという規範的態度に終始せずに，モノによる原爆記憶の継承とは何か，その意味を考えるためであった。

　再現展示も記憶継承を企図した1つの方法であり，それが現物保存より劣ると無前提にいうことはできない。「救護所メモリアル」のように，原爆記憶と直接結びついた形で記念され，再現展示が多くの市民に開かれている現在の方が，小学校として使用され被爆遺構として活用されてこなかった時期よりも，そこでの出来事を効果的に伝えているかもしれない[30]。

7　被爆遺構の保存と記憶の継承

　これまで，長崎において原爆被害を受けた地域・建物に着目し，〈原爆〉が長崎の都市空間の中で，どのように位置づけられ，記憶実践が行われてきたのかを検討してきた。特に第3章と第4章では，長崎における2つの被爆遺構の保存問題を中心に取り上げた。老朽化などにより遺構の多くが解体されている状況下で，広島の原爆ドームのように原爆を象徴する唯一の建造物がない長崎においては，原爆被害を受けたモノを保存することの重要性が，1980年代以降に高まっていた。

　第3章で見たように，城山小学校の校舎の一部が城山小平和祈念館として整備され，遺構として活用されているのは，被爆を含む学校生活の実践の積み重ねのなかで，校舎保存が可能となったからである。この空間における継承は，日々の暮らしの中に埋め込まれ，日々の学校生活の中で子どもが〈原爆を〉感じ，〈原爆〉を自分たちの記憶として継承していく営みであった。そこには，日常の生活実践と結びついた「記憶の場」が存在している。一方，第4章で取り上げた，新興善小学校の校舎一部保存は，爆心地から遠く，原爆の痕跡が比較的小さいモノを日常の生活実践に位置づけ，原爆の記憶として現物保存するのは困難であった。そこには，城山小校舎とは異なる力学が働き，「記憶の場」として原爆の痕跡が保存されることになった。

　この2つの事例から見えてくるのは，現代の長崎において生活の場から記憶が切り離された「記憶の場」（救護所メモリアル）とその記憶が結びついた「記憶の場」（城山小学校）の両方が存在していることである[31]。長崎

第4章　新興善小学校校舎の解体とその活用

では，P. ノラがいうような〈原爆〉が地域共同体から切り離された「記憶の場」のみが都市空間に存在しているわけではないのである。

注

1　本章の記述は，2009年7月30日〜8月28日，2010年7月23日〜8月23日，2011年2月15日〜23日，2014年8月27日〜8月31日に実施した現地調査での，校区住民代表や市役所職員，地元マスコミ，市民団体からの聞き取り内容，さらに校区住民や市役所から提供された資料に依拠している。
　　具体的な調査経緯は，まず研究者への聞き取りを手がかりにして，市行政の担当者への聞き取りを行った。次に地区住民代表者に直接連絡して地区住民の遺構の意味づけや当時の経緯の聞き取り調査を行った。その後，他地区の住民代表者の紹介を受けて聞き取りを継続し，保存関連資料の提供を受けた。そのほかに地元マスメディアや市民団体にも聞き取り調査を実施した。

2　「オーナーや会社経営者」の人たちが多く住んでいる地区といわれている。2010年8月3日，長崎市内でA氏からの聞き取り。

3　またこれとほぼ同時期に，被災資料協議会会議で「新興善小学校は被爆後，救護活動が行われた場所で，第4条の（2）被爆の位置，規模，使用状況等から見て，当時の被爆状況を社会的に訴えるものに当てはまるので，保存について考えをまとめて欲しい」と校舎保存の要望が出されている。「長崎市原子爆弾被災資料協議会会議録第10回」1992年8月20日。

4　「長崎市原子爆弾被災資料協議会会議録」第16回1996年11月28日。

5　第1回は市民100名以上が参加したものの，2回目は中々人が集まらなかったという（長崎の証言の会編2004）。

6　「新興善小学校校舎一部保存問題」を取り上げたものに，木永（2005）や木村（2008a, 2008b）がある。これらの研究は，証言の会・市民連絡会の主張を中心にこの問題を論じている（木永2005；木村2008a, 2008b）。木永（2005）は，この保存運動がうまくいかなかった原因を，長崎市民の関心の低さと旧市街地居住者の原爆に対する意識の差にあるとしている。彼はそうした意識の差を生じさせた歴史的背景に明治以降から続く旧市街地と浦上地区の分離の構図があったのではないかと指摘している。ただ，こうした二つの社会層間の原爆に対する意識の差が，現在の地域社会における市民の〈原爆〉意識に影響を与えているという結論は，長崎原爆に関する諸研究の中でよく使わ

れる（新木 2003：末廣 2008 など）。こうした指摘は一定の説得力を有しているものの，本章はこの問題をこうした地域の歴史構造に還元するのではなく，保存問題をめぐる社会過程から論点を抽出することを目的としている。そうすることで，これまでの議論では見落としてしまっていた論点をすくい上げることができる。

7　新興善小学校に通う保護者や校区にある自治会に所属する人たち。

8　「長崎市立新興善小学校跡地活用検討協議会会議録」第 3 回 1996 年 9 月 26 日。

9　2010 年 8 月 3 日，長崎市内で A 氏からの聞き取り。

10　同上。

11　「長崎市立新興善小学校跡地活用検討協議会会議録」第 5 回 1997 年 1 月 22 日。

12　このとき，校舎復帰のために尽力した人の 1 人が，後に市長となる田川務であった（新興善小学校百周年記念誌編集部 1974）。

13　「長崎市立新興善小学校跡地活用検討協議会会議録」第 3 回 1996 年 9 月 26 日。

14　同上，第 5 回 1997 年 1 月 22 日。

15　同上。

16　同上，第 4 回 1996 年 11 月 15 日。

17　同上，第 5 回 1997 年 1 月 22 日。

18　「旧新興善小学校校舎の一部保存に関する説明会会議要旨」2003 年 6 月 21 日。

19　2010 年 8 月 3 日，長崎市内で A 氏からの聞き取り。

20　その後，市と校区住民の跡地利用の協議の結果，住民の意見を尊重することを前提とした市立図書館の建設に合意している。

21　「中央 3 小学校統廃合問題 3 校区合同説明会質疑応答」1993 年 8 月 12 日。

22　「中央 3 小学校統廃合問題検討集会の報告」1994 年 3 月 1 日。

23　「市長との対話集会」1995 年 9 月 2 日。

24　同上。

25　2011 年 2 月 17 日，長崎市内で B 氏からの聞き取り。

26　新興善小学校校舎一部保存問題について総括している座談会の中で，保存運動にも参加していた新興善小の卒業生も「小学校」という枠組みの中で，当時の思い出を語っている（長崎の証言の会編 2004: 73-4）。

27　「第 28 回長崎市原子爆弾被災資料協議会抄録」2005 年 8 月 31 日の配付資料，

「新興善国民学校救護所再現教室について」より。

28 「長崎市立図書館 図書館について——施設の紹介 配置図1階」(http://lib.city.nagasaki.nagasaki.jp/tosyokan/sisetu/1f.html)。2015年3月13日閲覧。

29 「解体」という言葉は，建物を壊すという意味でネガティブにとらえられてしまいがちだが，かつては「家を解く」という表現があったように（英語のdemolitionとは異なる概念），「解体」という言葉は「新築の工程をちょうど逆に辿って，統合体としての建築（architecture）を個々の部材に戻していく」側面をもつ（宮本佳明 2009: 201）。個々の部材に戻していくという意味で「解体」をとらえれば，「救護所メモリアル」は，解体によって現在の都市空間に適応した形で出来事を記念した建物とみることもできる。

30 保存運動の代表を務めた人は，このメモリアルを訪れて「当時の被爆の惨状を伝えるには十分ではないけれど，思ったよりはちゃんと展示されていると思う」(『長崎新聞』長崎版，2011年5月17日付）と感想を述べている。

31 A.アスマンは，こうしたノラの視点が「近代，伝統の断絶，歴史主義のパラダイム」(Assmann 1999=2007: 404) を前提にしているとしてノラの変動論的態度を批判している。彼女は，「記憶の環境」が「記憶の場」に取って代わるのではなく，現代においても「記憶の環境」は存在し続け，それは「記憶の場」との交差の中にあると述べている。

第Ⅱ部

継承実践としての平和活動　証言・ガイド・署名

第5章　原爆記憶の継承と市民運動
—— 「長崎の証言の会」・爆心地復元運動・継承活動への政治的規制

　長崎市内で，被爆者を含む市民が原爆記憶の継承に主体的に関わる活動が多く見られるようになったのは，原爆投下から20年以上が経過した1970年代以降である。当時は，長崎市内の小学校5年生の8割以上が原爆投下の日を知らないと答えるなど，記憶の風化も進んでいた。また，1960年代後半から70年代にかけて原水爆禁止運動は分裂し停滞していた。原水禁運動は党派のイデオロギー闘争に終始し，被爆者不在のかたちで行きづまっていたのである（調編 1972: 234-9）。

　こうした状況から，被爆の実相を後世に伝えるために被爆者が中心となり「既成の運動枠にとらわれない独自の草の根的な運動」（広島・長崎の証言編 1975）が行われるようになった。本章では，そのなかで社会的影響が大きかった「長崎の証言の会」の証言運動と，同時期に行われた原爆投下直前の爆心地周辺の地図を復元する活動（原爆被災復元運動），そしてその後問題となった長崎市の継承をめぐる政治規制を取り上げ，第6・7章で述べる継承活動に至る歴史的・社会的背景を示すことにしよう。

　本章では特に長崎市内で将来の継承活動を可能にする証言集や記録が社会的資源としてどのように準備されてきたのか，継承活動の基盤となった被爆者や市民が主体的に関わる活動は何だったのか，それをめぐって起きた政治的な対立に焦点を当てて見ていきたい。

1　証言運動——「長崎の証言の会」の活動

1.1　長崎における証言運動

　長崎における証言運動は，鎌田定夫の整理によれば三期に分けることができる。第一期は1948～49年の朝鮮戦争前であり，第二期は1960年代の原

水爆禁止運動の高揚期である。第三期は，1960年代後半以降となる（鎌田1976: 135）。ここで取り上げる証言活動は，第三期（1960年代後半以降）である。その理由は，第一期と第二期の運動は断続的で長続きせず，長期的かつ継続的に続いたのは第三期であったためである[1]。

　長崎では1960年代後半から証言活動が盛んになり，1970年には長崎市婦人会編・発行の『長崎の号泣』や長崎県教職員組合・被爆教師の会編『沈黙の壁をやぶって』（労働旬報社），長崎原爆青年乙女の会編・発行『もういやだ　第二集』など多くの記録集が出版された。また，この時期に定期刊行の証言集も多く刊行されたことも特徴的である。たとえば，当時の三菱長崎造船の技師・白井秀雄らによる『原爆前後』や長崎医科大学原爆犠牲者遺族会による会報『原爆思い出の手記集　忘れな草』[2]などがそうである。

1.2　「長崎の証言の会」の活動

　なかでも「社会的インパクトと継続性の面」で「際立っていた」のが長崎の証言の会が刊行している『長崎の証言』（年刊，季刊）である。『長崎の証言』は1969年8月に第1号が刊行され，代表は聖フランシスコ病院院長・秋月辰一郎，編集実務の中心は長崎平和研究所・鎌田定夫が担っていた（福間 2011: 355-7）。

　「長崎の証言の会」が結成されたきっかけは，1967年11月に発表された『原爆白書』（『原子爆弾被爆者実態調査——健康調査および生活調査の概要』）への反発からであった。この白書の調査結果が「健康・生活の両面において，『被爆者と国民一般の間』には『全般的にいちじるしい格差があるという資料は得られなかった』」（福間 2011: 367）というものであったため，長崎憲法会議・長崎被爆者協議会・長崎高校原水協・日本科学者会議長崎支部の有志が，これに対抗した調査を行うことになった。そして，翌年の1968年8月に約1ヵ月実施した長崎被爆者の実情調査の報告書『あの日から23年——長崎原爆被災者の実態と要求』が完成する。鎌田は当時，『原爆白書』に対して「……体験と訴えを，単なる統計学的な分析の対象にとどめたり，わずか一〇行たらずの問題事例報告にとどめることは，私たちにとって，たえがたいことであった」と振り返っている（鎌田 1976: 137）。

　その後，その延長の組織として「証言の会」が結成され，1969年に名称変更して，現在まで続く「長崎の証言の会」となった（福間 2011: 367-8）。「長

第 5 章　原爆記憶の継承と市民運動

崎の証言の会」の目的は (1) 核抑止力という原爆神話の打破，(2) 被爆を軸に戦中戦後の生活体験の記録，(3) 文学・芸術や思想運動としてのアプローチ，(4) 被爆体験の伝承と平和・原爆教育，(5) 反原爆の証言を武器として，被爆者を核とする平和運動再統一の追求である（鎌田 1976: 138-9）。

図 5.1 「長崎の証言の会」の証言集
『証言 2017　ナガサキ・ヒロシマの声』第 31 集

「証言の記録」と「被爆体験の継承と教育」という項目があるように，継承は当初から課題として掲げられていた。実際，長崎の証言の会が発行する『長崎の証言』は，必ず被爆者の証言記録や継承・平和活動に多くの頁を割いている。また原爆問題の論考も，その都度積極的に掲載している。原爆に関する一次資料があまり遺されていない長崎で，欠かせない雑誌となっている。「長崎の証言の会」は現在まで市内で独自の平和ガイド活動をはじめとする諸活動を継続中である。原爆記憶の継承のアーカイブズや平和活動の拠点として，会は貴重な存在となっている 3（図 5.1）。

「長崎の証言の会」によって，さまざまな被爆体験が雑誌に掲載され，かつ〈原爆〉に関する活動が継続して記録されることで，若い世代がそれらを活動の在庫目録として参照できるようになっている。また，長崎の証言の会だけではないが，会が長期的に存続することで，市民に参加の場が提供されるようになった。その結果，現在では平和活動において，「長崎の証言の会」は被爆者と原爆に関心をもつ市民が集う結節点の 1 つになっている。つまり，長崎市民と被爆者をつなぐ連帯の基盤という意義を少なからずもっているのである。

2　原爆被災復元運動——爆心地周辺の地図を復元する調査活動

原爆被災復元運動（爆心地復元運動）は，1970 年から始まった長崎の被爆者主体の市民運動の 1 つに数えられ，原爆投下直前の爆心地周辺の地図の復元をめざした活動である 4。この運動は最終的に長崎市も協力することに

なり，総額約 3,100 万円の予算のもとに 1980 年まで実施された。

　この活動の目的は，爆心地からおよそ 2 キロ内の被災世帯の戸別地図復元と被災状況の把握である。地図を作成することで，世帯別の居住と被災状況を調査し，各世帯の中の被災者の実態把握を目的としていた（長崎市 1975, 1980）。本節では，原爆被災復元運動がどのような貢献をしたのかを見ていく。

2.1　原爆被災復元運動の始まり

　長崎における爆心地復元調査は，爆心地から半径 500 メートル内にある長崎市松山町と山里町に住む市民の自主的な運動から始まったといわれている[5]。

　松山町では，1970 年 6 月に同町防空本部長の証言を皮切りに始まり，同年 7 月に「松山町原爆被爆地復元の会」が結成された。当初，復元地図のアイディアは，市役所水道局に勤務していた内田伯がこの年の 3 月下旬頃，周囲に話していたものであった。しかしその時は，「きちんとした組織」にはならなかったという。それは具体的な方法などが決まっていなかったためであった[6]。その後，内田ら参加者は 4 月以降に爆心地復元の具体案を詰めていった（『朝日新聞』長崎版，1970 年 10 月 17 日付）。そして，6 月から本格的に松山町の復元運動が始まることになった[7]。

　松山町で爆心地復元の具体案が練られ，復元活動が始まろうとしていたちょうどその頃，隣接する山里町も「独自に被爆以前の町地図づくりを始めていた」（調編 1972: 226）。後に長崎原爆復元調査室協議会副会長となる秋月辰一郎は，1964 年からこの地図作りを始めていると新聞記事で語っている（『朝日新聞』1970 年 7 月 25 日付）。当初は，秋月ひとりで始めた自主的な活動であったが，その後戦前に山里町の町内会長をしていた高谷重治が加わり，1970 年 3 月から本格的に作業が始まることになった（長崎市山里浜口地区復元の会・高谷重治 1972: 43-4;『朝日新聞』1970 年 7 月 25 日付）。その際，手がかりにしたのは戦前の浦上地区キリスト教信者名簿と長崎県土木部が保管していた戦前の土地登記台帳，1945 年 8 月 7 日米軍による長崎市街の航空写真であった（長崎市山里浜口地区復元の会・高谷重治 1972: 45;『朝日新聞』1970 年 7 月 25 日付）。そして，1970 年 8 月が過ぎたころ，「山里浜口地区原爆復元世話人会」がつくられ，毎月第一日曜午前中に情報交換などの会合が行われるようになった（長崎市山里浜口地区復元の会・高谷重治 1972: 49）。1970 年 10 月 1 日に山里町復元の関係者会合がもたれ，そこ

で山里町の復元の会が事実上結成された[8]。

2.2　市民・行政を巻き込んだ爆心地復元調査

当初，松山町と山里町の市民が独自に進めていた復元活動が，市民と行政を巻き込んだプロジェクト＝調査へと展開したのは，地元マスコミ，特にNHK長崎放送局の協力が大きい。1970年当時，NHK長崎放送局は原爆25周年に向けて取材活動を進めていた。そして「原爆班最大の課題は，爆心地復元であることが確認されていた」。ただ，長崎において「被爆者市民の運動，爆心地復元運動が可能かどうか，原爆班のスタッフの中にもいらだち」があった（調編 1972: 221）。しかし，NHK長崎放送局は，同時期に行われていた松山町の復元運動に注目し，1970年6月26日のNHKテレビ番組『復元運動始まる』として取り上げることになった。これが反響を呼び全市的な調査へと拡大していく[9]。

松山町と山里町の運動がマスコミに紹介され始めたのと期を同じくして，長崎市は1970年度に「国庫補助に加えて予算137万円を計上し，復元調査を進めること」を決定していた（調編 1972: 226）。そして市は「被爆当時の各世帯などを記入した『市街図』を復元することにし，資料の収集を」始めていた（『長崎新聞』1970年6月29日付）。しかし，市は「調査方法を確定しえないまま」でいた（調編 1972: 227）。10月になると復元運動が本格的な盛り上がりを見せていたこともあり，市は民間の復元運動と協力し，市と民間が一体となった復元委員会の設置を検討し始める（『朝日新聞』長崎版，1970年10月18日付）。その結果，1971年1月に原爆被災復元調査室が設置され，3月には「市，復元の会，被爆者団体，大学研究機関の代表からなる『長崎市原爆被災復元調査協議会』が発足」した（調編 1972: 227）。1971年以降は民間の復元運動と市の調査事業が連携して行われることになった。

こうした長崎市の復元調査に関する動きは，鎌田がいうように「正直いって広島市での実績や長崎での住民運動の盛りあがりに後からのっかった，という印象はぬぐえな」い（鎌田 1972: 348）。実際，長崎市は復元調査事業を計画していたものの，松山町・山里町で行われていた復元運動に対して，当初から協力関係にあったわけではない。

2.3 原爆被災復元調査事業へ

原爆被災復元運動の始まりは，あくまで2町の住民が独自に進めていた調査であった。たとえば1970年8月9日の平和祈念式典において，平和公園の広場前で松山町復元図を公開するために長崎市と交渉した際，内田伯はある市職員に「一般の市民運動として評価」され，「市民運動は困る」と言われたという10。最終的に広場前にテントを設置することはできたが，市側にはこのように否定的な見解をもつ人も存在した。さらに長崎市はそれまで復元図作成にあまり積極的ではなかったこともわかっている。長崎の被爆者団体である原爆被災者資料協議会事務局長の葉山利行は，以前から長崎市に「復元図づくりを何度も陳情してきた」が，市は「腰をあげようとしなかった」と述べている（『朝日新聞』長崎版，1970年10月18日付）。

しかし，こうした市の消極的な姿勢も，NHKを含む多くのマスコミや市民のこの活動の反響を受けて転換され，長崎市が市民活動に協力し，活動参加者らのノウハウを活用する形で原爆被災復元調査事業へと展開していった（図5.2）。

3 慰霊行為としての爆心地復元運動

3.1 「地図に墓標を刻む」参加者の思い

これまで爆心地復元調査の始まりからその運動の展開までを考察してきた。市民の自主的な活動から始まったのであれば，この調査運動が参加者たちにどのような意味をもっていたのかを探る必要があるだろう。調査員＝町民はどのような思いや動機で調査を深めていったのか。調査活動初期から関わってきた会員への聞き取りや証言から，復元調査の社会的意味を検討する。

松山町原爆被爆地復元の会会長の内田伯は，毎年8月9日に長崎市で行われる慰霊祭（平和祈念式典）への違和感があったと語る。

　　　毎年8月9日になると長崎では長崎市長がね，長崎原爆の日に慰霊祭が8月9日の平和公園で，……弔辞みたいな形で市長が読み上げるんですけど，その中に本当に原爆で瞬時にして命を奪われた人たちのね，思いを，思いはどうしても私らには伝わってこなかった。そういうことで，何かこれに代わるものを，原爆が長崎に落とされたんだということをで

136

第5章　原爆記憶の継承と市民運動

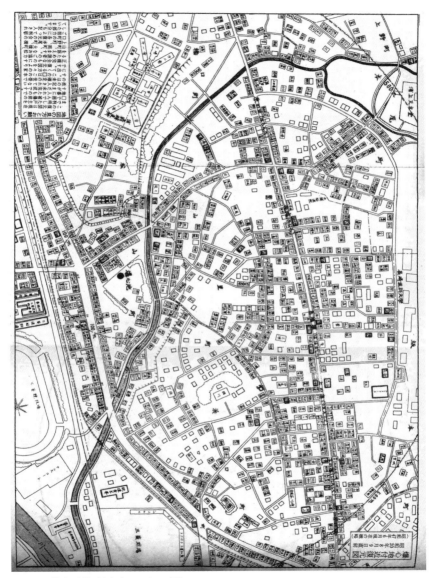

図 5.2　爆心地復元図（1972 年 6 月）
　昭和 20 年 8 月 9 日直前の松山町，山里町，浜口町などの戸別地図
　長崎市作成（出典　図 5.3 と同）

すね，通り一遍の8月の弔辞だけで済ましていいのかと。それが基本としてあった11。

　原爆による死没者は毎年，市が主催する式典の中で慰霊される。しかしそれは，原爆で亡くなった人たちの遺族や縁故者にとって，どこか形式的で中身のない空虚なものに映っていた。彼からすれば，この式典だけでは慰霊の思いは伝わってこなかったのだ。
　式典へのこうした違和感や不満が爆心地の地図を復元する活動につながっていったと内田は言う。地図の復元は，毎年8月の慰霊祭では満たされることのない何かを埋める活動であった。内田は，地図に墓標を刻む思いで運動を始めたという。

　　　墓標と言いますかね。長崎，同士に墓標を刻む思いで，地図の上にですね。旧地図の上に墓標を刻む思いで，この運動を始めたわけです12。

　同様のことを山里町の地図復元に取り組み，1972年に証言集『爆心の丘にて──山里浜口地区原爆戦災誌』（図5.3）をまとめた高谷重治も述べている。
　高谷は，秋月辰一郎らに「私たちは一戸一戸，骨をもう一度さがしましょう。一本ずつ木の墓標を立てましょう」「地図の上に一つずつ墓標を立てるような気持ちです」とこの運動の意味を語っている（長崎市山里浜口地区復元の会・高谷重治 1972: 43, 45）。こうした内田や高谷の立場は，表現は異なるにせよ他の「復元調査」の参加者にも共有されていたように思われる。松山復元の会に所属する青田光信は「犠牲になった人々への冥福と平和の希求ということが，念頭にある」と述べた13。また，長崎大学名誉教授で，長崎市原爆被災復元調査協議会で委員長を務めることになる調来助も「これにまさる慰霊はない」と語っていた（『朝日新聞』長崎版，1970年10月18日付）。

図 5.3　爆心地復元運動の記録
『爆心の丘にて　山里浜口地区原爆戦災誌』
（出典）長崎市山里浜口地区復元の会・高谷重治（1972）

第5章　原爆記憶の継承と市民運動

　被爆25年が経過した1970年代において，毎年恒例の慰霊祭（平和祈念式典）が形式化・国民化したため，被爆者やその関係者の目には，国家は原爆で亡くなった人たちを「積極的な意味をもたないモノ」と位置づけているように，見えたのではないか（中筋 2000: 233）。つまりそこには公的な死の処理の仕方と，生者の生活の中での死の受け止め方に齟齬が生じていた（澤井 2005: 108）。原爆による死が，個別の死から一足飛びに抽象的・普遍的な「人間社会」に重ね合わせられてしまう違和感が，こうした活動に向かわせたのである。

　哲学者の高橋眞司は，原爆死の特徴に「非人称の死」であることと「物体としての死」であること，「遺体の確認ができない」ことの3点を挙げている（高橋 2004）。一般的な人間の死に対して，私たちは亡くなる以前のあらゆる状況から，死を悼む物語を紡ぐことができる。しかし，原爆死は追悼の物語を許さない。個人がどこでどのようにして死んだのかさえわからない。運動の参加者は，こうした無に帰する死に抗い，追悼の物語を紡ぐことで，死者の「人間の復権」[14] を目指していた。つまり，原爆による人間の死の痕跡を「生者の生活のなかにみいだして」（澤井 2005: 145）追悼することが，地図を復元する意義なのであった。

3.2　忘れられた死者の想起

　元長崎原爆復元調査室協議会副会長の秋月は，内田や青田の慰霊・追悼の視点に加えて，当時行われていた原爆被害調査や証言の蒐集の間隙を衝くものとしてこの調査を位置づけた。秋月は当初「科学的調査の達しない，その空白の箇所をわれわれの『証言』によって埋めようと」していたのである（秋月 1972: 214）。しかし，証言が語られ・集められ続けてもなお「埋めることのできない空白が」残ってしまったという（秋月 1972: 215）。そして，この空白は「爆心五百メートルの八月九日午前十一時のわずかの後にある歴史の空白，地図の空白」であった。これは「科学的調査でもまた証言でもうめることのできない」ものとして，放置されていた（秋月 1972: 215）。秋月は復元調査＝運動を「学問的探索ともちがう。また政治運動とも異なる。ただかつて自分の隣りで相共に生活を営んでいた人びとをもう一度ここにつれもどす」（秋月 1972: 218）ものととらえていた[15]。「忘れられた死者」を探しそれを埋葬する，つまり「死者たちと語り，その遺念ととけあう一つの方式」

139

（秋月 1972: 219）と考えていたのである。

　この空白を埋めることは「そこに生きた人々の存在の次元で——「死者」・「死者たち」として——記憶・記録する」ことを意味した（中筋 2000: 223）。科学的調査のように数値化されたデータでも，個々人に分散した固有の語りだけでは埋めることのできないもの，つまり地域の共同性の中に死者を意味づける作業が爆心地復元の調査運動であった。

　そして，こうした原爆の記憶を地域社会という「空間」に位置づけるための有力なメディアとなったのが「地図」であった。若林幹夫によれば，地図は「人間による世界と社会の空間のあり方に関する解読と制作に関わるテクストであり，そのようなテクストを媒介とする社会的な諸実践の痕跡」である（若林 2009: 71）。地図は，諸個人が想像や共有を可能にする根源的土台を提供し，さまざまな他者と社会的経験を共有するための基盤となる（若林 2009）[16]。M. アルヴァックスに従えば，地図は集合的想起を水路づける「社会的枠組み」なのだ。記憶は社会的枠組みの中で想起される（Halbwachs [1925]1952: 127）。記憶の継承や共有に際して，復元地図は死者，被爆体験者，非体験者を媒介するツールの役割を果たしていた。

　爆心地復元運動の初期から関わってきた会員の地図に対する思いや動機から見えてきたものは，忘れられた死者を想起し，それを社会的枠組みとしての地図に表現することが，慰霊・鎮魂につながっていたことである。これは「二人称の死への慰霊」[17]から身近な他者の存在を確認し，その記憶を未来に語り継ぐことを意味していた。それは死者，被爆体験者，非体験者による地域社会の絆を再確認する作業となっていた。

3.3　記憶を継承する実践としての復元運動

　爆心地復元運動によって，〈原爆〉を語り継ぐ上で貴重な資料が収集された。被爆直前の地図の復元では，最終的に計 48 町の住宅 91.8% を地図に復元することができた（長崎市 1980）[18]。また復元運動の中で，被爆当時の火災の記録が見つかるなど，埋もれていた記録も発掘された。1949 年に作成され消防局に保管されていた記録が，20 年以上の時を経て発見されたのである（調編 1972: 76）。

　原爆被災復元運動がなければ，継承活動を行う上での資料自体が散在してしまい，活動の社会的資源が枯渇していた可能性がある[19]。その意味におい

第5章　原爆記憶の継承と市民運動

て，この運動はその後の継承活動を展開していく上で，重要な運動であったといえる[20]。

　もちろん資料面だけではなく，別の意義も大きかった。それは「死者との連続性」という視点を示したことである。爆心地復元運動は，被爆以前の共同体を発掘し，現在と結び合わせることで，被爆前と被爆直後，そして戦後復興の間で分断された関係をつなぐ役割を担っていた。この活動は，時間的な連続性の中で，地域共同体の課題や語り継ぎの物語として〈原爆〉をとらえる視点を提供したのである。

4　「原爆は原点ではない」──行政による公教育への規制

　被爆者や市民が主体的に関わる運動を通じて，原爆体験の重要性を訴え，それを語り継いでいく機運が生まれる一方で，それに逆行する動き，つまり行政による規制も呼び起こす。それが「原爆は原点ではない」問題である。これは長崎の公教育における継承活動への規制の動きといってよい。実際に公立学校の平和教育がこれ以降停滞するきっかけとなった。

　1960年後半までは広島・長崎の小中学校の一部を除いて，子どもたちは原爆（平和）教育をほとんど受けていなかった。1968年広島の原爆意識調査の結果，原爆を学校で教師から習ったのは10％ほどしかいなかったという事実に驚き，長崎県被爆教師の会・県・市の教職員組合は原爆・平和教育を積極的に行うために協力することになった。実際にこの三者が協力して必要な教材を作成・出版し，原爆教育に取り組んでいった。特に大きかったのは，1972年に刊行された小中学生向けの教材『ナガサキ原爆読本』であった。当時は長崎の証言運動や爆心地復元運動など市民運動が行われ始めた時期でもあり，平和教育はそれらと呼応して行われた（高橋 2001: 80）。

　しかし，こうした動きに対して市教委側はよい顔をせず，原爆教育を推進する教職員組合は次第に市教委との対立を深めていく。1970年代の長崎では8月になると毎年，日教組と市教委が平和教育の方法をめぐって対立していた。それを受けて，市議会は毎年その解決を市教委に要請していた（山川 2014）。1977年5月にこうした対立が臨界点に達した象徴的な事件が起きる。長崎市内の校長が図書室にあった『ナガサキ原爆読本』150冊を持ち去った事件である。これをきっかけに市教委は「平和に関する教育の基本三原則」

141

を策定し，平和教育の方法を現場教員に通達する。この基本三原則の要点を
まとめると以下になる。

① 平和に関する教育の基本的よりどころを憲法，教育基本法などの法令
　 に示された「平和希求の精神」に求め，いわゆる「原爆を原点とする」
　 ものではない
② 児童生徒の人格を，真に平和を希求する日本人として形成するため，平和
　 に関する指導を通して……平和に関する資質を啓発するものであること
③ 学校における具体的な指導は，学習指導要領に従い……いわゆる特設
　 時間を設定して行うものでないこと（高橋 2001: 80-1，長崎市教委の
　 『平和に関する指導資料（試案)』)。……の省略は筆者。

　ここで重要な点は，市教委が平和教育を「『原爆を原点とする』ものでは
ない」と定義し，学校での平和教育は「特設時間（各教科・道徳・特別活動
以外の時間）を設定して行うものではない」としたことである。市教委の平
和教育に対する指導は，教育現場において「教師たちが現場で原爆を教える
ことを大いに躊躇させ，戸惑わせるものとなった」。その後，長崎におけ
る原爆・平和教育は「８月９日を中心とする全校登校日の被爆体験講話，小
学校第五学年の長崎原爆資料館見学などに限定され，ここに平和教育のパ
ターン化，様式化という事態が長くつづくこととなった」（高橋 2001: 81）。
　この原則は 1978 年に策定されて以後，20 年以上にわたって維持され，「い
わゆる『原爆を原点とする』ものではない」と「いわゆる特設時間を設定し
て行うものでないこと」の２つの項目が削除されたのは 2001 年のことであ
る（高橋 2001: 81）。
　長崎市は，組合と市教委の政治的な対立をきっかけにして，2001 年まで
教育現場で児童生徒に原爆を教えることを躊躇させるような方針をとってき
たといえる。

5　語り部への政治的発言自粛要請

5.1　問題の発端と経緯
長崎市が平和教育と同様に「政治的側面」を忌避する傾向は未だに残って

第5章　原爆記憶の継承と市民運動

おり，継承活動において再び表面化したのが2006年，語り部の被爆者たちに政治的問題への発言を自粛するよう要請が出された問題である。

この問題は，2006年1月20日，長崎市の外郭団体「長崎平和推進協会」（以下，推進協会）が「継承部会」の臨時総会において，被爆体験講話の中で「国民の間で意見が分かれている政治的問題」に言及しないように要請したことが発端である（『長崎新聞』2006年1月21日付）。

推進協会は，元長崎市長の本島等や被爆医師として反戦反核運動をリードした秋月辰一郎らが「主義主張の違いを超えた市民レベルの平和組織をつくろう」と呼びかけ，1983年2月に設立された組織である（『長崎新聞』2003年5月20日付）。当初は半官半民の任意団体であったが，1984年に財団法人となり，初代会長には本島等，理事長には秋月辰一郎が就任した。協会の業務は平和に関する情報提供が中心で，会員向け会報の発行や修学旅行生への被爆体験講話，原爆写真展，講演会，音楽会，外国語講座，ボランティア育成など幅広い活動に取り組んでいる。この活動は，継承，音楽，写真資料調査，国際交流の四部会の会員のボランティアによって支えられている。会員は発足当時960人であったが，2003年には約1600人（『長崎新聞』2003年5月20日付），2017年12月現在の会員数は約1200人である（公益財団法人 長崎平和推進協会編 2017b）。

推進協会の継承部会は，修学旅行生などに被爆体験を語る継承活動を行ってきたが，その臨時総会では「より良い『被爆体験講話』を行うために」と題した紙が配布され，「はっきりとわかりやすく話す」ことや「国民の間で意見が分かれる政治的問題についての発言は慎んでいただきたい」ことが記載されていた（『毎日新聞』長崎版，2006年3月5日付）。国民の間で意見が分かれる政治的問題の具体例として挙げられていたのは「天皇の戦争責任，憲法（9条）の改正，イラクへの自衛隊派遣，有事法制，原子力発電，歴史教育・靖国神社，環境・人権など他領域の問題」などであった。この資料では質問への回答例として「国民全体で考えること。皆さんも一緒に考えてみてください」と答えるように求めている（『毎日新聞』長崎版，2006年3月5日付）。

この臨時総会では38人中33人が出席し，部会員の一部は強く反発した（『長崎新聞』2006年1月21日付）。一方それに対して，数名の被爆者が「あたりまえ，被爆体験だけを話せばよか，と要請に賛同」した。しかしそれ以

143

外の会員は「黙して語ら」ずであった（山川 2014: 203）。

　この問題の核心は，推進協会が被爆体験の講話において政治的問題に言及することを控え，自らの被爆体験のみを語るように語り部に要請したことにある。このことが翌日 1 月 21 日の長崎新聞で報道されると，「証言の規制」や「表現の自由の侵害」という問題が絡んで社会問題化していく。

　この自粛要請を受けて，被爆体験を通して平和を訴えるよりよい方法を市民全体で考えようという目的で，「被爆体験の継承を考える市民の会」（以下，市民の会）が結成された。そして同年 3 月 4 日，市民の会は長崎市内で「被爆体験の継承を考えるつどい」を開催した。この集会は，70 名が参加し，そのうち被爆者が 60 名であった。そこでの議論は政治的問題への発言自粛要請に集中し，協会への批判が相次いだ。たとえば「今，世界で何が起き，平和のために何ができるか――と現代の問題に関連づけなければ，原爆はただの“昔話”になってしまう」，「協会の要請が，学校現場で講話の内容への規制につながる」などの声が挙がった（『毎日新聞』長崎版，2006 年 3 月 5 日付；『長崎新聞』2006 年 3 月 5 日付；『西日本新聞』2006 年 3 月 5 日付）[21]。

　2006 年 3 月 13 日，市民の会は推進協会側に，方針の撤回や会員の言論の自由の保障などを求める要請書を提出した（『長崎新聞』2006 年 3 月 14 日付；『西日本新聞』2006 年 3 月 14 日付；『朝日新聞』2006 年 3 月 14 日付）。提出の際の市民の会と推進協会のやりとりでは，推進協会は，自粛要請は正・副理事長と事業推進委員長ら 6 人で作る運営会議で承認を得ていると説明し，8 項目〔推進協会が継承部会で配布した資料で参加者に言及自粛を要請したもの〕は「組織運営の問題で（外部から）指摘される必要はない」と述べた（『毎日新聞』長崎版，2006 年 3 月 14 日付）。さらに「さまざまな立場の人による核兵器廃絶運動が協会の基本理念。世論を二分する問題に対する協会の統一見解は決めておらず，協会が派遣する継承部会員が賛否を明らかにすると，聞く側に誤解を与えかねない。個人的見解まで話すなと言っているわけではなく，講話内容に配慮をお願いしているだけ」と推進協会側は自粛要請の意図を説明した（『長崎新聞』2006 年 3 月 14 日付）。

　こうしたやりとりの数日後，推進協会は理事会名で，継承部会員への自粛要請を撤回しないと市民の会に報告した（『長崎新聞』2006 年 3 月 24 日付）。その理由として，理事長は次のように述べている。

第5章　原爆記憶の継承と市民運動

　　講話を聞く子どもの立場で考えると，「世論が分かれている政治的問題は理解できない部分がある」とした上で，「協会が依頼を受けてきた体験講話。協会の設立趣旨を理解してほしい」という要請であり，発言の規制ではない。継承部会内でよりよい講話の在り方を検討してほしい（『長崎新聞』2006年3月24日付）。

　　規制ではなくお願いであり，方針の撤回はしない。推進協は不偏不党でなければ（活動に）ついて行けない人が出てくる。それは避けたい（『西日本新聞』2006年3月24日付）。

　また，朝長万左男副理事長も「講話の対象が子どもなので配慮してほしいというだけ。政治的問題について質問されたときは自分の考えを語っていいと思う」と述べている（『西日本新聞』2006年3月24日付）。

　こうした要請は，語り部である被爆者だけに止まらず，市民ボランティアの「平和案内人」にも行われた。同年3月25日，推進協会は市民ボランティア「平和案内人」の会合で政治的問題への発言に配慮を要請したことが，その翌日地元紙に報道された（『朝日新聞』西部本社版，2006年3月26日付）。推進協会の頑なな態度と相俟って抗議が収まることはなく，自粛要請問題は続けて市内で議論された。

　再度，市民の会が回答不十分として，改めて要求書を提出した後，抗議の輪が拡大していく（『毎日新聞』長崎版，2006年4月1日付）。まず，県民主医療機関連合会が推進協会に抗議した上で，発言自粛要請の撤回を求める要請書を提出する（『長崎新聞』2006年4月1日付）。そして，4月11日には，原水爆禁止日本協議会（原水協）が推進協会に公開質問状を送ることになる（『毎日新聞』長崎版，2006年4月12日付；『長崎新聞』2006年4月12日付）。さらに東京新聞が5月にこの問題を取り上げ，長崎内の問題が東京でも知られることになった。

　こうした県外への波及と抗議の継続によって，2006年6月24日，継承部会総会は賛成多数で推進協会に撤回を求めることを決定し，翌月7月20日，推進協会は理事会で自粛要請文を正式に撤回することで事態は収束した（山川 2014: 204）。

5.2 語り方・伝え方への危機意識

なぜ推進協会は市内の批判にもかかわらず，なかなか要請を撤回しなかったのだろうか。推進協会の自粛要請は，突如決まったわけではない。推進協会は以前から，意見の分かれる政治的問題をどう扱うのかを内部で問題視していた。たとえば，2004年8月の全国平和教育シンポジウムを長崎市で開催する名義後援に対して，長崎平和推進協会は「政治的性格」を理由に拒否している（『長崎新聞』2006年1月21日付，3月16日付）。また，2005年7月には長崎市内の中学生と被爆者が話し合う推進協会主催の集会で，「参加した中学生が靖国神社に関する総合学習の結果を紹介すると，事務局幹部がまとめ役の被爆者を室外に呼び出し，テーマ変更を迫っ」ている（『長崎新聞』2006年3月16日付）。

推進協会では2004年に組織内部で「亀裂」が表面化し，語り部の自主研修が取りやめになったこともあった。この研修は講話の質の向上や話し方の改善を図ることを目的としていたが，改善してほしいと求められた人ほど足が遠のき，自主研修本来の目的を失い，中止になった。さらに学校側から話が聞きにくい，主張が偏っているというクレームなどが推進協会にあり，推進協会側は「このままでは話を聞いてもらえなくなると危惧していた」（『朝日新聞』長崎版，2006年3月20日付）。語り部に口頭で改善を求めても変わらなかった。こうしたことの蓄積の結果として表面化したのが，2006年1月の政治的問題への発言自粛要請であったのである。

こうした経緯を見ていくと，この問題には被爆者の語り方が論点の1つになっていることがわかる。もちろん，被爆者の原爆体験を語る上で「表現・思想の自由」が保証されるべきだという主張は正しい。しかし，ここではそれとは異なる論点として，どのようにして聞き手に原爆体験を語るのか，つまり被爆者の語りが聞き手にうまく伝わっていないという問題も含まれていたのではないだろうか。そこでは，語り手と聞き手がかつて共有していた文脈が成立しなくなっていた。そのような状況で，被爆者はどのような語り方をすべきなのかという問いを，発言自粛要請は結果として投げかけるものでもあった。

実際に，推進協会側の対応について，「要請」という形の強制は問題があるとしながらも，その中に考慮すべき問題が含まれていると主張する関係者

もいる。たとえば「政治的な主義主張を繰り返すと，逆に伝わりにくい。講話の時間も限られ，長崎の被爆者にしかできない話をするべきではないか」という意見（『毎日新聞』長崎版，2006年3月5日付）や，語りは相手とのコミュニケーションであり，聞き手の変化に応じて考えていく必要があるといった意見（『朝日新聞』長崎版，2006年3月20日付）などがそれである。

彼らがこの問題で念頭に置いていたのは，原爆の記憶を後世に残していく上で，被爆者を含む語り手の側にどのような語り方，伝え方が求められているのか，それを考える時期に来ているのではないかという点であろう。推進協会の政治的規制そのものは到底許されるものではないが，自粛要請を行った背景には，これまでの〈原爆〉の語り方は現代では伝わりづらくなっているという危機意識があると解釈できる。こうした時代状況に沿った語り方を模索しながら，継承実践が行われているのが，次章で述べる現代の継承活動である。

6　長崎における継承実践と政治的規制が示すもの

本章では，「証言の会」の証言活動と市民・町民の爆心地復元運動，長崎市の平和推進協会による継承活動への政治的規制の問題を取り上げ，現在につながる継承活動の歴史的・社会的背景を辿ってきた。

まず，「証言の会」の活動は，証言の収集と記録や長崎市内の市民活動に関わっていくことになり，その後の継承活動や被爆遺構保存運動のハブ機能を果たしていくことになった。そして，同時期の爆心地復元運動も同様に，後世において利用できる記録を残していった。ただ，復元運動はそうした継承活動における在庫目録や参照項の構築という意義だけではなく，1970年代当時と被爆以前の社会関係を結び合わせることで，被爆前，被爆直後，1970年代当時に分断されていた点を線につなぎ，地域共同体の課題や語り継ぎの物語として〈原爆〉をとらえる視点を提供した。

他方，こうした市民運動の活発化に対して，行政側は規制の網をかけていく。それが公教育と被爆者の継承活動に対する2つの政治的規制であった。端的にいえば，〈原爆〉と政治的発言を結びつけてはならないという発想から，行政は規制をかけようとしたのであった。しかし2006年に起きた問題は，今後の「継承とは何か」「継承の仕方」への危機意識も同時に示していたこ

147

とに考慮すべきだろう。

　第6・7章以降では，これまでの運動の成果と政治的規制を歴史的・社会的背景として，現在までの長崎でどのような継承活動が行われてきたのかを，平和案内人による平和ガイド活動や高校生1万人署名活動を取り上げて見ていくことにしよう。

　注

1　もちろん，第三期の証言運動を準備していたものはそれ以前の証言活動にあることは言うまでもない。

2　この遺族会による活動については，西村（2006）に詳しい。

3　年刊誌の『証言―ナガサキ・ヒロシマの声』や書籍「長崎の証言双書」（第1巻『原子野に生きる　福田須磨子集』ほか，不定期），『ヒロシマ・ナガサキ通信』（隔月刊）を発行するほか，さまざまな年間行事に参加している。長崎の証言の会ブログより。http://www.nagasaki-heiwa.org/n3/syougen.html

4　広島も同様の調査が行われている。詳しくは志水・湯崎編（1969），児玉克哉（1995），松尾（2013）を参照のこと。

5　『まつやま』創刊号，1971年7月。

6　2011年11月28日長崎市内で，内田伯氏からの聞き取り。

7　同上。

8　『まつやま』創刊号，1971年7月。

9　同上。

10　2011年2月18日長崎市内で，内田伯氏からの聞き取り。

11　同上。

12　同上。

13　『まつやま　創刊号』1971年7月。

14　2011年2月18日長崎市内で，内田伯氏からの聞き取り。

15　これは，三菱長崎製鋼所の原爆死亡者調査について論じた下田平裕身の指摘に通じるものがある。下田平は，私的な語りと普遍・規範的な語りの両概念が，その間を介在する媒体を飛び越え直接結びつけられ，その間が捨象されているのではないかと述べている（下田平1979）。

16　さまざまな他者や諸個人という想定は，地図の範囲上長崎市民を前提としている。もちろんこれは，いまここに住む体験者だけではなく，非体験者さらに未来にそこに住まう他者を想定している。

第 5 章　原爆記憶の継承と市民運動

17　この用語は，V. ジャンケレヴィッチ（Jankélévitch 1994=1995）にもとづい
　　て使用している。

18　町ごとの復元率は長崎市（1980）を参照のこと。

19　なおこの調査事業は，1976 年度からは「原爆被災復元調査補完用調査」と
　　して 1975 年度の厚生省による原子爆弾被爆者実態調査の付帯調査となる。
　　1977 年から，復元調査と復元補完用調査のうち復元調査の区域の資料の統合
　　作業を中心に調査事業は進められた（長崎市 2009: 1）。その後，厚生省によ
　　る「原爆被爆者被災調査」において「原爆被災復元調査補完用調査」は基礎
　　資料となった。この原爆被爆者被災調査は復元調査など各調査資料の統合化
　　と，それをもとにした追跡調査が行われた（長崎市原爆被爆対策部編 1996:
　　329）。

20　原爆被災復元運動の中で集められた資料，特に爆心地 2 キロ以内の原爆被
　　災状況に関する調査資料は，その後も，多くの市や国の調査事業の基礎・参
　　考資料として使用された。近年では，被爆者調査によるデータを統合し，原
　　爆被爆者動態調査基本情報の整備を目指した『原爆被爆者動態調査事業報告
　　書』にも，この復元調査資料は活かされている（長崎市 2009: 1）。

21　ここで取り上げられた「声」というのは，全国紙の地方版と地元紙で取り
　　上げられた記述にもとづく。ローカル・メディアは，「表現の自由」の問題と
　　してとらえているため，参加者の声のうち「規制反対」という主張がメイン
　　に取り上げられている可能性がある。集会やこの問題が何であったのかを詳
　　細に検討するためには，当時の参加者や経験者から広く聞き取りを行う必要
　　があるだろう。

149

第6章 平和ガイド活動と戦争の記憶
──平和案内人の生活史と原爆記憶の継承実践

　第5章では，1970年代の長崎でどのような歴史的・社会的背景のもとで
継承実践が行われ，市民運動によって証言集や爆心地復元などの社会的資源
の準備が可能になったのかを見てきた。第6章では，長崎という〈記憶空間〉
で行われてきた継承実践のなかで，平和ガイド活動を取り上げる。具体的な
検討に入る前に，戦争記憶の継承活動に関する先行研究を確認しておこう。

1　戦争記憶の継承実践に関する研究

　戦争の継承活動に関する研究は，近年，原爆の記憶やホロコーストの記憶，
沖縄戦の記憶などを中心に，蓄積されてきている（深谷 2011; 平田 2012; 北
村 2006; 門野 2005; 根本 2015; Jacobs 2014; Stein 2009; 高山 2008, 2016; 冨永
2012; 八木 2008 など）。直接の生存者ではない人たちの継承活動に絞って見
ていくと，たとえば北村毅（2006）は，沖縄戦を語る平和ガイドの実践を
対象に，非体験者による継承がどのように行われているのかを検討している。
彼はそこで，継承とは現在からの過去の再構成であり，その作業は体験者を
含んださまざまな他者との対話から形成されると結論づける。また，平田仁
胤（2012）も北村に近い視点で，原爆記憶の継承について論じている。平田
は，継承のあり方として被爆証言の講話といった一方向的なスタイルではな
く，若者との対話形式場面に着目し，そこでの相互行為が，若者と被爆者に
ある「溝」つまり「マニュアル化による『ふーん？』で済まされてしまう被
爆証言＝平和教育」（平田 2012: 110）を埋める，定型化されていない被爆証
言の語りを生み出すと述べている。北村と平田は，扱っている出来事も，継
承行為場面も異なるが，相手との相互作用と共構築という面を重視している
という点では変わらない。ただし，北村と平田はともに継承の実践場面のみ

を扱い，その活動への参加過程を含んだ活動者の自己の物語について踏み込んだ考察を行っていない。

　他方，対象者の自己の物語から戦争記憶の継承について論じている研究は，門野理栄子（2005）やスタイン（Arlene Stein 2009），ジェイコブズ（Janet Jacobs 2014）らによってなされている。門野は沖縄反戦地主二世がどのようにして「平和」に向けた行動を起こすようになったのかを，スタインはホロコースト生存者の子どもたちがなぜ自分たちの家族の起源を掘り起こし，家族史を制作するようになったのかを，それぞれ当事者の生活歴から考察している。また，ジェイコブズは，スタインと同様に，ホロコースト生存者の子どもたちを対象としながらも，スタインが見落としてきた，ホロコーストが起きた場所での体験が，継承行為に向かわせる重要な要件になっていることを指摘している。

　また，平和案内人について論じたものに冨永佐登美（2012）がある。冨永は，平和案内人の中の非体験者の活動実践を対象として，ガイドの特徴とその問題点を明らかにしている。平和案内人のガイドは「伝聞形式の文末表現」がよく使われる特徴を持ち，さらに「数値を中心とした事実を客観的に提示する解説文を事前に準備し，そのとおりに語るものになりがちである」が（冨永 2012: 20, 24），それは平和案内人制度そのものに起因しているという。しかしここでは，平和案内人という制度とガイド実践との関係を重視して検討しているせいか，平和案内人の生活史までは触れられていない。

　これらに共通しているのは，過去の構築性を実証的に明らかにしている点である。しかし，いずれも社会構築主義的な視点を強調しすぎるあまり，ジェイコブズ（Jacobs 2014）以外の研究は，その実践を可能にした歴史的環境やその条件について踏み込んだ検討がなされていない。過去は本人の都合にあわせて，無条件に構成されるわけではない。過去の構成は歴史的環境や社会的条件からの影響も受けているはずである[1]。

　こうした視点への関心から，本章では市民ボランティアの「平和案内人」を取り上げ，彼・彼女らがどのような経緯でガイドを始め，長崎においてその継承活動はどのような位置づけにあるのかを見ていこう。第6章と第7章では，ジェイコブズと多くを共有しつつも，これまで行われてこなかった日常の場所経験と生活史との関係を検討する。特に本章では平和ガイドの継承実践と生活史がどのような形でつながっているのかを重視して議論する。

2　長崎における平和ガイド活動

　長崎市では運営主体によっていくつかの平和ガイドが存在する。そのうち代表的なものとして「平和案内人」と呼ばれるボランティアガイドがある。

　平和案内人は，第5章で詳述した推進協会が2004年に「被爆の実相と平和の尊さを次世代に伝えていく」2ために設立されたボランティアガイドである。このガイドの目的は，案内人の育成自体はもちろんのこと，今後の「語り部に替わる継承の担い手の育成」にある3。平和案内人の活躍の場は広がっており，長崎に訪れる修学旅行生や市内小学生などを対象に平和の尊さや原爆の恐ろしさを伝えている。

　平和案内人は推進協会の継承部会に所属し，活動を行う。平和案内人は2004，2005，2007，2010，2014，2015年に募集され，2017年までに169名が登録されている（公益財団法人 長崎平和推進協会編 2017a）。おもな活動は修学旅行生や観光客に対して長崎原爆資料館や被爆遺構をガイドすることで，被爆の実相を伝えることにある。資格は18歳以上で，平和案内人育成講座（15回ほど）を80%以上受講すれば資格が与えられ，被爆体験は問われない（冨永 2012: 17）。

　もう1つ代表的なものとして「さるくガイド」がある。「さるくガイド」は以前「長崎市ボランティア観光ガイド」と呼ばれていた。このガイドは一般社団法人長崎国際観光コンベンション協会の所属になる。もともとは長崎市ボランティア観光ガイドとして1995年に発足し，観光客や修学旅行生に長崎市の歴史や文化についてガイドをしていた。それが，2006年に行われた「長崎さるく博'06」の開催を機に「さるくガイド」に名称変更している。2005年にはガイドが約200人，年間案内件数約400件，案内観光客数2万人超となっている。ただ「さるくガイド」は原爆や平和のことを中心とするガイドではなく，長崎市の歴史・文化の魅力を伝えることを目的としている4。それ以外にも原爆について案内するガイドとして「長崎の証言の会のガイド」などが複数存在している。

　ただし「平和案内人」「さるくガイド」「証言の会ガイド」も含めて，こうしたボランティアガイドは相互に明確な棲み分けがなされているのではなく，かけもちをしている人もいる。また修学旅行生など団体客を対象とする場合

152

は，長崎市の関連組織である「平和案内人」と「さるくガイド」両方で，協同してガイドをすることもある。本章では被爆体験講話（語り部の語り）とは異なる形で，原爆に関することを説明してまわるガイドのことを総称して平和ガイドと呼びたい。

　以下では，平和ガイドを複数かけもちしている2人の平和案内人の生活史と継承活動の聞き取りを通して，彼・彼女らの継承活動がどのような条件下で可能となり，そして実際どのような継承実践が行われているのかを明らかにしていく。

3　平和案内人の生活史とガイドの継承実践Ⅰ──Tさんの場合

　Tさんは1942年生まれの男性である。2018年現在で75歳，生まれも育ちも長崎市内で，長崎在住である。2009年7月30日から8月28日まで約1ヵ月間長崎に滞在して調査を実施した際に県議会議員から連絡先を教えてもらい，2010年3月に初めて長崎でTさんの話を聞いた。それ以来調査の形式にかかわらず，長崎を訪れたときに会って話を聞いている。

3.1　平和案内人になる前までの生活史：被爆者であることはストレス
　Tさんは3歳のときに爆心地から3.4キロの自宅付近で被爆した。祖母と妹，友だちと遊んでいたときであった。爆心地から離れていたことや被爆時の年齢から，当時の様子を詳細に覚えているわけではない。しかし幼少期の記憶を辿ると，Tさんは「光が一番感じた」という。また爆風の影響で，自宅の屋根が「少しずり落ちた」り，家の中の畳が「三角に立ち上がっていた」そうだ5。

　Tさんは高校を卒業後，旧国鉄の臨時職員と旅行会社の添乗員の仕事に就いた。20歳のとき父親が事故で亡くなり，長男として母や高校生の弟を養うために寝る間を惜しんで働いたという。その後，長崎観光開発に入社して1996年まで旧長崎水族館などに勤務した（『朝日新聞』長崎版，2012年12月25日付）。

　Tさんは以前から人前で被爆体験を語っていたのではない。2003年61歳のときからある。それまでは，原爆の問題とは関わらないようにしていた。平和案内人を志望する以前のTさんは日々の生活に必死であった。そのため，

原爆のことを考えようとはせず，避けていた。その理由を彼は「なるべくなら原爆のことは話したくない。触りたくなか。そういうのが現状よ」6と語り，それまで極力，〈原爆〉に触れたくなかったと述べている。筆者が理由を尋ねると，Ｔさんは〈原爆〉を「ストレス」に感じていたと語ってくれた。

　　——最初は，話したくない，触りたくなかったのは，どういったことで。
　　Ｔ：やっぱりね。被爆者っていうとば，あんま知られた，なかったす。自
　　　　分自身が被爆者ですよというと，あんまりこう。なんかねえ。ストレス
　　　　になっとね。気持ちにね7。

　こうしたストレスは，Ｔさんの差別体験と直接結びつけて語られていない。実際に差別と感じるような体験はなかったと述べている。ただ「いま思えば差別であった」と思う程度の体験はあった。Ｔさんが小学生の頃，銭湯に行ったときのことだ。番台の人に「おまえは最後に入れ」と言われたという。しかし，当時は差別されていると感じなかった，むしろ最後にお風呂に入れることが楽しみだったとＴさんは振り返っている8。
　ではＴさんのここでいう「ストレス」とは何を指しているのだろうか。

　　——差別があるというわけではない。それとは少し違う。
　　Ｔ：うんうん。差別じゃなかったけど，まあ言うてみれば，もう自分で差
　　　　別しとっとかな。（ああ）ね。自分自身の中に被爆者という1つの，こ
　　　　うわだかまりのようなものがあるわけね。（はい）。それを知られたくな
　　　　いちゅうかな。（はいはい）。そんなことはあったっすね。それでまあ，
　　　　なんかあっとさ。そういうなんかね，気持ちの漠然としたものがあるん
　　　　です9。

　ここでいう「ストレス」は「わだかまり」「知られたくない」ものとして語られている。「わだかまり」は生活を営む上での居心地の悪さである。また，この語りにある「被爆者」については，別の聞き取りでは次のように語っている。

　　Ｔ：人寄せパンダみたいになられても困る。ねえ。嫌だなあというは，やっ

154

第6章　平和ガイド活動と戦争の記憶

ぱ被爆者だ，被爆者だって言われることをね。特異な人間ってかね。普
通の人間と違ったような目で見られるのが，やっぱ一番嫌たい10。

　上記2つの語りを踏まえるならば，被爆者であることを知られることで
「普通の人間」ではない「特異な人間」として特別扱いされることが，Tさ
んにとっては「一番嫌」なことであり，だからこそ「知られたく」なかった
のである。
　また「自分で差別をしていた」という表現は自身の「被爆者」という社会
的カテゴリーを忌避していたことの表れでもある。他者（世間）の「被爆者」
像を内面化することで，当時のTさんはこうした「ストレス」を抱き続けて
いたのかもしれない。

3.2　被爆者としての自覚と被爆者手帳：〈原爆〉観
　Tさんの「被爆者」としての自己理解は，いつ頃からのものであったのだ
ろうか。また平和案内人になるまで，〈原爆〉をどのようにとらえていたの
だろうか11。Tさんが自分を被爆者として自覚するようになったのは「小さ
い頃から」であった。

　──最初の方に聞いた被爆者として，自覚するというか，自分で意識する
　　ようになったのは何歳ぐらい？
　T：それはね，被爆者という，被爆者という言葉も，被爆者手帳も持っ
　　とったし，被爆者の事実もあるけんね。被爆者ということは，被爆者と
　　いう感は持っとったですよね。
　──その被爆して，何年かした後で。小さい頃からということですか。
　T：そうそう，そうそう。被爆者ちゅうと，ずっと被爆者という意識は
　　持っとったです。けど，それを表に出していうのは，なんかちょっと嫌
　　やったね。被爆者ちゅうと，同級生とかなんか，みんな被爆者いっぱい
　　おるとですからね。はい。したら，〔中略〕大っぴらに被爆者というのは，
　　あんまり言いたくなかった12。

　被爆者としての自覚は小さい頃から持っていたが，「表に出して言う」こ
とを好まなかった。Tさんが1957年に被爆者手帳を申請したときのことで

155

ある。

——本当〔爆心地から〕3.4〔キロメートル〕ですね。〔昭和〕32年という
　ことはもう。

T：一番最初。

——一番最初ですよね。番号がありますもんね，これ。番号ありますよね。
　申請するときは証人がいるんですよね。

T：そうです。それと，証人が二人かなんかいっとでしょ。それが今難し
　いさ。証明する人間がいないもん。（はい）。私はもう最初にした。でも
　ね。原爆手帳の申請したのは，私じゃなくて妹よ。（はい）。妹ばしたです。
　私は原爆手帳は何てね，そんな取ろう気はなかったとよ。原爆いうたら，
　忘れよう，忘れようやった。そんな思っとった。〔略〕原爆ば忘れよう
　忘れようやけ。もう，自分の心の隅に追いやっとこう。そんな思っとっ
　たですから。ねえ。原爆手帳なんて取ろうなんて思わんよ[13]。

　被爆者手帳については，Tさんが望まなかったのにもかかわらず，母親と
妹が勝手にTさんの分も申請したという。「被爆者手帳」の取得は自身が被
爆者であることの証明となり，それを自身で認めることになるため，当時の
Tさんは難色を示したのである。それは「手帳」を手元に置いておくことが，
被爆者であることを想起させてしまうためであれ。

　Tさんの〈原爆〉に対する印象を見ていこう。彼は，水族館勤務時代に
毎年行われていた平和祈念式典の印象を次のように語っている。

——平和式典に行ったりもしたことはあったんですか。水族館に働いてい
　るときも。

T：そん頃は原爆のこと全然さわらん。だって忘れようとする。8月9日
　ああ原爆式典のあそこであってるねって。

——印象とかはありますか。

T：なんかああいうね。他の人がしているなという感じさ。長崎でなんか
　あってるねって。平和式典あってるな。被爆者からあってんぜろね。で，
　私は被爆者でありながら，そんなことはあら，浦上の出来事ね。そんな
　しか思うとらん。うんああ。そこに参加しようとかなんとか全然思わん。

156

第6章　平和ガイド活動と戦争の記憶

原爆手帳持っとりながら，横着やろね。今考えれば横着。うちのお袋と
かなんかも原爆祈念式典には参加しとらんやろ。行ったことないよ[14]。

　当時のTさんは，原爆を自分とは関係ないととらえていることがわかる。
さらに印象深いのは，原爆を長崎ではなく浦上の出来事としている点である。
自分たちとは別の場所で起きた出来事と認識していたのである。浦上の方は
「長崎駅から向こうは全然違う，体質がね，駅とこっちとは全然違う」，「三
菱の工場」と「キリシタンの土地」と述べている[15]。
　こうした原爆観は，長崎において旧市街地と浦上地区の分断の構図が根強
く残っていたことの表れでもある[16]。Tさんは幼い頃，祖母に浦上に行くな
と何度も言われていたという。

　T：〔略〕大体，浦上に行くなと言われるくらいの家庭やけん。
　——それはどなたがおっしゃったんですか。おじいちゃんか誰かですか。
　T：なんかね。やっぱり，あのばあさんが特に言いおったですよね。ばあ
　　　さん明治22年生まれですよ。キリシタンと付き合いおったら，キリシ
　　　タンに捕まってなんかぼこらされるぞって。そんなっとがまだ残っとっ
　　　さ[17]。

　Tさんの祖母の世代は，長崎市は旧市街地までという意識が根強く残って
いた。長崎駅の北部である浦上地区は異界であり，外部であった。浦上はT
さんが暮らす「長崎」の範域としては認識されていない。特に原爆の被害を
受けた人たちの中には，原爆は自分たちとは別の所で起きた出来事ととらえ
る面もあったように思える。
　こうした考えやとらえ方に変化が生じたのは，長崎市シルバー人材セン
ターの紹介で長崎原爆資料館駐車場管理係の仕事に就いたときであった[18]
（『朝日新聞』長崎版，2012年12月27日付）。その後ある出来事を契機と
して，Tさんは公けの場で被爆者であることを語るようになる。

3.3　平和案内人になる：変化のきっかけ
　2003年4月，原爆資料館の駐車場管理の仕事をしていたTさんは，見学
を終えた修学旅行生の男子中学生に突然質問される。「あんな悲惨な結果に

なったのに（日本は）何で戦争したのか」と。Tさんはこれに答えを返すことができなかった。このことを通じてTさんは，「原爆のことや戦争のこと。あまりにも知らないことが多すぎる」（『毎日新聞』長崎版，2004 年 6 月 9 日付），「原爆のことば，少し，ここで，被爆原爆の所で仕事しよんなら，せんといかんかなって」[19]と感じたという。この経験をきっかけにして，Tさんは原爆に関する写真や資料を集めて勉強を始め（『毎日新聞』長崎版，2004 年 6 月 9 日付），ちょうどその頃，募集していた平和案内人の第一期生に応募し，講習を受ける。

　このエピソードは新聞にも紹介され，筆者の聞き取りでも繰り返し語られており，彼の平和案内人としての語りにおいて象徴的な位置を占めている。しかし，Tさんは中学生の質問に突如奮起して，平和案内人になると決心したわけではない。あくまでこのエピソードは，Tさんの日頃の考えを後押ししたにすぎない。もともと日々の勤務の中で，駐車場の利用者に被爆者が多かったために挨拶して些細な会話を交わすうちに，Tさんは漠然と「原爆」や「平和」について考えなければならないと思うようになったのである[20]。中学生の質問は引き金になったが，それまでの原爆資料館の駐車場勤務を通して得た被爆者や関係者との交流が，平和案内人になる基盤となっていた。

　日々の生活空間は，〈原爆〉という問題の忘却を促す一面を持っていた。しかしそうした忘却の力学が働くと同時に，日常の生活空間は〈原爆〉を想起させ，Tさん自身の問題として引き受けるきっかけともなっていた。原爆資料館の駐車場で勤務していなければ，Tさんは平和案内人になることはなかっただろう。原爆資料館の駐車場という場が，被爆者や被爆関係者[21]とのゆるやかなつながり・交流のきっかけとなり，中学生との出会いをもたらし，その結果，彼は平和活動へと向かっていく。日常の生活空間は〈原爆〉の忘却と想起の双方の側面を持ち合わせている。原爆の小説を発表している長崎在住の作家・青来有一が言うように「長崎には至るところに過去への穴が開いていて，時に僕はうっかり足を踏み入れてしま」うのである（青来有一，文学界新人賞受賞の言葉 1995 年，田中 2009: 90）。

　そしてTさんは，被爆体験をネガティブにとらえるだけではなく，ポジティブに受けとめようとしている。

　　T：今なってみれば被爆者で良かったねと言わんばいかんとかな。被爆者

158

だったからこそ，こんだけ勉強できてね，いろんなことを教えてもろうて，いろんな人に会えて，こんな仕事もできるちゅうたらね，被爆者って，……だからこそ話ば聞いてくる笑顔というのが一番けどね22。

3.4　平和案内人をやめる・再開する

Tさんは，2004年から平和案内人の活動を始め，精力的に活動していた。しかし6年後の2010年の4月でやめることになった。その理由は活動の自由が制限されるためであった。Tさんは推進協会から，平和案内人の活動範囲外のことを行わないで欲しいと言われたという。ガイドの仕方も「さるく」のガイドと同様に政治的発言を控えるように，政治的発言の自粛要請として以前から言われていた23。

　　T：〔略〕今私，平和案内人抜けとっとさ。平和案内人やめた。もう抜け
　　　　た。脱退した。
　　——あ，これ，これ。
　　T：この時点では，平和案内人なっちますよ。今年〔2010年〕の4月に
　　　　ね脱退したと。
　　——ああ，そうなんですか。
　　T：平和案内人の中にねいろいろ言うのがおっとさ。このニューヨークに
　　　　行くにしてもね。平和案内人の了解をない，得てなして行かんやったと
　　　　か，いうとさ。内部で言うわけさ。平和案内人の了解を得ていくとが本
　　　　当やろと。平和案内人の全部の中の了解を得て，平和案内人の名前で行
　　　　くならね，了解を得て行けと。〔中略〕平和案内人としても責任もあっ
　　　　とやけんね，言うけどさ。よかばいと。そんなら平和案内人をやめれば，
　　　　どうやろ。（笑）
　　〔中略〕
　　T：推進協会はね。いろんなことすんなって言うてさ。九日の会〔平和
　　　　案内人の人たちが自主的に始めた勉強会〕なんてすんなっていう考えさ。
　　　　要すんに自分たちの言われたことだけしとけと。24

　継承の活動を行うために平和案内人になったものの，今度は平和案内人という制度がTさん自身の活動に制限をかけることになったのである。それに

対して，当時のTさんは枠の中で窮屈な活動を続けるよりも，Tさんにとって「個人の立場で」「当たり前のこと」を自由にできると考え「抜ける・脱退する」ことを選択したのである。

しかし，平和案内人を脱退した理由は，それだけではなかったように思える。「平和案内人」という肩書きがついて回り，その枠内でしかTさんの発言が理解されないことへの違和感もあった。

――前お会いしたときに，その平和案内人をしたらやめちゃったという話を聞いて。どういう経緯でやめたのかなって。

T：〔平和案内人〕しよったらね，今のような自由な活動，行動できん。うん。平和案内人さんの肩書き，平和案内人のTねえ。平和案内人という言葉は，あんた平和案内人やろ，一言メッセージお願いしますって言われたりすっとさ。平和案内人としてどう思いますかっていう言葉が出てくるとさ。なんかあったとき。核兵器の廃絶に座り込みしとっところに平和案内人として座り込みされてどうですか。よか。平和案内人として活動してません。平和案内人ではなくて一個人として，被災協の活動をやってます。被災協のメンバーとして平和について語っております。それからその，窮屈かて。25

さらにTさんは「被爆者」という肩書きにも，同様の違和感を表明している。被爆者であるからといって特別扱いされたくないとTさんは何度も語っている。

T：〔略〕被爆者であって，嫌だなあと思う部分もそらあるね。被爆者であって，良かったねえと思うのは，やっぱり，一番がこんが仕事ばできることよね。こんば話ができる。この年でよ。この年で生きがいとして，こんな仕事ができるちゅうのは，被爆者だからこそ，できるのであって，被爆者だんだんだんだん減っていきよる。21万，全世界で21万。そんな被爆者の一人であるということは，こんなことができるというのは，幸せ。だけど，それが昨日の言うように，人寄せパンダみたいになられても困る。ねえ。嫌だなあというは，やっぱ被爆者だ，被爆者だって言われることをね。特異な人間ってかね。被爆者って何かなって。普通の

160

第6章　平和ガイド活動と戦争の記憶

人間と違ったような目で見られるのが，やっぱ一番嫌たいね。だからこ
そ，今まで私は被爆者ちゅうのを隠しとったと，ちゅかね。あんま触りた
くなか，言いたくなかった。たまたま，そんな仕事をするようになって，
平和案内人とかなんか，させてもらって，この原爆のことば知って，あ
んしたことがいっぱいあったなあ。今でも知らんこといっぱいある。今
でも勉強せんといかん。で，いろんな人と会えて，お話できてああ，よ
かったなあと思うのが，多いね。そらもう，言い訳たいと思うかもしれ
んけど，そんな風に思ってる。今からも，こんな生活をしていかんとい
かん。ねえ。26

　「Tさんというひとりの人間」ではなく，「被爆者」という特別な人間とし
て見られることの違和感がTさんにあった。外から来る人たちが具体的な個
人を尊重せず，Tさんの活動を見ようとしないという感覚があったのだろう。
だからこそ，脱退して個人で活動を行おうとしたのではないだろうか。
　ここから見えてくるのは，平和案内人になることでこれまでできなかっ
た平和活動が可能になった一方で，その後の活動の仕方を制約されるという
ジレンマが生じていたことである。継承活動に取り組むためには，公的な活
動に参入しなければならない。しかしこの公的な活動自体が，逆にTさんの
継承活動を制限してしまう。個人と平和案内人という立場の間にズレが生じ
ていたのである。
　さらに「肩書き」で語られることへの違和感は，被爆者として発言を求
められるときも同様であった。ある時，Tさんは筆者と歩きながら，〈原爆〉
を語る重みの違いは，被爆者か非体験者との違いにあるのではなく，長崎に
住む人とそれ以外の土地に住む人の語りの違いではないかと語ってくれたこ
とがある27。新聞社やテレビ局などの取材を受けるなかで，Tさんは一個人
としてではなく「被爆者」や「平和案内人」としての意見を求められてきた。
この土地に長年暮らしてきた長崎市民としてのTさんに向き合ってくれない
という感覚から出た言葉なのかもしれない。
　こうして，2010年に平和案内人から一度離れたTさんであったが，その
後平和案内人の活動に戻ることになる。筆者がそのことを知ったのは，2014
年に今後の平和ガイドの予定について聞いたときであった。

161

——証言の会のガイドとさるくのガイドですか。

Ｔ：うん。証言の会のガイドもあるよ。ここほら。（はいはい。）

——平和案内人にはもう入っていないんですよね。

Ｔ：あるある。平和案内人のガイドもあるよ。

——え。前，あのやめたという話を聞いたんですけど。

Ｔ：うん。平和案内人ね。もう，なんかやめたんすよ。一回。そしたら，ねえ，やっぱ平和案内人というとね，やっぱ，しとかんといかんね。28

　　Ｔさんは，推進協会の平和案内人五期生の募集（2014年）に応募して，再び平和案内人になったのだという。

Ｔ：平成22年に一応，私やめて，そしてまた今年，平和案内人募集しよってから。ほんなまた，させてくれんねん。しいよって。

——新しい募集の時に，入ったんですか。

Ｔ：新しい募集があって，またして。五期生って。五期生というのがあって。その五期生にまた私がまた入って。また変なのが来たぞといわれているとさ。

——もう経験者だから。もう全然あれだったんじゃないですか。

Ｔ：五期生さ。一期生，もうやめて。五期生さ。

——五期生なんですね。

Ｔ：五期生よろしくお願いします。みなさん，また変な人が来たぞって。

——それは普通に募集していたときに受けたんですか。周りから入ればって話ではなくて。

Ｔ：うん，うん。ちゃんと最初から。勉強して。29

　　そして，もう一度15回の講習を受け，2014年4月から平和案内人五期生として活動することになったのである。なぜ再び，平和案内人になったのだろうか。

Ｔ：五期生募集に受けたさ。ほいだら，平和案内人の継承の問題よ。被爆の，あれば持っている人が。話ばする継承部会の人たちがほんと年よ。年取った。おらんとさ。次につなぐという人がね。やっぱりそれは，

162

第6章　平和ガイド活動と戦争の記憶

我々3歳のときに被爆したですけど。被爆の現状とかよく知らんもんで。勉強せんといかんけど。平和案内人が次に引き継ぐというのが，一番早いというかな。あの，沖縄なんかでやっとることね。2世がしゃべりよるでしょ。戦争。お母さんが聞いてから。子供が話をする。ここも被爆者から聞いて，平和案内人が次のはかるちゅうかな。そういうとが，一番いいやり方じゃなかろうかと思うね。もちろん，資料館のガイドもするとともに。被爆のことについては，一番身近な存在じゃなかろうか。で，ガイドするだけじゃなくて，継承というかな，そういうことも我々がしていかんばな。30

　Tさんは，今後，次世代の継承の担い手の1つに平和案内人があると強く意識するようになり，五期生に応募したのだという。またTさんは，被爆者が少なくなるなかで平和案内人は原爆記憶の継承を担う「一番身近な存在」であるとも語っている。平和案内人を離れることで，改めて平和案内人が持つ役割の大きさを実感したのかもしれない31。Tさんは，被爆者が高齢化し，語ることができる人が減っているなかで，どのように〈原爆〉を語り継いでいくのかという課題の中から，再び平和案内人として活動することになった。
　そして，平和案内人の活動を始めてからのTさんは〈原爆〉を「浦上」のことではなく，「長崎市民・被爆市民の問題」と受けとめているのである。

3.5　Tさんの平和ガイド活動：遺構めぐり
　ここまで平和活動に取り組む以前のTさんの原爆観と被爆者意識，平和活動に取り組むようになったきっかけと活動の困難について見てきた。次に，実際に彼が行ってきた平和活動を見ていこう。
　Tさんは2010年に平和案内人をやめた後も，肩書きを冠さずに平和活動を行ってきた。2012年には観光ガイドである「さるくガイド」と市内の平和団体である「長崎の証言の会」のガイドに所属していた。ただしTさんはどの所属のガイドかによって，語り方を変えている。
　「さるくガイド」で案内する場合は，その運営主体が長崎市であるため，政治的な発言を控える。また観光客向けであるため，極力詳しい説明はせず，簡潔に話すようにしている。しかし，「長崎の証言の会」からの依頼では，案内の中で日本の太平洋戦争における加害者性を必ず入れるようにという決

163

まりがある。また，依頼先も平和学習を重ねた上で来崎する修学旅行生であるため，かなり踏み込んだ話をしなければならない。

　ではなぜ，ガイドの仕方を変えるのだろうか。Tさんは，報酬の違いもあるが，それ以上に案内する相手の質の違いが大きいという。そのため，熱心に勉強してきた修学旅行生であれば，「さるくガイド」でも踏み込んだ話をする。その見極めは，平和ガイドとしての長年の勘であるという[32]。Tさんが行うガイドの1つに，長崎市内の被爆遺構や平和公園をまわりながら，そこがどのような場所であったかを解説していく遺構めぐりがある。

　Tさんが行うガイドが実際どのような内容か，詳細を見ていこう。以下に紹介するのは，2012年の11月下旬に九州の小学校高学年の児童相手に，遺構めぐりをしたときのものである。このガイド・ツアーには，児童10人と先生1人が同行し，それに加えて「サポーター」として筆者も参加している[33]。

　スタート地点は，平和公園内の記念碑である。まずは平和祈念像や平和の泉の近くまで，児童を誘導し，そこに着くと立ち止まりTさんがそれについて説明していく。説明の特徴は，必ず児童の身近なこと（家族など）から話を立ち上げていくことである。内容は簡潔に5分程度で，それが終わると次の碑に向かった。

　平和公園の案内を終えると，爆心地近くにあり，多くの人が亡くなった被爆校である山里小学校に向かった[34]。山里小学校の校内に入ると記念碑，記念館，防空壕の順に見学した。そのなかで筆者が印象に残ったのは，記念碑での説明である。Tさんはそこでは「平和とは何か」から話を始め，この記念碑の概要を説明していく。ここまでは平和公園での案内と変わらない。しかし最後の説明においてTさんは，山里小学校にある記念碑が平和祈念像よりもおすすめであると小学生に語ったことが特徴的であった。もちろんこのことは「個人的な好み」であるとして，自身の価値観や主張を押しつけないように配慮しているという。行政（推進協会）から発言に対する指導・忠告があったとしても，彼の主張は現場では話されているし，ガイドとして説明を行う上でそれは避けられないことがわかる。Tさんは工夫をしながら自身の主張を行っていたのである。

　山里小学校の見学を終えると，永井隆が住んでいた如己堂とこれに隣接する永井隆記念館を見学し，見学後は浦上天主堂に行き，そこにある被爆遺構（前掲写真2.12）や被爆マリアを見学した。それを終えると爆心地公園に

第6章　平和ガイド活動と戦争の記憶

向かい，この場所について説明し，約2時間の遺構めぐりを終了した。

　Tさんは，最後の説明で必ず自分の「被爆者手帳」を見せ，被爆者であることを明かす。ここでは，それまで伝聞形式で語る説明（三人称での語り）から，当事者が語る説明（一人称での語り）に移行させたうえで，日本の被爆者の数と平均年齢などの現状を説明し，記憶の語り継ぎの必要性を説く。それを終えると，グラウンド・ゼロ地点の記念碑付近で，被爆時に撮られた写真を見せながら，この公園がどのような場所であったのかを解説する。ここでTさんは情報提供だけで終わらず一歩踏み込み，この場所はたくさんの「死体が埋まっている」と語り，ここを「歩くときはそんなことを考えながら歩いてほしい」と述べ，受け手の想像力を喚起しようと試みる。そして最後は現在の日本社会の話題を展開し，平和の大事さや人権の尊さを説いて話を終え，解散となる。

　以上が，ある日のTさんの遺構めぐりの実際である。このガイドのなかで特に印象的なのは，ガイドの終わりには必ず自分の「被爆者手帳」を見せ，自分が被爆者であることを語り，案内を終えることである[35]。「被爆者手帳」を見せることについて，Tさんは以下のように語っている。

　　T：〔略〕苦しみの経験はあるんだけどね。原爆を受けたというね，原爆
　　　を受けて良かったよという人はおらんよ。原爆を受けた点で，受けたと
　　　いうその，何かこうずっと背負うてきとった。（うんうん）受けたちゅう，
　　　何かその，何回もいうけど，ストレス。ね。家族も全部受けたら，スト
　　　レスがね。すべてにきます。そういう。今でもあるね。私，ガイドしな
　　　がらでもね，原子爆弾を受けたというね，ああ，あんた原子爆弾受けら
　　　れてないって言われるの嫌ね。（ああ）うん，原爆手帳こう見せっけど，
　　　こうああして，こういう原爆手帳ですしね。子どもの目つきが変わり
　　　よる。原爆手帳見せたら，（ああ）おじちゃんも原爆手帳もらうとばい
　　　ね。話しば，みなよく，こっちを見てるさ。（うん）だから，その後と
　　　その前とはね，同じ市民でも態度が変わってくるね。私はね，あんまり
　　　そのこと，好き，好きではないけん，一番最後に言うとさ。（笑）そして，
　　　へえー，そしたら話聞いてくれる。[36]

　では，なぜこうしたことを行うのだろうか。筆者が尋ねるとTさんは「何

165

か印象を持たせるため」と答えている 37。「手帳」を持ち出して自分が「被爆者」であることを明かすことは，受け手にとって，これまでの三人称による語りから，突如当事者性を前面に出した一人称の語りに移行することを意味する。これはＴさんの語りが当事者の経験の語りとして，聞き手の目の前に現れることにより，それまで遠い過去の出来事であったことが，現在とつながることを受け手に気づかせる。それはたんなる「歴史」ではなく「生きた歴史」を受け手に記憶させようという営みである。彼は意図的に〈原爆〉をめぐる出来事と現在を「つなぐ仕掛け」を行うことで，小学生たちにその日の出来事を焼き付けようと試みている。

　Ｔさんの平和ガイドは，あまり「反核・平和」の話には触れないようにしていたことも特徴的である。相手が子どもたちであれば，いじめの問題を含む人権の尊重と結びつけて話している。

3.6　平和講話：私の被爆体験は 15 分で終わる

　Ｔさんは，一般的なガイドである遺構めぐりのほかに，平和講話も行っている。長崎には被爆体験講話があり，これは被爆者が学校などで自身の被爆体験を語るものである。近年では被爆者の高齢化によって，被爆体験講話のできる語り部が減っている。そのため，非被爆者も含めて，原爆や平和に関わる人が被爆者に代わって，学校に訪れて原爆を話す機会が増えているのである。Ｔさんは証言の会や知り合いの被爆者の紹介によって語るようになったという 38。

　Ｔさんは，被爆当時まだ幼く，また爆心地から遠かったため，原爆それ自体の経験としては「ピカッという光」だけしか記憶していない。また「『ドン』という音は聞いていない」（『毎日新聞』長崎版，2004 年 6 月 9 日付）。そのため，「私の被爆体験やったら 15 分で終わる」39。講話自体は 1 時間あるため，Ｔさんは残りの時間を吉田勝二の体験を題材にした紙芝居を見せたり，原子爆弾や戦争，当時の日本を説明するようにしている 40。まず最初に，写真などを見せて原爆被害について話し，次に自分の被爆体験を話し，そして紙芝居を見せるという順番になっている。

　ただこうしたスタイルは，被爆体験講話ではないと言われることがある。Ｔさんはそのことを認めつつ体験講話を含む平和の話を行うと語り，それで相手が納得しなければそれはそれで構わないという。

第6章　平和ガイド活動と戦争の記憶

T：〔略〕人に言わせれば，被爆体験の話じゃなかと言う人もおる。ね
え。被爆体験講話じゃないっていう人もおるよ。そらそうそう。そうや
ろ。なんばしよっとって。ほいで平和の講話をしよっと。平和に対する
講話をしよっと。で，被爆体験講話を含めた平和に対する講話をやって
ます。そんなん。ですから，その今の平和がどうして築かれていったか
とともに，これからの平和をどう維持していくか。ねえ。そんなこと一
番大事じゃなかとか。話ししていこうかとなかろうか。ええ，言われた
らもうそうですね。被爆体験講話じゃないねって言われたら，ああ斡旋
業者，言う人おっとです。ああこれ被爆の体験講話じゃないですねって。
業者がいう。けど，平和に対する話よって。それでよかったらって。そ
したら，来年もお願いしますという学校もあるわけさ。良かったら来年
もお願いします。うれしか。41

　Tさん本人は被爆者でありながら幼少期に被爆したために鮮明な記憶がな
く，それを補うために工夫してガイドや講話を行ってきた。被爆体験を語っ
た後で紙芝居を実演したり，ガイドの最後に被爆者手帳を見せて当事者であ
ると明かすことなどがそれである。ここでも相手に何か印象を残そうとする
など，次の世代への橋渡しの役割を担おうとしているように見える。
　また，Tさんはこうしたガイド以外に 2012 年ごろから朗読会に参加し，
体験記の朗読を定期的に行っている。朗読とは「他者によって文字として
書かれた記憶を，他者が声を通じて表現するもの」である（笠原 2009: 22）。
紙芝居の実演も含む朗読を通じて，Tさんは「当事者／非当事者に関わりな
く，万人が文字となった……記憶に新しい声を重ね，過去の出来事を現在の
出来事」（笠原 2009: 22）にする作業を続けている。
　Tさんの平和講話は，本人が被爆者でありながら被爆体験そのものが乏し
いため，それを補う形で，紙芝居や写真などを使って工夫していた。そして
Tさんの2つの平和ガイドの実践の中で共通しているのは，相手を意識した
ガイドを心懸けることである。両方とも常に他者を意識しながら伝え方を工
夫している。推進協会の指導に対しては，Tさんはそれに縛られることなく，
自分たちの伝えたいことを伝えながらガイドを行っていた。

167

3.7 まとめ

これまで，Ｔさんの生活歴と平和ガイドとの関係について検討してきた。まず，Ｔさんの生活史と平和案内人を再開するまでのプロセスを確認しておこう。

Ｔさんは被爆者であることがストレスであった。被爆者というカテゴリーはＴさんにとっては否定的な面しか持ちえなかったためである。また，原爆に関する行事も，自分とは関係のない出来事としかとらえていなかった。このようにＴさんが暮らす日常の生活空間は，〈原爆〉という問題を忘れることを促す一面を持っていた。

Ｔさんが「被爆者」であることを人前に語るようになったのは，60歳を過ぎて平和案内人になる頃からである。Ｔさんは中学生に質問されたことをきっかけに，平和案内人を目指すことになる。そして人前で被爆者であることを明かすようになった。仕事を通じて，被爆者やその関係者と触れ合うなかで，継承活動に参入することが可能になっていた。

これは，日常の生活空間において忘却の力学が働く一方で〈原爆〉を想起させ，Ｔさん自身の問題として引き受けるきっかけになったことを示している。原爆資料館の駐車場という仕事場が，被爆者やその関係者とのゆるやかなつながり・交流のきっかけとなり，中学生との出会いをもたらし，彼を平和活動へと向かわせたのである。長崎にある原爆の記憶（想起）空間が，Ｔさんの活動参入へのきっかけを提供したともいえる。もちろんその空間は私たちに「想起」と同時に「忌避（忘却）」も促す。負の集合的記憶に関する「記憶空間」は，人をある出来事の想起に誘い，活動への参加を促すこともあれば，想起から遠ざける／忌避する両面を備えているのである。

その後Ｔさんは個人として自由な平和活動を行えず，また平和案内人や被爆者という肩書きがついて回ることで肩書きというカテゴリーへの違和感が募り，一度やめることになった。それでも，再び平和案内人として活動を再開することになった。これは平和案内人の役割が増していることもあるが，平和案内人でなければできないことがあることをＴさんは改めて感得し，その範囲内で自分の実践と折り合いをつけることにしたのだろう。

Ｔさんの平和ガイドの活動は，さまざまな工夫を施しながら行われていた。遺構めぐりにおいては最後に被爆者手帳を見せて被爆者であることを明かし，反核・平和の訴えではなく，人権やいじめの問題で話をしめくくる方法を

第6章　平和ガイド活動と戦争の記憶

とっていた。平和講話では被爆者を題材とした紙芝居などが実演されている。

　そのなかで注目すべきは，Ｔさんがガイドで観光客や修学旅行生などに語る際，三人称での語りと一人称での語りを意識的に区分している点である。「手帳」を最後に提示することで，これまでの三人称での語りが突如，一人称の当事者の語りに切り替わることで，Ｔさんは受け手に印象を与えようとしていた。平和講話で行う紙芝居や，参加している朗読は，人称帰属を超えることを可能にする。こうしたスタイルをとるのは，Ｔさんは被爆者であるが，被爆の経験を正面から受け止めることはできないがゆえに，人称帰属を横断しながら，継承実践を行っていると考えられる。これは，以前語ることのなかった人たちが，あるとき担い手となるときに伴う違和感や参加障壁の現れであるのかもしれない。

　彼は平和活動について，ただ継続するだけでは自己満足に陥るため，「歴史として棘になるよう」なことをしなければならないと述べる。

　　Ｔ：〔前略〕どう持っていくとが本当に活動になっとかなっていうね。いろんな活動しよっけど，そん自己満足に陥ってしまう，可能性ちゅうかな。活動のための活動。ただ継続させるために何かこうもがいているいうかな。そいじゃやっぱりね，ええ，継続は力と言うけど。ただ継続させるために何かしよるというだけじゃね，ええ，やっぱり歴史の何かにね，歴史として棘になるような何かをしていくのが本当じゃなかろうかと。じゃ，課題です。われわれの。42

　これは上記のガイド活動とつながるように思える。彼は「手帳」「紙芝居」などの棘，つまり過去の出来事と現在をつなぐ仕掛けを随所に行うことで，小学生たちにその日の出来事を焼き付けようと試みていたのである。

4　平和案内人の生活史とガイドの継承実践Ⅱ——Ｍさんの場合

　Ｍさんとの出会いは，筆者が2010年に城山小学校平和祈念館を訪れたときである。当時，筆者は城山小校舎保存の経緯や復元運動を調べていた。筆者はその日，何か手がかりをつかもうとして，祈念館を訪れたのである。その時ちょうどＭさんが祈念館のボランティアを行っていたため，校舎を案内

169

してもらった。そこでMさんは平和案内人もしていることを知り，そこで連絡先の交換を行い，2年後に平和案内人の活動についてお話を聞くことになった。

4.1　Mさんの生活史と被爆体験

　Mさんは1941年生まれの現在76歳の女性である。3歳のとき，爆心地から5キロ離れた福田村（現在の長崎市福田本町）の自宅で被爆した。Mさんは長崎市内の病院で看護師として働き，その後1969年に結婚。2人の子ども（長男・長女）を出産している[43]。Mさんが看護師になったのは，小学校までは病弱でよく通院しており，その時の経験からであった。

　Mさんもまた，被爆当時は幼く，爆心地からはかなり遠くにいたため，鮮明な被爆の記憶はない。覚えているのは次のことだけだ。

　　　　自宅で姉二人と兄と一緒に縁側で昼食を食べていて被爆した。普段は米がなかなか手に入らず芋やカボチャばかりだったが，この日はなぜか白米があり「ものすごいごちそうだった」。夢中で食べていたところに光がパッとして，白い灰のような粉がご飯に降りかかったのを覚えている。[44]

　その時，台所にいたMさんの兄は，割れたガラスで頭のけがを負った。こうした状況にあっても，Mさんは久しぶりの米を食べ続けていたという。その後，お姉さんらと一緒に，防空壕に避難した。近所にいた母と弟も助かっている。そのため，Mさんは「焼け野原も黒こげの遺体も見ていない」。戦後，Mさんの両親は「『長崎は2つに分かれて，被爆者は差別される』と語り，原爆の話をしなかった」[45]。そのため，Mさんは被爆者であることを意識することなく育つ[46]。

　看護師として長崎市内の病院に勤めていたが，1969年に結婚し，2人の子どもを授かり長女の出産を機に退職。その当時，食品添加物・防腐剤の問題，その中でもカネミ油症の問題が社会をにぎわせていた。Mさんは2人の子どもを育てていたこともあり，こうした問題に関心を寄せていった。その後，彼女は子どもに「体に悪い物を食べさせたくはなかった」，「絶対に，元気な子どもに育てよう」と現在の生活協同組合ララコープの組合員となり，

170

第6章　平和ガイド活動と戦争の記憶

「安全な食品の普及を目指して勉強会や検査，商品ＰＲに力を注い」でいく。
またその活動の一環として，1982年頃から平和運動にも参加することになっ
た。当時，生協活動の中に，環境と平和，食物と3つの活動が存在していた[47]。

　ただ，30年以上前から平和運動に関わっていたMさんも原爆について深
く考えることはなく，ただ「せんばいけんね」と反核と平和希求の行進に参
加するだけであった[48]。また，Mさんは自分が被爆者であると仲間に話すこ
とはなく，周りもそうとは思っていなかったという。

4.2　病気：Mさんや家族ががんに

　Mさんは39歳のとき，大腸がんを患う。このとき母が初めて原爆のこと
を語った。Mさんは59歳のときに子宮体がんの診断を受け，子宮を摘出した。
2010年にもがんの恐れのある大腸ポリープを除去した。Mさんだけではな
く，被爆時一緒に自宅にいた2番目の姉も2度大腸がんになり，3番目の姉は
39歳のとき直腸がんで亡くなっている[49]。また2人の姪もがんで亡くなっ
ている（公益財団法人　長崎平和推進協会編　2015: 91-2）。さらにMさんの娘
は2010年3月に骨盤内腫瘍が見つかり，その治療中に脳梗塞で倒れ，6月
に亡くなった[50]。

　Mさんは自分や家族ががんになるのは被爆（放射線）の影響ではないかと
考えるようになった。Mさんはその後も放射線の不安を感じながら暮らして
いる。こうした生活史の中で，Mさんは平和ガイドとして修学旅行生たちに
「体の細胞が壊され，未だに苦しんでいる。それが放射線，核の恐ろしさだ」
と伝えている[51]。

4.3　ボランティア観光ガイド，平和案内人になる

　平和ガイドに携わっていくきっかけは，生協活動の中で，特攻隊をテーマ
にした劇団の上演に実行委員のメンバーとして関わり，その関係で1995年
に知覧特攻平和会館を見学したことである（『長崎新聞』2001年8月4日付）。
「知覧」での見学は，Mさんにとって自分に何ができるのかを考えるきっか
けとなったという。

　——特攻隊の劇かなんかの。あの携わって。書いてありましたけど。
　M：そうです。そうです。はいはい。あれがものすごく印象があって，あ

171

の知覧に行ったときに。あのそれまであんまり，興味なかったんですけど。ただせんばって。あの長崎だからっていう。その平和に，ああ携わらんばっていう意識でしてたんだけど。またあそこの知覧に行って，それで若い特攻兵たちのちょうどね。若い命があのように，本当消え去って行くあの姿見たら。本当どうしてっていう感じでもう。それがすごく印象になった。そしたら原爆も一緒だからということで，やろうと思って。[52]

　この見学を機に，Mさんは「長崎」出身であることもあり，平和や原爆のことについて熱心に勉強を始め，それを活かす形で，ボランティア観光ガイド（現在のさるくガイド）第一期生に応募し，観光ガイドを始める。「知覧」での経験が，Mさんに長崎市民としての自覚を芽生えさせ，これまでとは違う形で，原爆や平和の継承の活動への関わりを強めていったのである。
　そして15年以上観光ガイドを行った後，2005年に平和案内人の第一期生となる。当時Mさんは「被爆者」（被爆者手帳を持っているという意味）であることを公言していない。被爆者であることをオープンにしたのは2008年からである。「ピースボート」に参加したことを契機に公表を決意する。それ以前は，「ガイド仲間たちに年齢も言わず，『Mさんは被爆者じゃないもんね』と言われれば『うん』とごまかしていた」[53]。

4.4　平和案内人へのプロセス
　Mさんは生協活動の中で，知覧特攻平和会館に行ったことをきっかけに勉強を行い，平和活動に深く携わっていくことになった。そこには，Mさんの病の経験や家族が同じ病気になっていたことも関係していたのかもしれない。病の経験や知覧での経験などが呼応して，Mさんは「自分ができることは何か」について強く意識するようになり，その中で「長崎出身」であることを意識し，そこから平和や原爆の問題に深く関わっていくことになったのである。もちろん，これには，ちょうど子育てが一段落し，Mさんにとって，自分自身を振り返る時期にあったことも影響しているだろう。自分とは何者かという語り直しの中で，個人史的な文脈から原爆の記憶が浮上し，原爆の問題に関わっていくことになったのである。そして，子どもが結婚し，Mさん自身の中で，過去のことが語りやすい状況になったことで，被爆者手帳を

第6章　平和ガイド活動と戦争の記憶

持っていることを公表することになった。

4.5　Mさんの平和ガイド活動：紙芝居による平和ガイド

では，次にMさんが平和案内人やさるくガイドなどで行う平和ガイド活動を見ていこう。

Mさんがガイド活動の中心におくものの１つは，紙芝居である。遺構めぐりが終わった後，１回15分程度の紙芝居を見せることが多い。またMさんは，2007年に結成された被爆者や平和案内人らでつくる自主グループである「紙しばい会」54のメンバーの１人でもある（『長崎新聞』2010年8月5日付）。

――被爆体験をベースにして紙芝居をつくってる。

M：はい。そして生きていらっしゃる方は，その人にまた何回でも聞いたりして，してるんですけど。亡くなった人の場合のときには，その家の家族の人やら，そしていろいろ体験ば出してる本もたくさんあるから，そんなっとずーっと読んで。だから１年に２部ぐらい。２作ぐらい。このようにつくっておるんですよね。後世に伝えようと思って。55

使用する紙芝居は，被爆体験をベースにして，Mさん自身が作成している。紙芝居のストーリー作成のために，Mさんは生存者に被爆体験を聞いたり，亡くなった方の家族にお話を聞いたり，体験記を読んだりしている。さらに紙芝居で使用する絵は，Mさんが絵のイメージを伝えて，知り合いの人に描いてもらっている（図6.1，6.2）。

――この絵は。

M：頼んで。（上手な）上手って。知った人ととか。もう上手はあの関係ないんですけど。知り合いの人に頼んで。絵だけは。このように描いてとか言うて。被爆体験の人ですもんで。だから今もずっとまとめたり，しておるんです。このようにしてですね。口だけでいうたらわからないかなと思って。一応このような感じで。やっぱり一方的に話すよりも絵ばみたら，結構伝えやすいんですよね。そして子どもの方のやっぱり目線も違うんですね。だから原爆の遺構は遺構にしてまわってガイド。その後にこんなしたら被爆者がどんな気持ちで原爆にあって亡くなったか

173

図 6.1　紙芝居　『ひとりぼっち』
作・三田村静子　絵・松添　博
家族の中で唯一生き残った幼い弟も失った姉の孤独と苦難の生活史

図 6.2　紙芝居『じいちゃんその足どげんしたと』
作・三田村静子　絵・牧　清
被爆した幼い主人公がじいちゃんになるまでの生きた歴史

というのがわかるんじゃないかなあと思って 56。

なぜ絵を使用するのか。それは，一方的に語るよりも，絵を見せた方がわかりやすいからだという。しかし写真や映像ではなくて，なぜ絵なのだろうか。

　　——気になるのは，なぜ紙芝居なのか。すごく気になる。映像を見せるやり方もある。ドキュメンタリーとかではなくて紙芝居で見せる，紙芝居のほうがいい理由というのはあるんですか。
M：はい。今はメデノアの世界で，いろいろインターネットやこんなとこでこう，見てるけどこれはこれに，味があって。あのこんな機械の方は見慣れてるし，こんな方がものすごく魅力を感じないかなと思ったのが，私の考えなんです。今はもう若い人たちなんかが，本当，パソコンばいろんなもんで見てますよね。いろんな情報を。でもまた違う角度でつくったらまたこう新鮮な気持ちで見るんじゃないかなという 57。

M：こう機械でしたりね，したのはみんなが見慣れてるから。だから，絵で訴えて，人の心というかな。それで感じ取ってくれたらなあということをふと思ったんです。だもんだから，みんな本当パソコンとかなんとか，もうちっちゃいときから今の時代は，あのして慣れてるから。新鮮

第6章　平和ガイド活動と戦争の記憶

な気分で見るんじゃないかなと思って58。

　多くの若者は写真や映像といったメディアに慣れているのに対して，絵で
あれば若者は「新鮮な気分・気持ち」で見ることができると語られている。
写真や映像で写された〈原爆〉は，戦後日本のあらゆるメディアの中で消費
されてきたため，若者にとって想像可能で見慣れた光景となってしまってい
る。Mさんが紙芝居での伝承に意義を見出しているのは，写真や映像記録で
は次世代の人たちに〈原爆〉という出来事の本質が伝わりづらくなっている
という認識から来ているのである。

4.6　紙芝居のメディア特性

　次に，紙芝居のメディア特性について触れておきたい。

　紙芝居の絵は，あるシーンの印象をもとに描かれ，ときとしてその部分が
強調されるため，絵はある出来事の場面をより近く，かつ生き生きと描くこ
とができる。さらに記録としては残されない部分を表現することも可能であ
る。また，紙芝居の中で語られるストーリーは，発話者がその場にいるオー
ディエンスに語りかける形となるため，オーディエンスとのやりとりや反応
を見ながら語ることを可能にする。つまり，話者とオーディエンスが，共時
的な時間構造の中でそのストーリーを共有していくことになるのである。

　それに対して，記録映像や写真は精確にそのシーンを記録することはでき
るが，私たちが直接それを見るときとは違ってその被写体を遠い別の所から
見る感覚を持たせてしまう（あるいは，のぞき見る感覚を持たせる）。つま
り見る者と見られる者との境界を明確に区分するため，記録映像や写真は，
遠い観点から対象の動きをとらえる形となる。また，記録映像や写真は過去
のシーンをそのまま記録するため，時間が経てば経つほど，それは「昔あっ
たこと」として認識されやすくなり，時間的にも距離のあるものとなる。

　紙芝居は映像や写真と較べると，対象との距離や時間の間隔が近く，見る
者に現代の出来事との密接なつながりの中で過去の出来事を理解することを
可能にするメディアである。受け手に語りの内容への共感を呼びやすいため，
語り継ぎのメディアとして，近年注目されている。

4.7　補強するツールとしての紙芝居：さるくガイドと平和案内人の違い

175

Mさんは被爆時小さかったこともあり，ガイドにおいて自分の体験だけでは立ちいかない場面や写真や映像記録だけでは伝えきれない部分も生じる。紙芝居はその両面を補強するためのツールとして使用されている。強い当事者性はもたないが，非当事者ではないMさんにとって，紙芝居はガイド活動において重要な位置づけにある。そして，紙芝居のもつメディアの特性，つまり記録と証言の間にあると特徴づけられるものと，Mさんの立ち位置（当事者であるが，強い当事者性は発揮できない，しかし非当事者ではない）は相互にリンクしているように思える。

　上記では，Mさんのガイドにおいて紙芝居が重要な位置を占めていることがわかった。ではMさんは「さるくガイド」と「平和案内人」を実際にどのような形で行っているのか，そして，それぞれはどう異なるのか見ていくことにしよう。

> M：平和案内人はやっぱりちゃんと知識ばして，平和。いろんな角度から説明せんといけんけど。観光はまたさらっとでもいいですもんね。そんなに難しく言わなくても。でも平和の方は，やっぱり原爆のこと。お客さんによっても違うと思うんですけど。そんな感じでガイドをしてますけど。修学旅行生はまた修学旅行生の学習に来てますので。その感じで。ガイドをしてる[59]。

　Mさんは「さるくガイド」の場合は，長崎観光に来た人たちを相手にするため，原爆や平和について踏み込んだ説明を抑えるようにしている。一方，平和案内人の場合は，原爆や平和のことを学びにきた人たちをおもに相手にしているため，さるくガイドとは違い，より踏み込んだ説明を行っている。ただ，これはあくまで，便宜上の使い分けにすぎない。実際には，相手によって変わりうる。原爆や平和のことを詳しく知りたいと思い，「さるくガイド」にお願いした人であれば，踏み込んだ説明をするし，逆の場合もあるのだ。重要なことは相手とのコミュニケーションの中で，こうした判断を行い，相手に合わせた案内をしているということである。

　また，ガイドを行う際，Mさんは，相手が修学旅行生であることが多いため，数字などを使った抽象的な説明を避けたり，昔の写真を見せたり，そこで亡くなった人の話をするなどしてイメージしやすいように工夫している。

176

第6章　平和ガイド活動と戦争の記憶

――ガイドするときに気をつけることとか。ありますか。こういうことに
　気を遣っているとか。

M：やっぱり，原爆は67年前のことですよ。今〔は〕もう〔街の景観や
　建物が〕全部新しくなってる。だから昔の写真を比較して説明した方が
　わかりやすい。そんなことは気をつけております。絶対。今言うて，今
　の言葉言うたってわからん。昔の写真と現在の写真を見比べな。そして
　こう資料と一緒に説明したり。そこで亡くなった，城山でも一緒。城山
　で亡くなったその人たちの声とかね。ここで何人ぐらい亡くなって，な
　んですよって言うたってパッとこないから。この亡くなった人の気持ち
　とか，訴えたりして。そん時の状況なんかしたりするんですよ。あのそ
　のやっぱり原爆は落ちて。こう数字的こう言ってこう淡々淡々って説明
　するんじゃなくて。……中心地の説明なんかするときは柱がありますよ
　ね。地上500メートルの上空で原爆がさく裂するって説明しますよね。
　ただそれに。それはそれで正しいんですけれど，それで済ませたらいい
　けど，それよりももうちょっとわかりやすく。500メートルの位置はどれ
　くらいかなあ。そしたら，ここだったら，稲佐山が，ちょっと仮定して
　333メートルそれにちょっと足したらいくらかなあってという風な。話
　しかけたような感じで言った方がこう飽かないんじゃないか。ちょっと
　観光と違って暗いじゃないですか。原爆って。興味を持たないし，知ら
　ないし。そんなところから興味をこう持たせようかなあと思ったりして。
　あのそんなところ気をつけております。熱線なんかも何千度，何千度て
　言うても，お風呂の温度から，鉄が溶ける温度。そしたらわかるよね
　えっていうことで。そしたら意外と実感できるじゃないですか。数字的
　に言うんじゃなくて，数字も言ってどんくらいかな[60]。

　さらに，ガイドに関しては，一方的に説明するのではなく，「キャッチボー
ルするような感じ」[61]で語るようにしている。そして，平和ガイドを継続で
きている理由としては，ガイドを行ったときに，何かしらの反応があること
が大きいという。

　M：やっぱり，子どもたちの反応というかな。それですね。反応ですよ。

177

やっぱりしてよかったというのは，伝えるのもいいけど，こう回ってね。
またそこにはそこにこの子どもたちの感じ方。ほで，いろんなこうお手
紙いただいたり，また来てくださいて言うたり。そして，あの自分がこ
うお話したことで，ためになったという言葉。お手紙でもいただいたら，
ああまたやろうっていう[62]。

　このようにしてMさんはやりがいを感じることで，平和ガイドを継続でき
ているのである。Mさんは 2014 年 4 月，被爆体験の語り部になるため，推
進協会の継承部会に入ることになった（『朝日新聞』長崎版，2014 年 6 月 14
日付）。2015 年からは語り部として被爆講話も行っている[63]。

4.8　まとめ
　以上が，Mさんの生活史とガイド活動であった。Mさんは被爆地から遠い
地点で幼少期に被爆しているため，証言できる鮮明な被爆経験をもっていな
かった。また，被爆者差別の問題を考慮し，Mさん自身が被爆者であること
を伏せて暮らしてきた。しかし，Mさんや親族ががんに冒されたことと生協
の活動をきっかけにして，長崎市民としてできることは何かを考えるように
なった。その結果，Mさんは「平和ガイド」を行うようになる。そして平和
ガイドを続けていく過程で，被爆者手帳を持っていることを公けの場で語る
ようになった。
　こうした参入過程を見ていくと，Mさんは自分の体験を語り，また平和ガ
イドを続けることを通じて，同じ場にいる多くの被爆者や関係者と関わり，
共鳴していくなかで，「被爆者」としての自覚が芽生え，被爆体験を語る「語
り部」を目指すようになった。これは「被爆者になる」プロセスといえる。
　一方，Mさんのガイドは一方向的ではなく，相手とコミュニケーションを
取りながら伝えることを心がけていた。これは常に他者とのコミュニケー
ションを重視した語り伝えといえる。こうしたコミュニケーション重視のス
タイルは，自作の紙芝居を使う実践の中でも共通している。紙芝居は「演じ
手と観客が一体化しやすい双方向性，対面性の構造をもつメディア」である
（山本 2000: 159）。これ以外にも，紙芝居を利用する意味は，遠い過去，歴
史としての出来事ではなく，身近な過去として現在とのつながりの中で出来
事を伝えることを可能にする点にある。Mさんは，ガイドにおいて伝えきれ

ない部分を補強するためのツールとして，紙芝居を利用しているのである。

また，Mさんのガイドでは，自身の病気や身内の病気からくる放射線の問題を重視して修学旅行生らに伝えるようにしている。これは自身の生活史的文脈から発する想いであった。

5　平和案内人の継承実践

これまで，TさんやMさんの生活史と平和ガイドの関係について検討してきた。TさんやMさんに共通する平和ガイドの継承実践の特徴を整理しておこう。

両者とも「被爆者」ではあるが，「被爆者」であることを人前に語るようになったのは，60歳を過ぎてからのことである。2人が「被爆者」であることを周囲に明かさなかった理由の1つに，体験時の年齢が幼少期であったことと，爆心地からの距離が遠く，被爆経験が比較的乏しかったことがあった。それを補うべく，平和ガイドではさまざまな工夫がなされていた。

Tさんは，平和講話では紙芝居を実演し，遺構めぐりでは最後に被爆者手帳を提示し，自分は被爆者であると必ず明かす。Tさんは，三人称で語る場合と一人称で語る場合を使い分け，人称帰属を横断して語り伝える工夫を行っている。それ以外にもTさんは朗読会に参加し，体験記の朗読を定期的に行っている。こうした朗読の作業は「他者によって文字として書かれた記憶を，他者が声を通じて表現するもの」であり（笠原 2009: 22），他者経験を声に出すという身体技法を通じて，自分の出来事として語る行為である。Tさんは朗読作業を通して，こうした人称帰属の横断を意識的に取り入れて自身の体験を補い，語り継ぎを可能にしているのである。

Mさんは，紙芝居を重視した平和ガイドを行っている。遠いどこかの過去ではなく，今ここの出来事の感覚を提示する。それによって，受け手がよりアクチュアルに〈原爆〉を理解するように促す工夫がなされている。また，Mさんは放射線の影響を必ず話している。これは彼女や親族ががんに冒された経験から来ている。このように，より身近な出来事として理解してもらうよう工夫しているのである。

それ以外にも，TさんやMさんは特に相手が子どもたちであれば「反核・平和」の話には触れないようにしていたのが特徴的であり，それよりもいじ

めの問題を含む人権の尊重と結びつけている。こうしたスタイルをとる理由はもちろん，推進協会による規制の影響もあるが，米ソ冷戦期にあった「核戦争の脅威」が，冷戦後を生きる世代では，現実性を失っていることも影響しているかもしれない（藤原 2001b: 14-5）。

　そして両者とも重視していたのは，相手を意識したガイドを心がけることである。常に他者を意識しながら伝え方を工夫している。また，協会の指導に対しては，Ｔさん，Ｍさんたちは真正面からの反発はしないが，それに縛られることなく自分たちの伝えたいことを話す継承活動を行っている。

　ＴさんやＭさんは，冨永（2012）が述べるような平和案内人の語りづらさ，難しさを，上記の工夫を行うことでクリアしている。また，他者を意識したガイドという点で，北村（2006）や平田（2012）の指摘と共通するところがある。

　最後に注目したいのは，継承実践の場におけるＴさんやＭさんのような直接の体験の乏しい「被爆者」の存在である。「体験者／非体験者」というカテゴリーでは，ＴさんやＭさんは「体験者」の範疇に分けられてしまう。もちろん，彼・彼女らは非体験者とは異なる存在であることには違いないが，2人とも被爆時は幼少期であり，爆心地から遠かったこともあり，爆心地近くで被爆した体験者と比較すれば経験は乏しい。そのため，2人とも「非体験者」ではないものの，爆心地近くで被爆した「体験者」とは異なる層に属する人たちであった。

　そのため，「体験者／非体験者」という「溝」や「断絶」を強調する考え方ではなく，当事者性の度合いをグラデーションの濃淡で表す，序章で触れた「記憶継承の等高線」モデルから見ていかなければ，2人の継承活動の意義を照射することができない。

　ＴさんやＭさんの継承実践は「被爆証言」だけではなく，紙芝居や写真といったメディアを積極的に活用し，かつ伝え方を工夫することで，原爆を知らない世代に出来事を伝えている。また，常に他者を意識した語り継ぎが模索されていた。自分の体験による証言が他の被爆者と較べて強い正当性を持ち得ないからこそ編まれた，独自の継承実践であった。そして2人の活動は「体験者」と「非体験者」のはざまにあって，これらをつなぐ実践なのだ。

　しかし，ＴさんやＭさんと同じ層に属する被爆者であっても，継承活動から距離をおく人も一定数いる。そこには一定の参加障壁（ハードル）が存在

している。それに対して，2人の参加障壁（ハードル）は低く，活動が可能となっている。

ではなぜこの障壁（ハードル）が低く継承活動が可能になったのだろうか。それは，周囲の後押しや社会環境が，障壁（ハードル）を下げ，継承活動を可能にしたからであろう。つまり，地域社会のつながりや関わり合いの中で2人の継承活動への参入が可能となった。ここで序章で触れた「記憶継承の等高線」モデルに立ち返ると，当事者性の度合いと継承活動の参加障壁を相対的に自立した2つの変数として組み合わせる重要性が示唆されているのではないだろうか。

以前の継承活動に関する研究は，「被爆者／非被爆者」というカテゴリーに依拠してその関係性を論じるために，TさんやMさんのように「被爆者」と非被爆者のはざまにいる存在を見逃してきた。両者をつなぐ彼・彼女らの継承実践を取り上げることは，今後の原爆記憶の継承過程を考える上で重要になるだろう。

次章では，直接体験をもたない若い世代に目を向けて，彼・彼女らがどのように継承活動に関わり，実践を行っているのかを見ていこう。

注
1　本書はジェイコブズ（Jacobs 2014）と問題意識の多くを共有しているが，彼女のいう「場所経験」は，日常の暮らしの場にある記憶の痕跡との関係ではなく，旅行などの非日常での「場所経験」との関係であり，想定する場所経験が異なっている。
2　「ピースウィング長崎　平和案内人とは」（http://www.peace-wing-n.or.jp/meguri/top.html）。2015年3月26日閲覧。
3　2012年12月2日長崎市内で，局長からの聞き取り。
4　『長崎市ボランティア観光ガイド10年の歩み』。
5　2012年11月30日長崎市内で，T氏からの聞き取り。
6　2010年8月19日長崎市内で，T氏からの聞き取り。
7　同上。
8　2012年11月29日長崎市内で，T氏からの聞き取り，フィールドノーツより。
9　2010年8月19日長崎市内で，T氏からの聞き取り。
10　2012年11月30日長崎市内で，T氏からの聞き取り。

11 これは，聞き取り時点から振り返ってのTさんの語りである。

12 2010年8月19日長崎市内で，T氏からの聞き取り。

13 2012年11月30日長崎市内で，T氏からの聞き取り。

14 同上。

15 同上。

16 長崎の旧市街地（市南部）と浦上（市北部）の社会層の違いからくる市民の〈原爆〉に関する社会認識の違いは，すでに先行の研究だけではなく，古くは在野の知識人からもよく指摘されてきた。研究に限れば，新木（2003,2004），木永（2005），西村（2006），末廣（2008）などがある。

17 2012年11月30日長崎市内で，T氏からの聞き取り。

18 同上。

19 同上。

20 同上。

21 ここでは社会学者・湯崎稔による次の定義にもとづく。単に原爆の閃光にかかわった人びと，原爆医療法の適用をうけている被爆者ばかりでなく，当時疎開したり兵役等で被爆を免れたが，親兄弟，子供を失ったもの，被爆者の子供，被爆者と結婚した人びとなど，それらの総体を意味している（湯崎[1978]1995: 43）。

22 2010年8月19日長崎市内で，T氏からの聞き取り。

23 2006年に推進協会は市民ボランティア「平和案内人」の会合で政治的発言への配慮を要請したことが地元紙の記事になり，問題となった（『長崎新聞』2006年1月21日付,『朝日新聞』長崎版, 2006年3月26日付）。本書第5章参照。

24 2010年8月19日長崎市内で，T氏からの聞き取り。

25 2012年11月30日長崎市内で，T氏からの聞き取り。

26 同上。

27 2012年11月29日長崎市内で,T氏からの聞き取り,フィールドノーツより。

28 2014年8月28日長崎市内で，T氏からの聞き取り。

29 同上。

30 同上。

31 2014年8月30日長崎市内で,T氏からの聞き取り,フィールドノーツより。

32 2012年11月29日長崎市内で,T氏からの聞き取り,フィールドノーツより。

33 この記述は2012年11月29日に同行したときのガイドを再構成したものである。

34 小学生はガイドの前に，爆心地近くにあり被爆校舎が遺構として保存され

第6章　平和ガイド活動と戦争の記憶

た城山小学校を訪ね，そこで被爆者のお話を聞いている。このときは遺構めぐりのコースから外れている。

35　2012 年 11 月 29 日長崎市内で，T 氏からの聞き取り，フィールドノーツから。

36　2010 年 8 月 19 日長崎市内で，T 氏からの聞き取り。

37　2012 年 11 月 29 日長崎市内で，T 氏からの聞き取り，フィールドノーツから。

38　同上。

39　2012 年 11 月 30 日長崎市内で，T 氏からの聞き取り。

40　この紙芝居は，吉田勝二さんの被爆体験を聞いた長崎市立桜馬場中学校（吉田さんの母校）の生徒が 2007 年に制作したものである。この紙芝居は，吉田勝二さん自身も被爆体験の講話と併せて披露していた（『長崎新聞』2010 年 8 月 7 日付）。

41　2012 年 11 月 30 日長崎市内で，T 氏からの聞き取り。

42　2010 年 8 月 19 日長崎市内で，T 氏からの聞き取り

43　M さんが作成した自分史より。

44　同上。

45　M さんが作成した自分史より。

46　新聞では M さんが大腸がんを患った 39 歳のときに被爆者健康手帳を取得したと書かれている（『朝日新聞』長崎版，2014 年 6 月 14 日付）。

47　2012 年 12 月 1 日長崎市内で，M さんからの聞き取りと M さんが作成した自分史より。

48　M さんが作成した自分史より。

49　同上。

50　同上。

51　同上。

52　2012 年 12 月 1 日長崎市内で，M さんからの聞き取り。

53　M さんが作成した自分史より。

54　この会は「『紙芝居を平和を訴える手法の一つにしよう』」という考えのもと「原爆の実相や被爆者の生き方をまとめた紙芝居を制作するほか，平和に関する紙芝居の収集を主な活動としている」（『長崎新聞』2010 年 8 月 5 日付）。

55　2012 年 12 月 1 日長崎市内で，M さんからの聞き取り。

56　同上。

57　同上。

58　同上。

59　同上。

183

60 同上。
61 同上。
62 同上。
63 2016年9月16日長崎市内で，Mさんからの聞き取り。本章は平和ガイドの検討のため，Mさんの語り部としての活動も含めたMさんの継承実践については別稿に期したい。

第7章　高校生1万人署名活動
——若者と原爆記憶の継承実践

　第7章では，若者の継承実践を明らかにするために，長崎市内で行われている「高校生1万人署名活動」を検討していく。ここではまず，高校生1万人署名活動が生まれた経緯と，この活動の特徴を出版物や新聞記事などから確認し，次に実際の活動経験者の生活史と活動から，参加者がどのような継承実践を行っているのかを見ていく。

1　被爆地長崎の平和運動と高校生1万人署名活動

　「高校生1万人署名活動」は，長崎で独自に行われてきた平和運動の中から生まれてきたものである。当初，長崎の平和運動は広島の運動をお手本として，その後を追う形で進められてきた。しかし，1970年代から広島とは少し異なる運動の型が見られるようになった。その契機は，原水爆禁止運動が分裂し停滞していた時期に「既成の運動枠にとらわれない独自の草の根的な運動」が生じたことにあり（広島・長崎の証言編 1975），証言運動や爆心地復元運動などがその典型である（第5章）。こうした流れはその後も引き継がれ，「長崎平和推進協会」の設立や「ながさき平和大集会」（以下，平和大集会）の開催につながっていく。特に平和大集会は，被爆医師秋月辰一郎など複数人の呼びかけで，政党・党派にこだわらない市民参加の集会として1989年から毎年，開かれている。この集会は，長崎にある5つの被爆者団体を含む50の市民団体によって運営されている。

　そして，この平和大集会から生まれたのが平和大使である。平和大使は，1998年に起きたインド・パキスタンの核実験への強い危機感から，国連本部へ核廃絶を訴えるための使節団を送る際，そのシンボル役として若者を公募したことに始まる（写真7.1）。

185

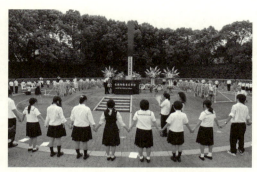

写真 7.1　原子爆弾落下中心地碑を人間の鎖で囲む高校生平和大使ら（2011 年 8 月 9 日）
毎日新聞社提供

国際連合・アントニオ・グテーレス事務総長　様
Dear Mr. António Manuel de Oliveira Guterres,
Secretary General of the United Nations.

わたしたちは、戦争も核兵器もない
「平和な世界の実現」を求めます。

We would like to ask for your further efforts to make the world a peaceful place without wars and nuclear weapons.

わたしたちは、一日も早い核兵器の廃絶を求めます。
わたしたちは、世界中の人々が平和な生活ができるよう求めます。
わたしたちは、戦争のない平和な世界の実現へ向けて，国連の一層の努力を求めます。
We request the elimination of nuclear weapons as soon as possible.
We request that people all over the world live in peace and harmony.
We request further efforts from the U.N. to make a peaceful world without wars.

わたしたちは、世界中の若者と手をつなぎ共に平和な世界を築くことを誓って、
この署名を「高校生平和大使」に託します。
We pledge ourselves to do our best to establish a peaceful world hand in hand with the youth of the world, and entrust these signatures to our representives.

名前 NAME	住所 ADDRESS	高校名・学年など HIGH SCHOOL NAME and GRADE

核兵器の廃絶と平和な世界の実現をめざす「高校生1万人署名活動」実行委員会
The executive committee of the "The 10,000 High School Students Signatures Campaign" to eliminate all nuclear weapons, and to make a peaceful world.

【取り扱い事務局】〒850-0057　長崎市大黒町4-16自治労会館ビル　平和活動支援センター気付　FAX095-822-5253

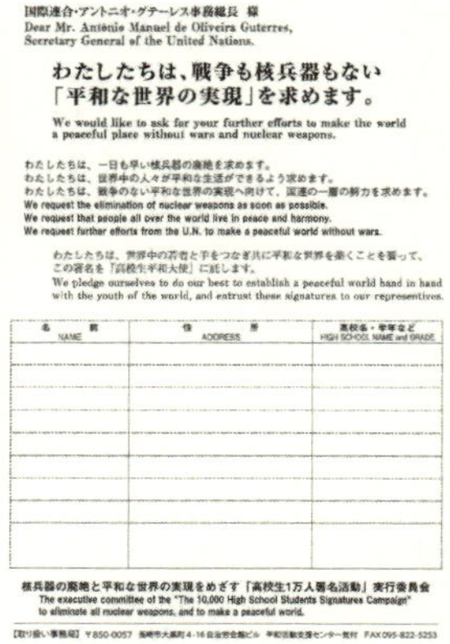

図 7.1　署名用紙「わたしたちは，戦争も核兵器もない「平和な世界の実現」を求めます」
（出典）高校生平和大使・高校 1 万人署名活動（http://peacefulworld10000.com/wp/wp-content/uploads/2017/09/yoshi20170914.pdf 2018 年 2 月 23 日閲覧）

「高校生 1 万人署名活動」の後見人で，「平和大集会」の実行委員メンバーでもある元小学校教諭・平野伸人は，平和大使が生まれた当時の様子を次のように述べている。集会は参加者の高齢化も手伝って「『被爆体験，戦争体験を後世に伝えよう』という集会のスローガンの一つが，空しいものに感じられるようになって」いた。そこから，何かしなければならないという漠然とした意思が平和大使の募集につながっていった（高校生 1 万人署名活動実行委員会監修 2009: 4)。

その後，2001 年に高校生平和大使に応募した長崎県内の多くの高校生たちが「大使に選ばれなくても行動を起こそう」と自主的に参加し，世界平和と核兵器廃絶を訴える署名を街頭や学校で集めたのが「高校生 1 万人署名活動」（以下，署名活動）である（図 7.1)。このように「署名活動」は平和大使から派生した活動であり，長崎独自の平和運動の流れの中にある。

「署名活動」の実践は多岐に渡っており，署名を集めて国連に届けるだけではなく，党派を超えた平和集会への参加や，被爆者の証言ビデオ・ＤＶＤの作成も行っている。

地元マスメディアからは，この「署名活動」は「若者世代への平和の継承という長崎の課題に直面している被爆者を含め多くの人々にとって希望の

光であり，期待を担う存在」として位置づけられるまでになっている。実際，2008 年の「ながさき平和市民集会」において長崎市長は「［高校生 1 万人署名活動は］長崎の平和の継承において重要な位置を占めつつある」と述べている。さらに，市長はこの年の長崎平和宣言でもこの活動について言及している [1]。被爆地長崎においては，この活動の参加者は原爆の記憶を継承する重要な担い手として認められつつある。

2　高校生 1 万人署名活動の特徴

　この署名活動には，おもに 4 つの特徴がある。1 つめの特徴は，組織としては確立されておらず，かつ参加者も流動的である。署名活動は会則も会費もなく，「やりたい人が行動し，集まれるときに会合」し，代表者もいないかわり後見人をおいている。組織らしい組織はなく，誰でも参加でき，来る者拒まず，去る者追わずという活動が行われている。資金面では特定のスポンサーはなく，長崎市民の応援による（高校生 1 万人署名活動実行委員会・長崎新聞社編集局報道部 2005: 26）。そのため，場所の使用許可や交通費などの経費は，市民のカンパで成り立っている。

　2 つめの特徴は，政治色がなく，以前の平和運動などとは異なる点である。この活動をアピールする際，後見人らは，これまでの学生運動や平和運動とは違うことを強調する。あえて「活動」という言葉を使用しているのも，既存の運動とは違うことを意識したものだろう。お寺，教会，ボランティア団体，原水禁系／原水協系の運動団体であっても，参加者たちは集まりがあればどこにでも出かけ，活動を報告している（『長崎新聞』2007 年 8 月 5 日付）。

　3 つめの特徴は，参加者の動機において使命感や理念が強調されていないことである。彼・彼女らはさまざまな理由をもって，この活動に参加している。もちろん「祖母の体験がある」「被爆地ナガサキに生まれた者としての責任」「若い世代がこのままではいけない」というように，親戚に被爆者がいることや長崎市民の責任といった使命感から活動を始めた人も一定数いる（高校生 1 万人署名活動実行委員会・長崎新聞社編集局報道部 2003: 17, 86, 98）。

　しかし，その一方で「ありきたりな高校生活に嫌気がさし」たから，「テレビに映りたいから」，「高校では何か違うこと」をしたかったから，「新聞

記事を見て彼ら〔の署名活動〕に興味を持ち，彼ら〔活動の参加者〕を知りたくなった。過去の自分を変えたい」といったように普通の高校生とは違うことをしたいという理由から参加した人もいる（高校生1万人署名活動実行委員会・長崎新聞社編集局報道部 2003: 15, 56, 98, 112-3）2。

　また，参加者の1人は自分の小さい頃に高校生が活動している姿が格好良かったため参加を決めたという3。むしろ少なかったのが，平和学習との関係である。これは，参加者が教育の影響に積極的な意味を見出し得ないことを示しているのかもしれない4。

　4つめの特徴は，地元メディアが，好意的かつ積極的に活動を取材している点である。たとえば地元新聞社は毎年彼らの活動を取材し，この活動をまとめた本をほぼ定期的に出版している5。また地元放送局も，積極的に活動内容をニュースで取り上げている。署名活動は当初，周囲から既存の平和運動としてとらえられ，視線も冷たく，「珍しいもの」を見る目であったが，地元マスメディアによる定期的な報道によって知名度が上がり，市民の視線が変化し，活動自体が好意的に受け入れられるようになったという。また取り上げる参加者は当然高校生であるため，視聴者・読者の知人や友人であることも多い。こうして，地元メディアが定期的に報道することで，この署名活動は身近なものとして理解され，定着した面をもつ。

　また，地元メディアが積極的に取材する理由としては，若い高校生が一所懸命に活動している姿は映像として絵になることや，毎年少し変わった活動をすることがある。被爆者の活動は当然報道するが，若い人の原爆や平和に関する活動は少ないため，相対的にニュース・バリューが高いのかもしれない。さらに地元メディアで働く若い社員が〈原爆〉を取材する入口としてこの活動が位置づけられていることも影響している6。

　署名活動に参加する高校生は何らかの使命感をもつ人ばかりではなく，活動は全体として政治色を出さない，組織を持たずに行われるため，どこか高校生の部活動に近い雰囲気を持ち合わせている。現代の日本社会において，平和運動や学生運動というと，ある立場から批判を受けやすいし，冷ややかな目線で見る市民も多く，そして何よりも参加へのハードルが高い。しかし，上記の特徴ゆえに，これまでの平和運動イメージからくる批判を向けられることが少なく，そのために成功しているように見える。また地元メディアが，継続的にバックアップし，報道していることもイメージアップに貢献してい

る。平和大使が誕生してから 20 年，署名活動が始まってから 17 年が経過してもなお，活動が継続しているのである 7。

署名活動の参加者は，実際にどのような過程を通じて継承する主体を獲得していったのかを 2 人の参加経験者から見ていくことにしよう。

3　聞き取り調査の概要と参加者のプロフィール

高校生 1 万人署名活動の参加経験者である 2 人の語りを論じる。C さんと D さん 8 を対象として，2009 年都内の大学でそれぞれ 2 度聞き取り調査を実施した 9。

C さんと D さんを対象に選んだ理由を 2 つ述べておきたい。1 つは，両者が「署名活動」内でとりまとめ役の 1 人であったこと，地元放送局や地元紙がこの活動を取材する際，その代表としてコメントを求められることが多かったことによる。もう 1 つの理由は，高校卒業後（「署名活動」終了後）も何かしら平和活動に関わり続けている（た）ことである。C さんは，「署名活動」の OB・OG で構成する平和団体に参加し，展示会などを主催している。さらに 8 月 9 日の登校日に，市内の小中学校に出向き，自身の活動経験を講演することもある。

D さんも大学時代，C さんと同様に各地で展示会を開いていた。さらに長崎市内や全国の学校などで自身の平和活動の経験について話す機会が多くあった。「署名活動」が終わると，多くの参加者は平和活動とは無縁の生活を送る。しかし彼らは，その後も動機を維持して，何らかの平和活動や原爆の活動に関わり，関心を持ち続けているのである。

C さんと D さんが「署名活動」を始める過程を語る際，そこで想起されるエピソードはどのように意味づけされ，その後「署名活動」の実践においてどのようにして語り継ぐ主体として自己形成が可能となったのかを，両者の生活歴と関連づけながら検討していく。

なお，考察に入る前に，会話中にたびたび登場する「原爆」と「平和」という言葉の関係について触れておく。言うまでもなく，「平和」「原爆」は一括りではなく，分節化して見ていかなければならない。C さんや D さんにも，この 2 つをどのように使い分けているのかを尋ねた。しかし両者とも分けることは難しい，平和活動や長崎市民としてはむしろ分けずにセットでとらえ

ることの方が重要であるという。被爆地長崎に生まれ育ち，長崎市内で平和活動に取り組んできた彼・彼女らにとって，「原爆」の問題と「平和」のための活動を切り離して考えることはできない。平和のための自らの活動は，〈原爆〉との関連で物語らざるを得ないのである。したがって，会話中の「原爆」と「平和」という言葉はしばしば重複し，切り分けられない内容をもつことをあらかじめ断っておきたい。

4　署名活動参加者の生活史と継承実践Ⅰ——Cさんの場合[10]

Cさんは長崎市で生まれ育ち，2009年調査当時20代前半の男性であった。長崎市内にある公立高校を卒業後，東京都内の大学に通っている。この世代における「署名活動」のまとめ役の1人である。当時は地元マスコミで署名活動が取り上げられる際，彼がその代表の1人として取材されることが多かった。後述する通り，祖父は入市被爆している。また父親は一時期，長崎市内にある平和団体NPOの理事を務めていた。

4.1　8月9日の登校日での経験
Cさんに小学校の頃の平和教育の様子について聞いたところ，8月9日の登校日に起きたエピソードについて話してくれた。それは「平和集会」と呼ばれている会の最中に起きた出来事である。この集会は，被爆時の状況を写した写真が辺り一面に貼られている体育館で行われ，生徒たちは被爆者の語りを起立して聞いていた。

C：集会のときは，結構立っている時間が長いので，そのずっとその写真に囲まれて，さらに立っていて。泣いちゃう子も何人かいたり。ただ単に暑くてバタンと倒れてしまう子もいました。
——それは外で立たせるの？
C：基本的に集会は立ってやっていたので，こう原爆の集会なので。人が倒れて，ボーンと音がすると，爆弾の音のように聞こえることがたまにあって，すごい怖かったのを覚えていますね。
——すごいな。
C：すごいですよね。今考えると，すごい怖いなあと思うんですけど。

190

被爆者が自らの体験を証言するなかで，体育館では泣き出す子や長時間の起立に耐えられず倒れる子が数人いた。こうした雰囲気の中で，Cさんは同級生が倒れた瞬間，館内で響いた音に驚いたという。被爆者の語りに引き込まれていたため，「ボーン」と人が倒れる音を聞いたCさんが瞬間的に被爆を追体験する，そんな感覚に見舞われたのかもしれない[11]。

4.2　平和のヤマがくる：稲佐山コンサートのお手伝い

しかし，Cさんはこうした学校での経験から直接〈原爆〉のことを深く考えるようになったわけではない。小学校1年生から4年生までは，毎年登校日の平和集会に出席していたものの，「あまり何も，深く考えることなくただ，ただ概要を聞いたり，まあどういうことがあったんだと漠然と知っている」だけであった。むしろ彼にとっては，小学校・中学校時代の「稲佐山コンサート」の手伝い（アンケートや入場整理，募金活動など）の経験の方が，〈原爆〉を強く意識する1つの契機となっていた。

　C：4年生になると，興味が深まるというか。僕としては，小学校4年生
　　　ぐらいのときがきっかけで，その辺りから。父がそういうNPOの理事
　　　みたいなものをやっていたので。
　——そういうNPOというのは？
　C：さだまさしさんがやっている，ピース・スフィアというやつです。
　——記念館［ナガサキピースミュージアム］ってあるよね。あれの関係？
　C：あれの理事長みたいなやつをやっていて。〔中略〕さださんは前，長
　　　崎にそういう平和の，長崎のメッセ，長崎からという，毎年稲佐山とい
　　　う山でやっているじゃないですか。［中略］それの手伝いとかを小学校
　　　4年生ぐらいのときから，行き始めたのが，その時だったので。そうい
　　　う平和ってのは，この街には，夏になるとそういうこうヤマがくるんだ
　　　なというのをその時から，すごく意識をし始めて。

Cさんは，10歳になるまで，〈原爆〉について漠然と知っているだけであった。それが，10歳から始めたボランティアへの関わりを機に，長崎市内で夏になると核兵器や原爆について考える催しが多く開かれていることを実感

するようになる。「夏になると」「ヤマがくる」という言葉は，「季節の円環」と「被爆」の経験，「平和」のための活動が一体のものとしてCさんに感覚づけられていることを物語っている。

4.3　日常の中にある〈原爆〉
　中学に入ると，1年生時に原爆の被害の実態について学習した。そして2年生時に体験学習として「遺構めぐり」を経験する。この体験学習は街の中を歩き回り，長崎市内の代表的な被爆遺構群を見てまわるものであった。この経験がCさんの街に対する見方に変化をもたらすことになる。

　　C：フィールド・ワークで見た後で，僕は長崎に住んでいるので，その辺
　　　　に行くことがあるんですけど。やっぱり小学校の所にお兄さん・お姉さ
　　　　んたちが眠っていますという看板を見たんですよ。学習のときにわかっ
　　　　て，洞窟とか入ってお兄さん・お姉さんが眠っているので安らかにさせ
　　　　て下さいと書いてあるものを見た後に，やはりその辺に近づくとちょっ
　　　　と想像してしまいますね，当時の状況を。

　ここでCさんは，ふだん歩いていたら目につかない箇所に気づくようになったと述べている。彼がこうした印象を抱いたのは，見学の対象となった遺構が「僕の場合は，僕の行動範囲にすごくはまって」いる，つまり彼の生活圏内にあったことも影響しているようだ。彼は，この見方の変化について，続けて次のように語っている。

　　──そうなんだ。学習以前は意識しなかった？
　　C：この学校が被爆した学校であることは特に知らなかったので，中学校
　　　　辺りまでは知らなくて。別に歩いていても，普通の街。その後，そうし
　　　　た知識が入ってくると，この下にとか。そういったことをすごく考えて
　　　　しまう。
　　──［柱などが］折れているだけで過剰に反応するとかありました？
　　C：ありました，はい。何かいそうだなと思ったりする時期もありました。
　　──いそうというのは？
　　C：その，幽霊的なものが。いそうだなと。子どもの時は普通に怖いじゃ

192

ないですか。幽霊とか。そういう感じで。

「遺構めぐり」を体験するまで，彼にとって自分たちの日常生活を営む空間は「普通の街」でしかなかった。しかし遺構めぐりを経験した後，自分たちが暮らす場所が原爆の被害にあった土地であることを以前よりも強く意識するようになっていった。そのせいか，ある時期彼は，ふだん見かける何気ないモノに過剰に反応してしまうことがあったという。そこには，ふだんの日常生活の場面が，思いがけず原爆の記憶が埋め込まれた場所として，意識されてしまう経験が語られている。

4.4 祖父が被爆者であること

このようにＣさんの学校や場所経験に関する語りを中心に見てきたが，語り継ぐ主体の形成過程においてもう１つ重要なことは家族内での経験である。次に家族との関係の中で〈原爆〉を意識した場面について見ていきたい。Ｃさんは祖父と自身の関係について次のように述べている。

Ｃ：具体的に話すと僕のおじいちゃんも一応被爆者ではあったんですよね。僕自身が被爆三世みたいなことになるんですけど。僕のおじいちゃんは被爆したんですけど，外部，あとで入ってきた。

——入市被爆？

Ｃ：そうですね，はい。［中略］そういう風景を見て知っているという感じだったですね。体に特に悪いところもなさそうで，元気にずっとやっていたんですけど。

——おじいちゃんからそういう話は聞いたりはしたんですか。

Ｃ：僕の家，うちのおじいちゃんはそういう話はしてくれなかったですね，基本的には。

——どうやって，入市して影響を受けたんだというのを理解したの？

Ｃ：それは，原爆手帳を持っていたというのが漠然とあって。あとは，戦時中の写真を見せてもらったことがあって，軍服をきた写真があって，そういう時代に生きていたおじいちゃんだと知ったわけですね，小学校のときに。

——当時の長崎市の光景を写した写真ではなくて？

C：おじいちゃんが普通に，はい。でも，その程度だったので。それ以上，
　話してくれずに。

　彼はここで祖父が「一応」被爆者であり，自身は被爆三世「みたいなこと
になる」と告白している。この「一応」という前置きは，祖父が外傷もなく
健康そのものであったこと，祖父が自身の被爆体験を語らなかったことから
きている。
　祖父が被爆者であると知ったのは「被爆者手帳」の存在を知ってからのこ
とであった。被爆者手帳の存在をどのような形で知ることになったのか聞い
たところ，次のような答えが返ってきた。

――ここだと被爆者手帳が，持っていたことが出ていましたが。それはい
　つ目にするの？
C：実際に見たことはないんですけど，おじいちゃんの体調が後半悪くなっ
　ていったので。母とかがよく看病しに行っていたので。その時に，被爆
　者手帳がどうだとか，こうだとか言っていたので，持っていることがわ
　かった。

　母親が祖父を看病する際にふと出た言葉から，Cさんは手帳の存在を知る
ことになる。つまり，家族との何気ない会話の中から「手帳」の存在が彼に
知らされ，そこから彼自身が「被爆三世」であることを認識することになっ
たのである。
　Cさんが〈原爆〉を意識し，平和活動に参加していく過程においては，学
校での集会や平和教育だけではなく，ボランティアの経験や生活空間に存在
する痕跡，そして家族内での会話が重要な条件になっている。

4.5　身近な他者とのつながり
　Cさんは高校に入学すると同時に「署名活動」に参加することになる。参
加のきっかけは海外の人たちとの交流であった。そこで，海外での原爆に対
する意識の高さを肌で感じ，長崎出身者として「自分ができること」がある
のではないかと考えるようになる。そして，長崎市内で行われていた「署名
活動」のことを知り，活動場所に「ちょくちょく」顔を出すようになっていっ

第7章　高校生1万人署名活動

た。ここからＣさんの平和活動が始まり，その後積極的に活動に参加することになる。高校3年時には平和大使にも選ばれ，街頭などで集められた「署名」を国連本部に送り届ける役割も担った。

　この活動の「やりがい」や「楽しかった」部分についてＣさんは，「署名活動」によって自分自身の思いを多くの人びとに伝えることができ，さらにそこから，その思いを伝えた人に何らかの影響を与えることができることだと語っている。これは，さまざまな他者とふれあい，そこで自分の考えを伝達することで，お互いの考えを共有することが可能になるということを指しているように思われる。

　しかし，平和活動の場さえ準備されれば，人同士が自然とわかり合い，つながることが容易に可能なのであろうか。「署名活動」に対して好意的な人たちの存在がこの活動を継続する上での励みになっている一方で，それとは逆に活動中の参加者に対して否定的な態度で接してくる人もいる。また，この「署名活動」に対して否定的な内容が文書にされ，学校や本部に送りつけられてくることもある。活動中に起きたこうした出来事は「署名活動」を行う上で高校生に突きつけられる課題として表現される。

　たとえば「『原爆も戦争も体験していない高校生に何がわかる』」のかと「反応も冷たかった」（高校生1万人署名活動実行委員会・長崎新聞社編集局報道部 2003: 3）といった記述や，被爆者とおぼしき方に「おまえたちに何がわかる。高校生がやったって何も変わらない」と言われショックを受けたという記述（高校生1万人署名活動実行委員会・長崎新聞社編集局報道部 2003: 310）などがそうである。この体験は，16歳から18歳の参加者にとって強烈でつらい経験である。そのため，ショックのあまりその場で泣き出す子もいるという。

　しかしそれにもかかわらず，署名活動の参加者は活動をやめず，その後も平和活動に関わり続けていた。なぜ原爆を直接体験していない世代の彼らが，被爆者を含む人びとの厳しい言葉に挫折せず活動を続けることができたのであろうか。

　Ｃさんは，活動を始めた当初「被爆者でもないのに……」と言われることに一時期非常に敏感になっていた。

　　──僕らが平和活動をしていいのだろうかというような，葛藤などはあり

195

ましたか。体験していないのに，やっていいのかとか。被爆者でもない
のにと署名を行っていて言われたりするなかで，それをどう考えていま
したか。
C：やはり，最初に活動を始めたときは，そういうことを言われることを
気にしていて。直接そういったことを言う人たちもいるので，それに対
してめげたりしていました。切り替えをしなければいけない時期があっ
て，それをしてからそういうことがなくなりました。

そのために，落ち込むことが何度もあった。しかし，活動を進めていく上
では，そのたびに落ち込んでいては体が持たない。そこで，ある時期「切り
替え」ることが必要になったという。

C：それがなぜできたかというと，僕たちは普通の人たちに較べると，
知っているんだということ。それがわかって，それが理解できた後は，
確かに被爆された方たちとは違うし，全然知らないかもしれませんが，
ただその人たちとふれあった機会とか，自分たちが知っていることは他
の人と較べたらもう数十倍というか120％ぐらいはあるなというのが理
解できたので，その後距離は縮まったように感じました。

「私たち」─長崎市内で育った人間─は，「普通の人たち」─長崎市以外の
出身者─よりもよく〈原爆〉のことを考えるし，かつ〈原爆〉のことをよく
知っている。ここで示された「知っている」とは，自然科学的な知や歴史的
な知に留まらない。彼らの住む生活空間の中で感受されることから獲得され
た理解も含まれている。つまり，そこに住んでいる者にしか得られないもの
を得ていると自覚することによって，この難題を自分の中で処理し活動を継
続させてきたのである。さらに別の箇所では，彼は次のように述べている。

──ここでは小学校の話でつながるという感覚という話がありましたが，
つながるというのは，写真と被爆者の語りがつながるということですか。
C：そうですね，はい。なので，僕たちのイメージは頭の中に入ってい
て概要，被爆した方たちと同じ話ができるかというと違うと思いますが，
長崎の子どもたちはある程度原爆はどういうものであるか知っていると

思います。被爆者の方たちの話を聞いたら，8割9割の人たちがああそうだよねと理解，共感できるくらいの知識はもっていて，平和教育を受けていない人たちはそうだよねとは思えないくらいの知識しかないと思います。その違いだと思います。

――そこが何か，つな……

Ｃ：つながっているなと感じる部分だと思います

――たぶん，俺はないな。

Ｃ：ないと思います。それが僕たちは理解していなくて，長崎の人たちは皆ああそうだよねというのができることを気づいていないと思います。署名に入っている人たちはそういうのに気づいて，よく生徒の間でそれ大事だよねという話をしながらよくやっていました。

　長崎市出身ではない筆者が，Ｃさんの「つながっている感じ」という語りに対して，それはもって「ないな」と述べたところ，Ｃさんは「ないと思います」とすぐに返答している。ここには，長崎市出身以外の人はもつことのできない「何か」が当事者の現実感覚としてある。少なくともその「何か」を確認しあうことが，活動する人びとにとって重要な拠りどころになっている。つまり，長崎市に生まれ育ち，そこで暮らす人たちにしか感得しえないもの，それによるアドバンテージが存在しているのである。そこでは，被爆者らと「共に居る（た）」という感覚が重要な条件となっている。

　このように，Ｃさんは「他の人よりも自分たちは知っている，ゆえにつながれるのだ」と自信をもつことから活動を継続することが可能となっていた。彼は「身近な人々」との絆を確認し，被爆者と同じ場所に属していることを自覚することで，非体験者が核廃絶や平和の訴えを行うという困難な課題を乗り越えてきたのである。

5　署名活動参加者の生活史と継承実践Ⅱ――Ｄさんの場合12

　Ｄさんは長崎市出身の男性で，2009年調査当時20代半ばである。市内の公立高校を卒業後，関東圏の大学に進学，その後同じ大学の大学院に進学して修了し，調査時は会社に勤めていた。彼は高校1年生のとき，この1万人署名活動の立ち上げから参加し，高校3年生のとき，平和大使となる。大学

在学中は，後輩たちの活動に関わる一方，他の平和活動を行っているＯＢとしてよく地元紙に取り上げられていた。会社員になった当時は，平和活動を行っていないが，自身の経験を平和活動に活かすことはできないか模索中である。

5.1　祖母の命日と父親の誕生日

　Ｄさんは，父親が高校の教師で平和学習部の顧問をしていたため，小さい頃から家庭で核兵器をめぐる問題についてよく話していた。

　　Ｄ：うちの父が，Ｖ高校という長崎の私立高校で教師をしていまして，そ
　　　　こで平和学習部という部活の顧問を自分が立ち上げてずっとやっていた
　　　　ので。なので，その影響で，結構平和について家庭で話す機会も多くて，
　　　　そういう意識というのはずっと小さい頃からありました。

　そのせいか，毎年6月に行われる「ながさき平和大集会」にも，小さい頃父親と一緒に行くことが多かった。しかし，彼が「原爆のこと」を強く意識したのは，父親の誕生日と祖母の命日が同じ日であることを知ったときからである。当時，彼はなぜ父の誕生日を祝わないのかと，その理由を両親に尋ねたそうだ。

　　Ｄ：祖母が被爆者で。僕が生まれる前にもう亡くなっていたので。そうい
　　　　う話を聞いたのは，中学・高校ぐらい。
　　──そうなんですか。
　　Ｄ：父を通して，聞いた形になりますね。
　　──中学・高校の時に話になったの。
　　Ｄ：詳しいことは「こっち［署名活動について書かれた本を指して］」に
　　　　も書いてあるんですけど。うちの父の誕生日が祖母の命日で，父の誕生
　　　　日は毎年祝っていなくて。うちでは。何で祝っていないんだろうなと
　　　　思ったときに，そういった話を聞いて，なるほどと。そこで原爆とい
　　　　うのをより意識したというか。結局その，被爆した祖母だけではなくて，
　　　　その子どもである父であるとか，またその子どもである自分まで影響が
　　　　つながってきているなあというのをそのとき意識しました。

198

第7章　高校生1万人署名活動

「署名活動」のOB・OGに焦点をあてた地元紙の特集記事にも，この語りと同じ内容のことが書かれている。この記事によれば彼は，父の誕生日を祝わない理由を尋ね，そこで初めて生まれる前に「被爆者であった祖母が原爆症の乳がんで亡くなった」のを知ったという。さらにこの事実を知って，彼は「父の悲しみが伝わってきました。そして私が祖母に会えないのは原爆のせいなんです」とコメントしている（『長崎新聞』2006年7月21日付）。家族とのこうしたエピソードは，Dさんが原爆や核兵器にまつわる問題に深く関わっていく上で重要な契機となっている。彼はもともと父親の影響から原爆や核の問題について関心をもっていた。しかし，それだけでは，まだ漠然と興味があるという範囲に留まっていたように思える。祖母と父の関係を知ることで，彼はこうした問題をより強く意識するようになっていった。

5.2　学校：平和活動を理解してもらえない場所

Dさんは国立の小・中学校に通っていた。その学校は，8月9日の登校日がなかった。ただ，夏休みに入る前に平和教育の授業は時折行われていたという。しかし，他校と較べれば「学校の教育は薄かった」。実際，長崎市内にある国立を除いた多くの公立・私立の小・中学校には8月9日の登校日があり，一部の学校では非常に熱心な平和教育が行われている。進学した高校では，Dさんが入学した年から登校日ができたそうだが，この高校でも平和学習が学校規模で熱心に行われていたという印象を彼はもっていない。むしろ「署名活動」に参加しているとき，「政治経済」の授業中，先生に突然この署名活動には「意味がない」と言われたことの方が強く印象に残っている。

　D：一度あったのは，社会科の先生が授業中に1万人署名とか意味がないみたいなことを言っていたときがあって。クラスメートにもう1人署名をやっていた子がいたんですけど，その子が泣いてしまって。［中略］結局，政治に対して一般人が何を言っても意味がないみたいなことを言っていて。［中略］まあ，言っていることはわかるんですけどね。直接的に変えるものではないし。結局署名をいくら集めても何かが変わる，たとえば核廃絶が署名100万人集まったからできるというわけではないし。そうではなくて世論を作っていくとか，そういう運動だと思ってい

199

るので別に。言われたからどうってことも僕はなかったですけど。先生にそういうこと言われたのは，若干ショックでしたけどね。

　Dさんに，平和教育や登校日のことを繰り返し聞いたが，あまり記憶に残っていないという。学校内で行われてきた平和教育は，彼を「署名活動」に向かわせる出来事としてはとらえられていない。また，活動の立ち上げ当初は，高校の卒業式の日に出向いて，校舎の中で署名を行っていたが，それは政治活動にあたると言われ，学校側に拒否されたこともあった。平和教育に関する時間があったとはいえ，「学校」は彼にとって自分たちの活動が批判され，禁じられた場所であった。

5.3　暮らしの中にある原爆の痕跡

　Dさんの場合，「署名活動」に向かう過程で，家族内のエピソードが重要なものとして物語られる一方で，「学校」はその契機となる場所としては扱われていない。しかし，高校の平和教育の一部として行われた「遺構めぐり」は，Dさんの中で強く印象に残っている。これについてDさんは，7月の暑い中，街にある被爆遺構群を見て回るのが大変だったとしながらも，観光客のように冷房の効いたタクシーに乗り原爆の跡を見るのではなく，この暑い時期に遺構群を自分の足を使って見たことが印象深いものにしたのではないかと語っている。遺構めぐりの経験から得たこのDさんの実感は，自分の身体と自分が暮らす生活空間との結びつきの中で被爆の痕跡を理解することの重要性を示している。自分が住む土地の風土を肌で感じながら原爆の跡を見ることが，〈原爆〉を記憶することを可能にしているのである。

　またDさんに，生活の中で〈原爆〉を感じたことがあるのかという問いを投げかけたところ，彼は，高校の通学途中によく見ていた「トンネル」のことを話してくれた。

　D：僕の家から学校に行く途中，バスに乗っていくんですけど，その途中に赤迫という所に防空壕の跡地があって。弾薬庫だったのかな。わからないですけど。その土地に3つトンネルがある。それを毎日見ていたのでそこは原爆の跡というか，戦争の名残を常に感じていました。それが確か今危険ということで閉鎖されたり，補修改修されているのではと思

います。ただ，自分の学校が被爆遺構とかなかったし。小中はそんな感じでしたが，高校の時はZ高が被爆高だったので，母校は正門まで坂があるんですよ。坂の途中に原爆の何とかがあった気がします。

このトンネルは「三菱兵器住吉トンネル工場跡」と呼ばれ，市の被爆建造物等としてCランクに指定されている（後掲写真終.1）。この工場跡は「戦時中，魚雷などの武器製造工場として掘られ，原爆投下後は負傷した多くの被爆者が逃げ込んだ」場である（『長崎新聞』2009年9月29日付）。さらに，彼は「爆心地公園」のことも語っている。この公園は，ふだん「あそこでアイスを買ってベンチでおしゃべり」をしていた一方で，夜同じ場所を歩くと「一種特別な気持ちになるとき」があった[13]。

5.4 非体験者としての責任
　高校生の時，Dさんは生徒会で一緒だった先輩に誘われ「署名活動」の立ち上げから参加することになる。平和大使である先輩に「何か若者から取り組む，自主的な平和活動をやりたいけど，やらないか」と言われたことがきっかけである。これについて彼は，参加したのは「たまたま」先輩がいたためであり，あくまで偶然の出会いであったことを強調している。
　立ち上げた当初は，そもそも「署名」を中心とした平和活動を行うかどうかも決まっていなかった。当時，折り鶴やメッセージ作成などさまざまな案が挙がった。メンバー間で議論を重ねた結果「一番わかりやすい」という理由から，「署名」を中心とした平和活動を行うことになる。開始直後は，街頭で署名を行うのではなく，高校の卒業式の日のホームルームの時間に署名を呼びかけたりしていた。しかし，校舎内で行うことは「政治活動」に当たると許可されず，屋外で活動したケースが多かった（高校生1万人署名活動実行委員会・長崎新聞社編集局報道部 2003: 306）。その後，警察の許可をもらって街頭で活動する形が定着する。Dさんが活動していた頃の「署名活動」は現在とは異なり知名度が低かったため，周囲の人たちの視線が厳しく，署名をしてくれる人も少なかったそうだ。それでも，地元メディアがニュースで取り上げ，また応援してくれる人たちがいたおかげで，「署名活動」は地元の風物詩と呼ばれるまでに成長していった。
　Dさんは高校生活の3年間を費やしたこの「署名活動」について，当時を

201

振り返りながら次のように語る。

　──署名活動や平和大使をやっていたときに，面白いと感じものは何でした
　　か。
　D：まず，ゼロから自分の活動を作っていくという面白さが1つと。そこ
　　でできる仲間とのつながり。他の高校の人が多かったので，そういった
　　他校の人とふれあうつながりができるのは面白かったなと思います。高
　　校生に限らず，いろんな方とつながって，僕の場合は国連にも行ったし，
　　ローマ法王にもお会いできたし。そういった面白さもあって。さらにそ
　　れに対して反応をいただける面白さがまたあったのかな。署名をやって
　　いたら，おばあちゃんからジュースを差し入れていただいたりとか。時
　　には，厳しい言葉ももらったりしたんですけど。そういうのを含めて，
　　いろんな方から反応もらえる面白さがあったなと思います。

　さらに，「この活動から得たものは何か」という問いに対しても「人との
つながり」を繰り返し強調している。この言葉は，同世代の仲間たちとのつ
ながりだけを指しているわけではない。そこには，世代を越えて長崎在住の
人とふれあうことができる喜びも含まれている。
　しかし，被爆者が多く住む土地で原爆体験をもたない世代が被爆者に代わ
り核廃絶を訴えることの困難は想像に難くない。高校生の平和活動に賛同し
てくれる人たちがいる一方で，活動中の高校生に冷ややかな言葉を浴びせる
人がいることはCさんの事例でも述べた通りである。特にDさんが活動して
いた時期は「署名活動」の開始当初ということもあり，Cさんの活動期間に
も増して周囲の視線は冷たく，厳しい言葉を浴びせる人も多かったようであ
る。
　実際，Dさんは「被爆者でもないくせに，おまえらにわかるのか」と活動
中に言われたことがある。こうした反応に対して高校生のときの彼は，原爆
体験を「知らないからこそ知る必要がある」と言って活動を続けていたとい
う。しかし現在は「知らないことは知らないことで割り切ってやっていくし
かない」と語り，むしろ原爆体験を理解できないからこそ，被爆者の「証言
に価値が出てくる」のではないかと考えるようになっている。彼はさらにそ
こから一歩踏み込み，被爆者や非体験者がそれぞれの役割を果たしていくこ

202

との重要性を強調する。

> D：自分が知らないということについては，そんなに大きくは受けとめ
> る必要はないのではないか。役割があると思うので，それぞれの。それ
> を果たしていくことが逆に継承につながっていくのではないかなと。原
> 爆という出来事に対して，自分が何を行っていくかということで，原爆
> という出来事を実際に体験した人は語ったりするし。語ったものを聞い
> た人は，それに対してアクションなり，何らかのことを起こしていくし。
> だから，それが，原爆というものがあって，それに対して関わっている
> と言えるのではないか。体験したか，していないかではなくて，関わっ
> ているか，関わっていないかだと思っています。

　彼は行動を起こし，〈原爆〉と「関わる」ことが自分の役割であるという。
その役割とは，被爆者が今なお苦しんでいることを知らせ，そして核兵器の
悲惨さを忘れずに語り伝えていくことである。それが，原爆を体験していな
い世代のDさん自身が果たす責任として語られている。責任とは「応答する
力」であり，何らかの呼びかけに応えることを指す。彼にとって原爆体験を
受け継ぐ活動（「署名活動」などを含めた諸々の平和活動）とは，被爆者の
呼びかけに応えることなのである。

　これはDさんが，自分たちの故郷に住む「特定の他者に対する責任の感覚」
（Frank 1995＝2002: 34）を強調していると言えるだろう。つまり，地域の共
同性を媒介にした被爆者への応答責任を彼は重視し，その責任を引き受ける
ことで問題意識を持ち続けているのである。彼は特に「被爆者の思い」を引
き継ぎ，核兵器の悲惨さを広く伝えていくことが自分たちの役割であると考
えている。これは，活動において支援者がよく語る「長崎の子としての自覚」
にも通じている。

6　高校生1万人署名活動参加者の継承実践

　CさんとDさんが平和活動に関わり続ける主体としてどのように自己を
形成してきたのかを，彼らの生活歴と関連づけながら検討してきた。これま
での内容を整理しておこう。

Cさんは，平和教育を小学校の頃から受けてきたが，それと並行して，祖父の「被爆者手帳」の存在を知り，彼は被爆三世であると自覚する。中学校では体験学習として遺構めぐりが行われ，ふだん生活している場所が原爆を想起させる場所と重なることを意識するようになった。その後Cさんは平和活動に参加したが，その経験は「長崎出身者」たちとの絆を確認させ，「共に居る（た）」という感覚がもたらされた。そして，この感覚がつらい局面に遭遇しても平和活動に関わり続ける原動力となっている。

　一方Dさんは，父親が平和教育に熱心な学校教師であったせいか，原爆（核兵器）にまつわる問題についてはある程度関心をもっていた。祖母が原爆症で亡くなった日と父の誕生日が同じ日であると聞かされたとき，〈原爆〉の問題を強く意識することになる。それと同時に日常生活における場所経験も彼の主体形成に影響を与えていた。そして平和活動の実践を通して，彼は「被爆者の思い」を引き継ぎ，原爆や核の悲惨さを広く伝えていくことが自分たちの役割であると自覚するようになる。ここでは，被爆者への応答責任が彼自身の所属する地域の共同性を媒介にした上で生じ，それを引き受けることが〈原爆〉を語り継ぐ主体であり続ける力の源泉となっている。

　両者の語りから見えてきたものは，彼らの自己形成にあたって，家族との関わりや場所の経験，平和学習の経験などが重なり合って相乗的に作用したことである。つまり，両者が語り継ぐ主体として自己形成する上で，学校教育よりも家族や地元住民たちとの関係や，土地との結びつきの方が〈原爆〉を強く意識し平和活動に向かわせる源泉になっているのだ。

　制度化された平和教育や記念顕彰のイベントのみで彼らが「署名活動」に向かってきたわけではない。またそれらだけが語り継ぐ活動を持続する条件になったわけでもない。むしろ，家族を含む日常の生活経験と制度化された平和教育などとの交錯の中で，彼らの継承者としてのアイデンティティは形づくられ，平和活動が継続されてきたのである。

　核兵器廃絶や平和の希求を目的とした平和活動に10代の少年少女たちが参入することは，非常にハードルの高いものである。その後，活動を何年も続けていく中で，降りかかってくる精神的な負担も相当なものだろう。それにもかかわらず，活動を続けられるのは，家族や土地の結びつきが力となっているからなのである[14]。

　もちろん，本章の知見の性急な一般化は避けるべきであろう。ある条件

第7章　高校生1万人署名活動

が揃えば，長崎在住の若者が必ず平和活動に参加するわけではないし，同様
の条件がなければ平和活動に参加しないわけでもない。同じような生活環境
の中から生み出される自己物語の可能性は，言うまでもなく多様に開かれて
いる。しかしその中で，実際に平和活動へと継続的に関わってきた人がどの
ような生活史の中で，主体形成を行ってきたのかを考えるならば，やはりこ
こで確認された事実のもつ意味は大きい。被爆地長崎の日常生活の空間の中
でさまざまな〈原爆〉の記憶の痕跡とふれあう経験がCさんやDさんの持続
的な活動の条件となってきたのである。

　最後に「記憶継承の等高線」モデルから見ると，どのようなことが明らか
になるだろうか。従来の「体験／非体験」の区分では，この活動の参加経験
者は，非体験者である若者の平和活動として分類されてしまっていた。しか
し，この活動の参加者が地域で暮らす若者たちと較べて相対的に高い当事者
性を有していたといえる。

　まず，原爆被害による死者をグラウンド・ゼロとして，その距離から近い
／遠いによって，当事者性の度合いを考えていくと，被爆地の若者は，非被
爆地の若者よりも中心点から比較的近く，当事者性が高いことになる。特に
本章で取り上げた2人の参加経験者は，祖父が被爆者であるため，より高い
位置にあった。長崎の被爆地の若者は，非被爆地の若者と比較すると，異な
る層に属していることがわかる。しかし，当事者性が高いからといって，被
爆地の若者は必ず〈原爆〉に強い関心をもち，活動に参加するわけではない。
実際，長崎の若者のすべてが，署名活動に関わっているわけではないし，な
かには距離をおく人も一定数存在する。

　したがって，この当事者性の度合いだけでは，参加者と参加しない人との
区別はできない。当事者性が高いことと原爆への関心が高いことが常に一致
するわけではない。もちろん前者が高まれば後者も高まる場合もあれば，そ
の逆に前者が高くなるほど後者が低くなることもある。それは個人のおかれ
ている社会的文脈に左右される。

　こうしたことから，この2つを原理的に切り分け，参加障壁を変数として
加える必要があった。この参加障壁の高低により，同じ長崎の若者の中でも
運動に参加しやすい／しづらい人に分類可能な変数を加えたのが「記憶継承
の等高線」モデルであった。このモデルに従えば，署名活動参加者は，当事
者性が被爆当事者と比較すれば低いが，非被爆地の若者と比較すれば高いこ

205

とになる。また，参加障壁は相対的に低い。本章で取り上げた被爆地長崎の若者は，この参加障壁の低さから，署名活動に参加し，継承実践を行うことが可能になっていたのである。さらに本章の議論を踏まえると，この参加障壁は活動参加者の〈原爆〉に関する手持ちの知識や感覚を含む，継承実践に必要な社会的資源の多寡によって影響を受けていたのである。

注
1　2008年の長崎平和宣言で署名活動に言及されている部分は以下の通り。
　「（中略）長崎では，高齢の被爆者が心とからだの痛みにたえながら自らの体験を語り，若い世代は『微力だけど無力じゃない』を合言葉に，核兵器廃絶の署名を国連に届ける活動を続け，市民は平和案内人として被爆の跡地に立ち，その実相を伝えています。」
2　それ以外に，知り合いがたまたまやっていたからという理由もあった。友達や先輩，学校の先生からの紹介による参加がある（高校生1万人署名活動実行委員会・長崎新聞社編集局報道部 2003: 80, 85, 103）。ここには高校生の人間関係の中において，署名活動が「何か面白いもの」として定着している側面もあるかもしれない。
3　2008年8月4日長崎市内での署名活動の参与観察より。
4　幼い頃に平和教育を受けていた理由もあれば，逆に平和教育がなかったからこそという動機もあった（高校生1万人署名活動実行委員会・長崎新聞社編集局報道部 2003: 126, 129）。
5　高校生1万人署名活動実行委員会・長崎新聞社編集局報道部（2003, 2005），高校生1万人署名活動実行委員会監修（2007, 2008, 2009, 2011）。
6　2011年2月22日長崎市内での，地元放送局社員からの聞き取り。
7　この署名活動は，社会運動研究の中に位置づけて，研究することも可能だろう。その場合，参加していない人と参加経験者を比較しどの要素が影響を及ぼしているのかを分析するやり方や，活動に積極的に関わった人とそうでない人を同様に比較するやり方がある。その場合，参加していない人を誰にするのか，または活動の参与度をどう測るのかという問題を考えなければならない。つまり，設定する対象者の属性や参加に対するコミットの基準をどの辺りにおけばいいのかである。そうした課題を意識して行われた社会運動研究を挙げておくと，D. マックアダムのフリーダム・サマーに関する調査がある（McAdam 1989；McAdam and Paulsen 1993）。

第7章　高校生1万人署名活動

8　両名から聞き取り調査の際，本名を使用してもかまわないと許可を得ているが，筆者の判断で仮名にしている。

9　調査に先立って，調査データの取り扱いやプライバシーの保護等に関する説明を行い，続いて「署名活動」に入ったきっかけやその活動内容を聞くことが，調査目的であることを伝えた。事前にいくつかの質問事項は準備していたが，基本的にはCさんとDさんの自由な語りが促されるように配慮した。会話は調査対象者の許可を得た上でICレコーダーに録音し，トランスクリプトを作成した。本章の分析は聞き取りのトランスクリプトをおもなデータとして用いるが，一部本人が書いた手記や取材を受けて掲載された新聞記事も，本人の許可を得て使用している。

10　Cさんには，2009年3月30日と6月30日に東京都内で聞き取り調査を行った。4節で使用しているCさんの発言は，その2回の聞き取りで語られたものである。

11　アメリカの精神分析家リフトンは，被爆者に聞き取り中「私の事務所に原子爆弾が落ちたような錯覚にとらわれることも，しばしばあった」と語っている（Lifton 1968 = 2009（上）: 13）。海外からの調査者も聞き取りの最中にこのような体験をしている。

12　Dさんには，2009年5月10日と7月11日に東京都内で聞き取りを行った。5節のDさんの発言は一部を除いて，2度の聞き取りで語られたものである。

13　もちろん，こうした感覚は高校の平和学習で遺構めぐりを経験した後のことである。さらに別の箇所では，原爆資料館にある図書館が，自習室として使用されていたことも述べられている。

14　本章で取り上げた事例は，CさんとDさんはともに，祖父母のどちらかが被爆者であり，家族が〈原爆〉と何かしら関係をもつ人たちである。したがって，それ以外の人たち，つまり家族が〈原爆〉と関係していない長崎市出身者の若者についての検討は行われていない。今後は，この長崎原爆の語り継ぎと場所の関係性の考察を深めていく上で，長崎出身者で原爆と関連のない人や継続せずに平和活動を断念してしまった人たちへの聞き取り調査を継続的に進めていく必要がある。

207

終章　日常の生活空間と原爆記憶の継承

　本書は長崎における〈原爆〉の記憶空間の形成過程と，そこで行われたさまざまな記憶の保存と継承実践について考察してきた。これまでに明らかになった点を整理しておこう。

1　長崎における記憶空間と継承実践の特徴

　長崎の記憶空間の特徴の1つは，長崎市行政が原爆の記憶を統治・管理していくことにあまり積極的ではなかった点である。広島では，行政または統治権力側が爆心から2キロ以内に原爆の記憶を閉じ込め，統治・管理していく姿勢が強いことを，阿部（2006）や米山（1999=2005）は指摘している。一方，長崎市は記憶を統治・管理し，それらを公的に選別していくことを外部の専門家に委ね，その意向をくむ形で記念空間を構築してきた。こうした姿勢の結果，市内では，市民の社会的合意を経た形での記憶空間の構築ができなかったのである。

　戦後から1960年代までの記念事業の目玉であった平和公園や平和祈念像は，長崎原爆の強い象徴にはならず，結果的に記念・慰霊の空間は平和公園と爆心地公園に分かれてしまい，記念の二重化が起きている。そのせいか，長崎の記憶空間では中心と基準が明確ではない。そのため，原爆の痕跡が生活空間の中に分散していく傾向がある。

　たとえば，被爆遺構に関していえば，広島では戦後，「原爆ドーム」が基準になり，他の遺構の保存や解体の指標として機能してしまっている。原爆ドームの存在が，逆にその他の被爆遺構の解体の論拠となってきた（阿部2006）。一方，長崎では，浦上天主堂の解体によって原爆ドームのような基準となる象徴的な遺構が存在しない。そのために原爆記憶の継承運動では小

208

終章　日常の生活空間と原爆記憶の継承

写真終.1　三菱兵器住吉トンネル工場跡（2017年8月）

さく細かな原爆の痕跡であってもマークし，現地で保存することの重要性が強調されるようになっているのである。

　その1つの事例が，第4章で取り上げた新興善小学校校舎の一部保存問題であった。当初から「この校舎は（狭い意味での）被爆遺構ではない」という住民の声が存在していた。それにもかかわらず，平和団体は「長崎市内最後の大型被爆遺構」「被爆者の生と死が交錯した場」として社会的に意味づけ，市に現物保存の要請を迫った。その後，市が急遽，校舎解体・救護所メモリアル設置に方針を変更することになるが，それでも平和団体は，継続して粘り強く現物保存の運動を展開した。結果的には，現物保存ではなく，救護所メモリアルという形で残されることになったが，これは，原爆被害の痕跡として直接的な関係はやや薄いものであっても極力保存していこうという保存活動の1つといえる。

　他にも立山防空壕や三菱兵器住吉トンネル工場跡などは，厳密な意味では被爆遺構に当てはまらないものであったにもかかわらず，保存することへの重要性が主張され，結果的に保存されている。立山防空壕は，ある被爆者がこれは被爆遺跡ではなく戦争遺跡だと述べていたように，被爆直後，長崎県の対策本部が置かれた場所であり，視認できる原爆被害の痕跡があるというわけではない。実際，保存の根拠においても，「歴史的状況を指し示すもの」であることがその理由に挙げられていた。住吉トンネル工場跡も同様に，被爆前は軍需工場（疎開工場，魚雷部品を製造）であり，被爆直後，負傷者に応急処置が行われた場であった。そのため，この場所も原爆被害の跡が，大きくそこに残っているわけではなかった。

これらの被爆遺構保存・解体の事例から見えてくるのは，これ以上被爆遺構は解体されてはならないという形で，保存の正当性が主張された結果，被爆の痕跡としては比較的小さいものでも残そうとする運動が生じている点である。そして長崎では，被爆遺構の保存問題が起きると，そのたびに旧浦上天主堂遺壁解体の記憶が想起される。天主堂の不在が，他の被爆遺構を保存する論拠になっているのである。長崎では，記憶空間の中心に置かれ，その他の記憶の重さを測るものがない，あるいは象徴的なものがない。その結果，記憶の選別の原理が強く働きづらくなり，さまざまな原爆記憶の痕跡に目を配って，これを残そうとする社会活動が市民の間で起き，実際，その記念化に至るケースが生まれている。

　もう１つの特徴は，城山小校舎の保存と活用に関する事例（第３章）の中で明らかになったように，日常の生活実践と結びついた「記憶の場」の存在である。この事例では，被爆遺構と小学校が隣接しているため，在校の児童がたびたび学びのために訪れる。そして，毎月９日の平和発表会など独自の学習活動や，毎年８月９日の慰霊祭などの学校独自の催しの中に，遺構の活用が含み込まれていた。この場を介して，原爆とその後の生活が密接につながった形で学校教育が行われていた。そして，ここで暮らす人びとの間では，地域コミュニティと城山小学校の日々の実践の中で〈原爆〉が想起され，継承されていたのである。城山小学校の空間では，〈原爆〉の継承は，日々の暮らしの中に埋め込まれ，学校教育を含めた日々の生活の中で後続の人（子どもたち）が〈原爆〉を感じ，〈原爆〉という出来事を自分たちの記憶として残していっている。そこでは，学校生活が〈原爆〉との連続性の中にある。

　もちろんそれだけがすべてではなく，生活空間から記憶の痕跡が切り離された「記憶の場」もある。新興善小の空間などがそうである。第４章で取り上げた新興善小学校校舎一部保存問題では，最終的に校舎を保存せず，「救護所メモリアル」として，当時の状況を再現した展示が行われることになった。これまで校舎内に，小学校の記憶と結びついた形で存在していた救護所の記憶が，これを契機に，その結びつきが解かれ，救護所としての出来事のみが切り分けられた形で残されている。小学校の記憶は，「救護所メモリアル」に隣接する「新興善メモリアル」として保存されている。つまり，新興善小の空間は，時間の経過とともに生活空間との結びつきが薄まり，最終的には地域の生活史的文脈から切り離されて，その部分のみ濾過し保存された「記

終章　日常の生活空間と原爆記憶の継承

憶の場」となったのである。ただ，その理由の１つには，戦後，小学校の校舎が救護所・教護病院として利用されている間，在校の児童は本来の校舎ではない場所で授業を受けていたこともあり，校区住民が戦後，救護所の記憶をうまく意味づけられていなかったことも影響していたのかもしれない。

　この２つの小学校校舎の保存問題から得られた知見は，日常の生活実践の積み重ねと結びついた「記憶の場」と切り離された「記憶の場」が存在していたことである。ノラは，「記憶の環境」から「記憶の場」への転換を主張し，共同体から切り離されたものを「記憶の場」と呼んでいる。もし現代社会においてそれしか存在しないのであれば，私たちは日常の生活実践との結びつきを失い形骸化された記念行為などからしか，〈原爆〉を想起できないことになるだろう。しかし実際には日常の生活実践との結びついた「記憶の場」も存在し，２つの「記憶の場」の存在によって，原爆記憶は継承されているのである。

　長崎の記憶空間での被爆遺構の保存活動は，〈原爆〉という「あのとき」の出来事を生活空間の中でどのようにして保存していくのかということが，問われていた。これに対して，広島では特に平和記念公園周辺が聖別化され，そこに〈原爆〉を想起させるモニュメントなどが集中することで，記念公園を中心・基準とした記憶空間が構築されていった。そのせいか，広島は人が住む空間の中に原爆の痕跡を残すモノが残存していたとしても，日常の共同性の中でこうした痕跡が活用されにくくなっているように思える。これに対して，長崎での記憶実践は，原爆の記憶を示すモノが，日常の生活空間の中に散在しているため，歴史的連続性の中で蓄積されてきた空間の中に現れてしまう異物をどのようにして生活空間の中に埋め込み，折り合いをつけて残していくのかという課題が生じやすくなっているのである。

　長崎の記憶空間は，〈原爆〉がもつシンボルの力そのものが広島に較べて弱く，中心化がなされていないため凝集性も弱い，その一方で日常の生活実践が結びついていた「記憶の場」も存在することに特徴をもっていた。日常の生活の中に，〈原爆〉の痕跡が散在し，中心・基準となるシンボルがないからこそ，広島とは異なりあらゆる〈原爆〉の痕跡でも保存する記憶実践が市内で生じるようになったのである。

　では，こうして形成されてきた長崎の記憶空間の中で，語り継ぎを主とする記憶実践は，どのような特徴をもっていたのだろうか。

211

長崎では，戦後の記憶空間の形成のなかで，〈原爆〉がもつシンボルそのものが，広島に較べて力をもたない場となっていた。そのせいか，1970年代以降，既成の政治イデオロギーの枠にとらわれない独自の草の根的な運動が活発に行われていった。第5章でも取り上げた「長崎の証言の会」は，証言の記録活動や市内の市民活動に関わっていくことになり，その後の継承活動や保存運動のハブ機能を果たしていく。また，同時期に行われた爆心地復元運動は，被爆以前存在していた町を地図に復元し，現在との関係を結び合わせることで，被爆以前，被爆直後，被爆以後と切断されていた点同士をつなげ，地域共同体の連続性の中で，〈原爆〉をとらえる視点を提供した。しかし，市民が主体的に関わるこうした運動は，行政による規制も呼び起こす。「原爆は原点ではない問題」や「語り部への政治的発言自粛要請問題」などがそうであった。しかしこれには多くの反発が起き，市が規制を撤回することになったのである。

　そして，市民を担い手とする長崎独自の平和運動の成果が，第6章で取り上げた平和案内人の母体である平和推進協会と，第7章で取り上げた高校生1万人署名活動であった。平和推進協会は「主義主張の違いを超えた市民レベルの平和組織をつくろう」と呼びかけてつくられた組織である（『長崎新聞』2003年5月20日付）。高校生1万人署名活動は，長崎市内で毎年行われている「ながさき平和大集会」のなかから生まれた。両活動とも，現在の長崎市内で行われている独自の継承活動として位置づけられている。両活動ともに，母体が主義主張の違いや政党・党派にこだわらない市民参加の集団を基盤に置いているため，政治的な部分については極力触れないという態度をとっている点が特徴的である。

　平和案内人の継承実践では，市の政治的な規制を，上手にくぐり抜けながら，自分たちの生活実感に即した形での継承活動が行われていた。たとえば，第6章で取り上げたTさんは，遺構めぐりにおいて平和公園内のガイドや永井隆に関しては軽く触れる程度で，自分が伝えたい箇所に時間を多く割いて説明する。Mさんも，自身と親族のガンの経験から，放射線の影響に重きを置いてガイドを行っていた。

　継承実践の1つである遺構めぐりでは，痕跡が少なく，とりわけ目立ったモノがなく，日常の居住空間（たとえば，学校が遺構になっているなど）を回ることになるため，説明を受ける側は，現在の視点から〈原爆〉を想像し

終章　日常の生活空間と原爆記憶の継承

づらい空間構成になっている。そのため，平和ガイドの中には，当時の状況を写した写真などを使って，当時の状況はこうであったと説明するスタイルをとる人も多い。本書で取り上げた平和案内人のガイド活動は，長崎原爆を語り伝える上で，共有できる文脈や土台がないという感覚を強く意識する人が多く，それを前提として，紙芝居を含めたさまざまなツールを使用するなどの継承方法が模索されていた。

　第7章で取り上げた「高校生1万人署名活動」は，2001年に始まり，2008年の長崎市平和宣言の中でこの活動が言及され，原爆記憶の継承において重要な担い手として認知され，長崎の風物詩と呼ばれるまでになっている。参加者は，長崎における〈原爆〉がどのようなものであるのかを，署名活動を通じて被爆者や関係者とふれあい，かつ，住民の反応を身体的に受け止めていく。参加者は長崎の地域社会の反応を身体的に受けとめていくことを通じて，活動に意義を見いだし，活動を継続する力の源泉となっていたのである。また，活動実践において，政治問題や歴史認識とは距離を置くことで，参加者は，政治性に回収されない〈原爆〉の部分も受け止めることを可能にしているように見える。

　署名活動の参加者は，被爆者や関係者から，原爆や戦争の「知識」や「言葉」を受け手として単に消費していくことだけにとどまるのではなく，その「知識」と「言葉」を受け止め，参加者自らが，主体的に発信していた。たとえば，署名だけではなく，活動参加者による学校での平和講話や証言記録の作成などは，長崎原爆の経験を参加者が地域社会に向けて語り伝えている取り組みである。こうしたことから，署名活動の経験は，「平和を受け継ぐ」といった継承実践にリアリティをもって接することを可能にしているのである。

　また平和案内人のTさんや署名活動参加者のC，Dさんらにとっては，活動に参入していく中で，日常の中にある原爆の痕跡を感じることが，活動に向かわせる1つの社会的条件になっていた。これは地域空間・場所を含めた社会環境の影響の大きさを示している。それ以外にも平和案内人のMさんやC，Dさんは，長崎という土地とのつながりの中で，継承活動に参加していた。

　以上の検討を通じて明らかになったのは，長崎の記憶空間における継承実践の特徴は〈原爆〉の痕跡が，比較的数が多く住民の暮らしの中に存在し続

213

けていることによって，さまざまな継承活動が可能となっていた点である。
これまで見てきた通り戦後長崎の記憶空間により，原爆記憶の集合力が弱い
場となっていた。しかし，そのことによって逆に，既存の枠組みに縛られな
い継承活動が，1970年代以降に生まれていく。現在の継承活動では，平和
案内人による活動や署名活動などがその例である。特に署名活動は，長崎な
らではの社会環境の中で活動の継続が可能になっていた。もちろん，行政・
推進協会による政治規制は何度か問題にはなったものの，これは，逆説的に
は空間の力学が働かないがゆえに起きていたとも解釈できる。そして，重要
なことは日常の生活実践が積み重なった生活空間と平和公園などの記念施設
や平和教育がリンクしながら，このような継承活動による実践が可能になっ
ていることであった。

2　〈原爆〉の社会学的研究と本書の位置づけ

　次に本書で明らかになった長崎の記憶空間と継承実践の特徴が，〈原爆〉
の社会学的研究にいかなる意味をもつのかを，ここで見ていくとしよう。
　第1章で検討したように，〈原爆〉の社会学的研究は，当初は被爆者の心
理とその生活実態を明らかにすることから始まった。そのため，多くの研究
は，地域社会と被爆者との関係性のなかで，〈原爆〉をとらえようとしていた。
その後，1990年代以降に記憶論の視点から研究を進めていく中で，個人経
験の記述と〈原爆〉の表象分析がメインとなっていく。その中で，当初の被
爆者調査の中で存在していた「地域（空間)」と「実践」とのつながりとい
う視点は脇に置かれていった。下田平がいうように，歴史的・具体的な社会
的諸関係の視点が後景に退いてしまったのである。ここには，1990年代に
おいて浮上した国民化されたヒロシマ・ナガサキという表象や典型化された
被爆者像とは距離を取り，そこには回収されない対抗的な記憶をすくい上げ
るといった研究課題が影響していた。また，前述の問題関心から研究を始め
た研究者の多くが，メディア史や社会学理論，個人経験の調査を専門として
いたこともあり，地域・家族調査のなかで行われてきた〈原爆〉の社会調査
を，うまく位置づけることをしてこなかった面もあるのかもしれない。
　これに対して，本書は，〈原爆〉を「体験」ではなく「記憶」という視点
からとらえ，地域内で行われている継承実践を記述することを目的としてい

214

終章　日常の生活空間と原爆記憶の継承

た。それは，これまで結びつきが切れていた，戦後培ってきた被爆者調査と近年行われている原爆の記憶研究との接続を意識して行われた研究でもあった。これにより，原爆記憶の研究において，表象分析や個人の経験が重視されてきたことで見落とされていた，空間内の社会関係と継承実践の結びつきを明らかにすることが可能となった。そして継承実践は，空間／場所といった物質的基盤と密接に結びついていた。つまり，平和案内人のTさんや署名活動参加者のC，Dさん，そして遺構の保存運動の関係者らが，長崎の記憶空間での経験から，モノの保存や平和ガイドなどの継承行為に向かっていたのである。

　また，長崎という地域社会での〈原爆〉に着目することによって，広島原爆を起点として定型化されてきた原爆の記憶とは異なる記憶の層を記述することができた点も，本書の貢献の1つである。長崎は，広島とは異なり，日本のナショナルな政治的文脈から，社会的に離れた距離にある。そして長崎は，〈原爆〉がもつシンボル性が広島に較べて弱いため，〈原爆〉がもつ空間内での社会統合機能は広島ほど強いものではなかった。もちろん，長崎においても定型化された原爆の語りも一定程度の力をもっているが，その一方で，回収されない別様の文脈での語り口が用意されている面に特徴がある。

　そのため，長崎に着目することで，政治的・ナショナルな磁場に引き寄せられにくく，そこには回収しきれない，地域生活の文脈にとどまった状態にある原爆の記憶をとらえることが可能になった。もちろん，土地に深く結びついた記憶に回収されることによって，そこからこぼれ落ちる原爆の記憶も当然，存在する。その点を十分に自覚した上で，さらなる記述を重ねることが，当然求められるだろう。しかし，本書がいくつかの事例の検討を通じて明らかにしてきた，地域生活の文脈のもとに位置づけられて語られてきた記憶は，原爆記憶の継承過程や継承方法を考えていく中での1つの手がかりを提供してくれる。

　こうした継承過程は，序章で示した「記憶継承の等高線モデル」を採用することで，より明確になる。このモデルは，グラウンド・ゼロである中心からの距離と参入障壁（ハードル）の高さを相互に自立的な変数として，見ることによって，当事者性の強弱と継承活動への参与との関係性をとらえ，複数の記憶や継承場面における共同行為を照射することを可能にする。

　たとえば「高校生1万人署名活動」はどの地域にもある若者が行っている

215

平和活動の1つに思えるかもしれない。しかし，参加者の動機と生活史を考察していくと，参加者には，長崎の都市空間の中で暮らし，遠縁に被爆者がいるなどの社会環境との関係性から，活動に参加していくことが見えてきた。核兵器廃絶や平和の希求といった平和活動の目的は，被爆体験を持たない10代の少年少女たちが活動に参入していく上で，ハードルを高くしてしまう。それにもかかわらず，活動を継続できているのは，家族や土地との結びつきが力となっていたためであった。つまり，同じ同心円上に位置づけられる非体験者である若者たちと較べると，活動参加者らがもつ社会的資源によって，活動参加へのハードルが低く設定され，参加が可能となっていたのである。

　また，「平和案内人」の活動を取り上げたTさんやMさんは，被爆者（被爆者手帳を持つという意味で）ではあるものの，青年期に爆心地近くで被爆した生存者と較べると，当事者性に乏しい。しかしそれにもかかわらず，Mさんは，平和案内人の活動に加えて，当事者性の高い被爆者が行う語り部の講話に参入している。その一方で，継承実践から距離を置く爆心地近くで被爆した被爆者も一定数存在する。これは決して，当事者性が高ければ高いほど，継承活動に参入するわけではなく，そこには高い参加障壁（ハードル）が存在していることを示している。そう考えていくと，継承活動へと向かうことを可能にしているのは，彼・彼女らがもつ社会関係である。長崎という地域社会のつながりや関わり合いの中で，彼・彼女らは被爆者として自己規定することができるようになった結果，継承活動に参入しているのである。

　こうしたモデルから，継承活動への参加は，当事者性の度合いだけではなく，個人生活の社会関係によって影響を受けていることが見えてくる。この点に着目することで，〈原爆〉に関わっている／いない人たちの多様な層の立場性を記述することが可能となる。そこから，記憶継承の社会的メカニズムを記述することができるのである。それは，記憶の表象分析や脱構築論に収まらない，継承実践の分析ツールとなる。

　「記憶継承の等高線モデル」を使うことで得られた知見は，「体験者」から「非体験者」への伝達といった継承過程だけではなく，いわゆる「体験者／非体験者」の区分にはうまく収まりきれないさまざまな層が，現代の継承過程において，重要な位置を占めつつあるということであった。原爆記憶の継承とは，単に体験者が継承行為を行い，経験をもたない後続世代の人たち

終章　日常の生活空間と原爆記憶の継承

に伝達するという側面だけではない。当事者性の濃淡をもった人たちが，さまざまな社会的条件から継承する主体となり，活動を実践し，その結果，社会の中に記憶が残されていくという側面が，継承過程にはあるのである。

　ここまで提示してきた「記憶継承の等高線モデル」は，適用の範囲を普遍的に広げたものではなく，長崎の社会的状況に限定したものである。ただし，今後のモデル化作業においては，洗練の余地が依然として残されている。それは，体験からの「距離」とは何か，実践への「参加障壁」を構成する要素とは何かなど，曖昧であるためである。今後，これらを洗練させていくためには理論化の方向性を模索しつつ，本書では記述できなかった家族（親族）や地区，学校ごとの継承実践の事例研究を積み重ねていく必要があるだろう。それにより，ここで示された2つの「変数」をより正確に理解することが可能になる。

3　原爆記憶における「継承」とは何か

　2015年長崎市は，「被爆の実相の継承」と「平和アピールの発信の強化」をテーマに掲げて，さまざまな被爆70年記念事業を行った。被爆70年を迎え，長崎市がより積極的に，原爆記憶の継承に向けた取り組みを行ったのである。注目すべきは，この事業に関連して2014年度から募集が始まった「語り継ぐ家族の被爆体験」（家族証言）事業だろう。これは，被爆者の子や孫らが体験を語り継ぐ活動を支援するものである。具体的には，応募者が約半年かけ，講話資料の作成や録音録画による被爆体験の聞き取り，発声の研修などを受けるものである（『読売新聞』2015年3月15日付）。ここでは「家族」レベルでの記憶継承までに広げて，行政が支援し，記憶の継承を後押ししている。

　しかし，こうした原爆記憶の継承に向けてさまざまな取り組みが精力的になされているなかで，2014年5月，修学旅行で訪れた中学生に被爆遺構を案内している最中に，案内役の被爆者が男子中学生5人に「死に損ないのくそじじい」などの暴言を吐かれる事件（「被爆者への暴言問題」）が起きている（『朝日新聞』2014年6月8日付，『朝日新聞』長崎版，2014年8月21日付）。この「被爆者への暴言問題」をきっかけに，長崎では再び，被爆の実相の伝え方を見つめ直す場が設けられ，〈原爆〉を伝える方法に関する議

217

論が行われた。

　この「被爆者の暴言問題」に端を発した伝え方をめぐる議論の背景には，被爆から70年以上が経過した現代において，それ以前に成立していた記憶の語り継ぎ場面を確保することが難しくなっていることがある。これは，生活の文脈と身体化された記憶の共鳴が語り手（被爆者）と受け手の中で，成立しなくなっているということである1。

　第6章で取り上げた平和案内人たちは，こうした状況を意識しながら継承実践を行っていたように思える。たとえば，Tさんが参加し，近年，よく行われるようになっている朗読がある。この行為は，「他者によって文字として書かれた記憶を，他者が声を通じて表現するもの」である。そして，これを通じて「当事者／非当事者に関わりなく，万人が文字となった……記憶に新しい声を重ね，過去の出来事を現在の出来事にすることが可能になる」（笠原 2009: 22）。つまり，当事者の体験を声に出すという身体技法を通じて，自分の出来事のようにしていくのである2。

　Mさんが使用する紙芝居は受け手に，時間的に距離のある過去ではなく，遠いどこかで起こったことではない，今ここの出来事の感覚を提示することを可能にしている。

　また，遺構保存は，遺構めぐりなどで，実際に被害を受けたモノを見せることを可能にする。遺構は，実際の場で起きたことを，言葉ではなくモノに語らせることにある。被害の痕跡を見る，触れることで，言葉とは異なった形で出来事のリアリティを感じさせる。継承を可能にする場の成立において，物資的基盤である環境は，重要な文脈となる。そしてこれは，記憶は物質的基盤を通じて想起されるというアルヴァックスの記憶論のテーゼでもあるのだ。逆にもし，忘却したいのであれば物質的基盤であるモノや場所を一掃し，その出来事を想起できないようにすることである。だからこそ，モノや遺構を残すことは，社会のなかで記憶を保存していく上で重要な作業なのである。

　この点は，遺構保存に尽力した内田伯が遺構の存在意義について語った言葉にも通じるものがある。その言葉をもう一度，引用しておこう。

　　目から消え去る物は，心からも消え去る。目で見て感知することの重要性を考えてほしい。
　　言葉だけだったら薄っぺらになってしまいます。実際に目にしないと

ですね。悲劇の痕跡がきちんと残っているということ，見て感じること，伝えることに，意味があると思います（長崎国際観光コンベンション協会 2011）。

　このように，モノに触れて，見ることによって，私たちは記憶を想起することができる。そして，モノは，継承することを可能にする基盤となるのである。

　また，長崎での高校生１万人署名活動では，参加者が１年間，原爆や平和のことを語る立場で，継承実践を含めた平和活動を行っていた被爆者らと，密に関わっていく。さまざまな活動経験は，参加者の継承する身体を獲得していく過程となっているのである。

　つまり，ある出来事の記憶を継承するとは，他者との相互行為を通じて「実践する仕方」を学んでいくことであり，継承とは，継承する側の人たちが実践を通じて，自分が経験したことを身体化していく作業なのである。そして，こうした作業を「語り得ないもの」や「表象の不可能性」そのものを継承していくという諦念に落ち着かせず，不断で具体的な実践の場の中で，「継承とは何か」「どのような伝え方が可能か」を考えていくことが，原爆記憶の継承において今こそ重要なのではないだろうか。

　最後になったが，原爆記憶の継承という課題において，「記憶継承の等高線モデル」のなかで，被爆体験をもたず，広島・長崎とも縁のない非当事者はどのような存在になるのだろうか。彼・彼女らは将来にわたって増え続け，被爆一世は世を去っていく。その上で，私たち自身が「できる」記憶実践とはどのようなものであろうか。その点に触れて本書を終えることにしたい。

　筆者は，この研究を進めていくなかで，当初もっていた「体験／非体験」の図式が後景に退いていき，それとは異なるモデルの必要性を感じるようになった。そのなかで「記憶継承の等高線モデル」にたどり着き，そこから各章で述べたような継承活動（実践）への調査研究を深めてきた。

　言うまでもなく現在および将来において，圧倒的多数の人びとにとって「原爆記憶」の当事者性の度合いは低くなっていく。しかし，このモデルから見れば，どのような人たちであっても，少なからず当事者性との連続面を有することになる。とはいえ，多くの人にとって本書で取り上げた平和案内人や署名活動に参加することは難しいだろう。それは，そうした平和活動への参

加障壁が，依然として高く感じられるためだ。

重要なことは，活動には参加しないどのようなポジションからでも，考え語り継ぐことは「できる」として〈原爆〉の問題に関わり続けることではないか。そして，当事者性の低い立ち位置から，現在との連続性のなかで〈原爆〉をとらえ，現在の「反核・平和」に接続させて考えることである。それこそが，本書の調査協力者が教えてくれたことであった。

こうしたゆるやかなかたちでの継承実践を続けていくことによって，原爆の記憶を特定の人たちに限定することなく，さまざまな立場の人びとが，かつさまざまな仕方でアクセスできるような社会基盤を構想することができるのである。そこでの各人はマスメディアによって与えられた「国民的」規範意識に埋没するのではなく，自身で考え獲得した言葉・思考から原爆の記憶，平和の討議に参加できるだろう。筆者の調査研究や大学教育の実践も，濃淡や距離感の差はあれども，その連続面にある。「記憶継承の等高線モデル」によって継承実践を記述することにこだわった理由はここにある。

注

1　これは，かつて長崎の詩人／作家・山田かんが，被爆者証言のもっていた力が時間の経過とともに徐々に弱まっていると述べていたことにもつながる（福間 2011）。

　　　五十数年という時間の摩耗そのものが質的なものを変化させている。他人の経験が，気づかないうちに自身に重なってしまうということもあります。記憶の中で混入してしまっていつの間にか変化してしまう。未経験が経験となってしまうことは，この情報社会の中で当然あり得ることです。これも証言活動の難しさのひとつだと思います。（福間　2011: 383-4,『叙説』(19) 69 頁からの引用）

　　山田かんのこうした指摘は，J. デリダの「出来事」に関する議論に通じるものがある。デリダによれば，出来事の証言とは，それを思い起こすたびに，記憶に別の何かがそこに含み込まれていき，出来事そのものの記憶から徐々に遠ざかっていく性質をもつ（Derrida and Stiegler 1996=2006; 廣瀬 2006）。山田も同様に，出来事の証言は語るごとに別の何かが入り込み，本来の出来事の証言（永遠には到達しないが）からの距離は遠くなると述べている。そして，体験者といえども，こうした時間による記憶の摩耗に，抗うことは難しい。

220

終章　日常の生活空間と原爆記憶の継承

現代においては，それを踏まえた上での記憶継承の実践が求められているのかもしれない。

2　広島では高校生が被爆者の経験を絵で描くという継承実践が行われている（小倉 2013）。

あとがき

　本書は，2015年度法政大学大学院社会学研究科社会学専攻博士論文「原爆記憶の継承に関する社会学的実証研究——長崎における記憶空間の形成と継承実践」に加筆・修正を行ったものである。本書の一部は，下記の既発表の雑誌論文をもとに構成されている。本書との対応関係を末尾に記したが，既発表の論文は本書の内容にあわせて大幅に加筆修正を行った。

　深谷直弘，2014，「被爆建造物の保存と継承——長崎・新興善小学校一部校舎保存問題を事例に」『社会学評論』65（1）: 62-79．（第4章）
　————，2013，「慰霊行為としての原爆被災復元調査——長崎市民・行政による爆心地復元調査活動のはじまりとその展開」有末賢・浜日出夫・竹村英樹編『被爆者調査を読む』慶應義塾大学出版会，131-50．（第5章第2・3節）
　————，2011，「長崎における若者の被爆体験継承のプロセス——「世代の場所」の形成に着目して」『日本オーラル・ヒストリー研究』7: 179-97．（第7章）

　2006年に初めて長崎を訪れ，その後2008年から長崎における原爆記憶の継承をテーマにして本格的なフィールドワークを開始した。原爆をテーマにして約12年，長崎の原爆の記憶継承をテーマにしてから約10年の月日が流れた。
　私は長崎・広島の出身でもなく，親戚に被爆者もいない。実際，私の経験の中で，被爆者の証言を聞くという機会はなく，当然，戦争体験を知っている世代でもない。さらにこれまでに特段に平和教育を受けてきたわけでもない。それなのになぜ，研究テーマに選んだのか。詳しくは序章に述べた通りであるが，研究過程を簡単に触れておきたい。

あとがき

　正直にいえば，原爆は私にとって遠いテーマであった。当初は，戦争・原爆の経験をもたない私と同じ世代がなぜ漠然と「核兵器」の恐ろしさを感じ，廃絶すべきものとして判断するのかという素朴な疑問からであった。そうした規範意識はどのように形成されたのか。このメカニズムの解明のために，〈原爆〉の研究を始めたといってよい。そのため写真・映像を含むメディア表象に関心があり，修学旅行などで原爆の展示を見学することが反核・平和意識に影響を与えているのではないかという考えのもとに，原爆資料館の展示の研究を進めていった。

　こうした過程を経て，メディア表象の側面だけではとらえきれない，非体験者が実際に〈原爆〉をどのように受け取っているのかという点に関心を移していき，さらに長崎における記憶継承の問題を考えていくことになった。もしかすると，私が幼少期に戦時下の空襲の話をよく祖母（大正9年生まれ）から聞いた経験が影響していたのかもしれない。戦争を知らない世代が日常生活において戦争の記憶に接する機会の1つであったと思う。

　今後は，長崎に通いつつも，これまで正面から主題化してこなかった「被爆体験」にも向き合い研究を進めたいと考えている。本書で論じてきた非体験世代の「継承の可能性」を考える上で，継承するべき「被爆体験」そのものの主題化が同時に必要であることは言うまでもない。長崎・広島だけではなく，各地の被爆者が人生の最晩年を迎えて語り始める可能性もある。そうした小さな事実を掘り起こす作業が求められている。

　現在，災厄の記憶を後世に残していくためのアーカイブ（ズ）活動が盛んである。私も福島の地でそうした仕事に従事している。ただ，そこでは記憶（出来事）の保存（保全）のみがクローズアップされ，記憶を呼び起こす活動との連携がないように思える。アーカイブ（ズ）として記憶を遺産化することで満足して終わるのではなく，地域社会のなかで記憶を呼び起こす草の根の活動の手法を求めて，長崎の継承実践から学ぶべきことは少なくない。

　博士論文も含めて本書をまとめるにあたり，多くの人にご協力いただいた。お世話になった方々に心より感謝申し上げたい。

　まず何よりも調査にご協力いただき，貴重なお話を聞かせていただいた長崎在住の皆さんには心よりお礼を申し上げたい。長崎に縁もゆかりもない学生の私を快く受け入れてもらい，時間を割いて自身の活動と生活史を語って

223

いただいた。そこから多くのことを学ばせていただいた上に，原爆に限らず長崎の文化・風習も教えていただいた。私が長崎という土地にすっかり魅了され，現在もこだわり続けているのは，長崎で出会った方々のご厚意によるものだと思う。

法政大学大学院の博士後期課程からご指導をいただいている鈴木智之先生には，どれほどの感謝の言葉を捧げても足りないほど，お世話になった。特に博士論文の執筆では，でき上がった原稿に対してその都度時間をとって読んでいただき，コメントをいただいた。このような懇切なご指導がなければ，博士号の取得も覚束なかったであろう。研究者としての現在があるのは，鈴木先生のおかげである。

法政大学の堀川三郎先生にもお世話になった。我流で現場調査を行い，試行錯誤していた時期に，小樽調査にお手伝いとして同行する機会をいただいた。堀川先生の調査者としての現場との向き合い方や心構えなどを間近に見ながら，多くのことを学ばせていただいた。そこでの経験がその後の私の現場（長崎）調査に活きている。

法政大学の吉村真子先生には社会学部のゼミから大学院修士課程までご指導をいただいた。学部ゼミでの学びは，アカデミックな議論の面白さや研究動機のきっかけとなった。先生方に深い謝意を表したい。

また本書のもとになった学位請求論文の審査を引き受けていただいた慶應義塾大学の浜日出夫先生にもお礼を申し上げたい。浜先生のゼミに「もぐり」として参加していたときに被爆者調査史研究会に誘っていただき，メンバーに加わることになった。

この研究会は，研究テーマの近い先生方と大学院生が，社会調査としてこれまでの被爆者調査研究を議論する場であった。記憶論からのみ〈原爆〉を見ていた私に，社会調査から〈原爆〉をとらえる必要性を教えてくれた。そこでの議論は，本書の記述にも反映されている。研究会メンバーに感謝を伝えたい。

お名前を挙げきれないが，法政大学社会学部の先生方や大学院社会学専攻の先輩・後輩から多くのことを学ばせていただいた。毎日のように通った「社会学専攻室」でのさまざまな研究領域の議論は刺激的で，自分の研究に役立つことが多かった。そこでのなにげない「おしゃべり」は，調査研究を継続していく上で，よい息抜きになったように思う。

あとがき

　最後に，これまでさまざまな形で支援してくれた家族，なかでも言い訳ばかりして遅筆な私の一番身近にいて叱咤激励してくれた妻萌子に感謝を捧げたい。

　本書は「2017 年度法政大学大学院博士論文出版助成金」により，出版経費の一部助成を受けて刊行された。記して感謝したい。

　2018 年 3 月

深谷　直弘

参考文献

阿部亮吾, 2006,「平和記念都市ヒロシマと被爆建造物の論争——原爆ドームの位相に着目して」『人文地理』58(2): 73-89.

秋月辰一郎, 1972,「消滅した町と人を求めて——原爆復元・ナガサキ方式」長崎の証言の会編『長崎の証言 第4集』214-9.

Anderson, Benedict, 1991, *Imagined Communities: Reflections on the Origin and Spread of Nationalism*, London and New York: Verso.（= 2007, 白石隆・白石さや訳『定本 想像の共同体——ナショナリズムの起源と流行』書籍工房早山.）

青木秀男, 1979,「被爆者の集団化に関する理論的考察（大阪都市圏における被爆者の意識と行動)」『商業経済研究所報』16: 7-28.

———, 2015,「原爆と被差別部落」『社会学評論』66(1): 89-104.

青木秀男・牛草英晴・深沢建次, 1979,「序文（大阪都市圏における被爆者の意識と行動)」『商業経済研究所報』16: 1-6.

有末賢, 2010,「戦後社会調査史における被爆者調査と記憶の表象」『法学研究』83 (2): 39-72.

———, 2011,「生活史の『個性』と『時代的文脈』」『法学研究』84 (2): 25-51.

———, 2013,「戦後被爆者調査の社会調査史」浜日出夫・有末賢・竹村英樹編『被爆者調査を読む——ヒロシマ・ナガサキの継承』慶應義塾大学出版会, 1-34.

Assmann, Aleida, 1999, *Erinnerungsräume. Formen und Wandlungen des kulturellen Gedächtnisses*, München: C.H.Beck.（=2007, 安川晴基訳『想起の空間——文化的記憶の形態と変遷』水声社.）

Casey, Edward, S., 1997, *The Fate of Place: A Philosophical History*, Berkeley, California: University of California Press.（=2008, 江川隆男・堂囲俊彦・大崎晴美ほか訳『場所の運命——哲学における隠された歴史』新曜社.）

Chinnock, Frank, W., 1969, *NAGASAKI: The Forgotten Bomb*, New York: World Publishing Company.（= 1971, 小山内宏訳『忘れられた原爆』新人物往来社.）

中鉢正美, 1968,「被爆者生活の構造的特質」『三田学会雑誌』61(12) : 1-28.

Connerton, Paul, 1989, *How Societies Remember*, Cambridge: Cambridge University Press.（= 2011, 芦刈美紀子訳『社会はいかに記憶するか——個人と社会の関係』新曜社.）

Coser, Lewis, A., 1992, "Introduction: Maurise Halbwachs 1877-1945," Maurice Halbwachs,

On Collective Memory, Chicago: University of Chicago Press, 1-34.

Delanty, Gerard, 2003, *Community*, London: Routledge.（=2006, 山之内靖・伊藤茂訳『コミュニティ――グローバル化と社会理論の変容』NTT出版.）

Derrida, Jacques and Bernard Stiegler, 1996, *Échographies de la télévision*, Paris: Galilée-INA.（=2005, 原宏之訳『テレビのエコーグラフィー――デリダ〈哲学〉を語る』NTT出版.）

Dicks, Bella, 2003, *Culture on Display: The Production of Contemporary Visitability*, Berkshire: Open University Press.

頴原澄子, 2005,「原爆ドーム保存の過程に関する考察 1945 年―1952 年」『日本建築学会計画系論文集』596: 229-34.

───, 2017,『原爆ドーム』吉川弘文館.

江嶋修作, 1980,「『被爆者差別』の文化的・社会的メカニズムの一分析」『現代社会学』13: 115-39.

江嶋修作・春日耕夫・青木秀男, 1977,「広島における『被爆体験』の社会統合をめぐる一研究」『商業経済研究所報』15: 1-90.

Frank, Arhur, W., 1995, *The Wounded Storyteller. Body, Illness, and Ethics*, Chicago: The University of Chicago Press.（=2002, 鈴木智之訳『傷ついた物語の語り手――身体・病い・倫理』ゆみる出版.）

藤原帰一, 2001a,『戦争を記憶する――広島・ホロコーストと現在』講談社.

───, 2001b,「記憶の戦いを超えて」船橋洋一編『いま, 歴史問題にどう取り組むか』岩波書店 ,1-23.

深谷直弘, 2008,「原爆体験を継承していくための展示とは何か―長崎原爆資料館の一考察」『法政大学大学院紀要』61: 97-107.

───, 2009,「被爆の記憶の継承とその困難―長崎原爆資料館の展示戦略・実践の考察」『法政大学大学院紀要』63: 135-42.

───, 2011,「長崎における若者の被爆体験継承のプロセス―「世代の場所」の形成に着目して」『日本オーラル・ヒストリー研究』7: 179-97.

───, 2013a,「慰霊行為としての原爆被災復元調査―長崎市民・行政による爆心地復元調査活動のはじまりとその展開」有末賢・浜日出夫・竹村英樹編『被爆者調査を読む――ヒロシマ・ナガサキの継承』慶應義塾大学出版会 , 131-50.

───, 2013b,「原爆記憶の語り継ぎ実践と平和活動―元平和案内人の語りから」2013年度戦争社会学研究会・関東例会（戦争社会学と〈調査〉）於 慶應義塾大学.

───, 2014,「被爆建造物の保存と継承―長崎・新興善小学校一部校舎保存問題を事例に」『社会学評論』65(1): 62-79.

福田珠己, 1996,「赤瓦は何を語るか―沖縄県八重山諸島竹富島における町並み保存運動」『地理学評論』69: 727-43.

―――, 2005,「地域の記憶―異質性と均質性の間で」矢野敬一ほか『浮遊する記憶』青弓社, 119-50.

福田雄, 2011,「われわれが災禍を悼むとき―長崎市原爆慰霊行事にみられる儀礼の通時的変遷」『ソシオロジ』56(2): 77-94.

福間良明, 2011,『焦土の記憶――沖縄・広島・長崎に映る戦後』新曜社.

―――, 2015,『「戦跡」の戦後史――せめぎあう遺構とモニュメント』岩波書店.

福間良明・吉村和真・山口誠, 2012,『複数のヒロシマ――記憶の戦後史とメディアの力学』青弓社.

「原爆と防空壕」刊行委員会編, 2012,『原爆と防空壕――歴史が語る長崎の被爆遺構』長崎新聞社.

Giddens, Anthony, 1991, *Modernity and Self-Identity: Self and Society in the Late Modern Age*, Cambridge: Polity Press.（=2005, 秋吉美都・安藤太郎・筒井淳也訳『モダニティと自己アイデンティティ――後期近代における自己と社会』ハーベスト社.）

陣野俊文, 2009,「『その後』の戦争小説論⑦―青来有一『爆心』とポスト原爆小説」『すばる』8月号, 274-87.

―――, 2011,『戦争へ, 文学へ――「その後」の戦争小説論』集英社.

Halbwachs, Maurice, [1925] 1952, *Les cadres sociaux de la mémoire*, Paris: P.U.F.（=1992, Lewis A Coser, trans.,"The Social Frameworks of Memory,"Halbwachs, Maurice, On Collective Memory, Chicago: University of Chicago Press, 35-189.）

―――, 1938,"Individual Psychology and Collective Psychology," *American Sociological Review*, 3(5): 615-23.

―――, 1950, *La mémoire collective*, Paris : P.U.F.（=1989, 小関藤一郎訳『集合的記憶』行路社.）

浜日出夫, 2000,「記憶のトポグラフィー」『三田社会学』5: 4-16.

―――, 2002,「歴史と集合的記憶―飛行船グラーフ・ツェッペンリン号の飛来」『年報社会学論集』15: 3-15.

―――, 2004,「ヒロシマを歩く―慶應義塾大学被爆者調査再訪」『法学研究』77: 237-58.

―――, 2005,「ヒロシマからヒロシマたちへ―ヒロシマを歩く」有末賢・関根政美編『戦後日本の社会と市民意識』慶應義塾大学出版会, 23-43.

―――, 2007,「ヒロシマを擦りとる」山岸健ほか編『社会学の饗宴Ⅱ 逍遙する記憶――旅と里程標』三和書籍, 183-99

―――, 2013,「結びにかえて―『われわれはすべてヒロシマの生存者である』」浜・有末・竹村編『被爆者調査を読む――ヒロシマ・ナガサキの継承』慶應義塾大学出版会, 255-68.

浜日出夫・有末賢・竹村英樹編, 2013,『被爆者調査を読む――ヒロシマ・ナガサキの

継承』慶應義塾大学出版会.

濱田武士 , 2013, 「戦争遺産の保存—原爆ドームを事例として」『社会学部紀要』(関西
　　学院大学) 116: 101-13.

―――, 2014, 「戦争遺産の保存と平和空間の生産—原爆ドームの保存過程を通して」
　　『歴史評論』772: 20-34.

浜谷正晴 , 1971, 「原爆被爆者問題調査研究の歴史と方法」『一橋研究』21: 54-65.

―――, 1994, 「原爆被害者問題の社会調査史」石川淳志・橋本和孝ほか編『社会調査
　　——歴史と視点』ミネルヴァ書房 , 273-310.

濱谷正晴 , 1996, 『原爆がもたらした〈地獄〉と〈惨苦〉に関する実証的研究』平成 6
　　年度科学研究費補助金一般研究 (B) 研究成果報告書 , 一橋大学.

―――, 2005, 『原爆体験——六七四四人・死と生の証言』岩波書店.

原田勝弘 , 1968, 「原爆被爆世帯における家族解体とその再組織化—広島市 F 地区調査
　　世帯の事例研究」『慶応義塾大学大学院社会学研究科紀要』8: 11-27.

―――, 1985, 「被爆者生活調査」岡本宏・中西尚道ほか編『ケース・データにみる社
　　会・世論調査』芦書房 , 192-216.

―――, 2012, 『生活研究の社会学』光生館.

原田勝弘・水谷史男 , 2005, 「社会調査と私—原田勝弘先生に聞く」『研究所年報』35:
　　3-17.

Hayden, Dolores, 1995, *The Power of Place: Urban Landscapes as Public History,* Cambridge,
　　MA: MIT Press. (=2002, 後藤春彦・篠田裕見・佐藤俊郎訳『場所の力——パブリッ
　　ク・ヒストリーとしての都市景観』学芸出版社.)

平和祈念像建設協賛会・長崎県教職員組合編 , 1954, 『平和祈念像が出来上がるまで』.

平田仁胤 , 2012, 「戦後日本における被爆体験の継承可能性—若者世代にとっての被爆
　　証言＝平和教育のリアリティ」『日本オーラル・ヒストリー研究』8: 109-24.

廣瀬浩司 , 2006, 『デリダ——きたるべき痕跡の記憶』白水社.

広島・長崎の証言の会編 , 1975, 『広島・長崎 30 年の証言(上)』未来社 .

Hobsbawm, Eric, J. and Terence Ranger eds., 1983, *The Invention of Tradition*, Cambridge:
　　Cambridge University Press. (= 1992, 前川啓治・梶原景昭訳『創られた伝統』紀
　　伊國屋書店.)

堀川三郎 , 1994, 「地域社会の再生としての町並み保存—小樽市再開発地区をめぐる運
　　動と行政の論理構築過程」社会運動論研究会編『社会運動の現代的位相』成文堂 ,
　　95-143.

―――, 1998, 「歴史的環境保存と地域再生—町並み保存における『場所性』の争点化」
　　舩橋晴俊・飯島伸子編『環境』東京大学出版会 , 103-32.

―――, 2010, 「場所と空間の社会学—都市空間の保存運動は何を意味するのか」『社会
　　学評論』60(4): 517-34.

―――, 2014,『歴史的環境保存の社会学的研究――保存運動の論理と変化の制御』慶應義塾大学大学院社会学研究科 2014 年度博士論文.

細見和之, 2009,「記憶のエコノミーに抗して――映画『ショワー』とワルシャワ・ゲットー」笠原・寺田編『記憶表現論』昭和堂, 25-61.

今田斐男, 1999,『核廃絶は我らが誓い』耕文社.

今井信雄, 2013,「震災を忘れているのは誰か―被災遺物の保存の社会学」『フォーラム現代社会学』12: 98-103.

石田忠, 1973,「反原爆の〈立場〉―福田須磨子さんの戦後史」同編『反原爆――長崎被爆者の生活史』未来社, 15-151.

―――, 1986a,『原爆体験の思想化――反原爆論集Ⅰ』未来社.

―――, 1986b,『原爆被害者援護法――反原爆論集Ⅱ』未来社.

石田忠編, 1973,『反原爆――長崎被爆者の生活史』未来社.

―――編, 1974,『続・反原爆――長崎被爆者の生活史』未来社.

石丸紀興編, 1983,『長崎市の戦災復興計画と事業――いくつかの談話と資料等による記録』.

石崎尚, 2013,「北村西望と平和祈念像」『引込線 2013 essays』引込線実行委員会, 39-59.

岩松繁俊, 1998,『戦争責任と核廃絶』三一書房.

Jacobs, Janet, 2014, "Site of Terror and the Role of Memory in Shaping Identity Among First Generation Descendants of Holocaust," *Qualitative Sociology*, 37: 27-42.

Jankélévitch, Vladimir, 1994, *Penser la mort ?*, Paris: Liana Levi.（=1995, 原章二訳『死とは何か』青弓社.）

Jordan, Jennifer, A., 2006, *Structures of Memory: Understanding Urban Change in Berlin and Beyond*, California: Stanford University Press.

―――, 2010, "Landscapes of European Memory: Biodiversity and Collective Remembrance," *History and Memory*, 22(2): 5-33.

門野理栄子, 2005,「〈親の背中〉が語る時―沖縄反戦地主二世にみる平和の継承」『ソシオロジ』50(2): 19-35.

鎌田定夫, 1972,「原爆復元の論理と課題―長崎における原爆復元運動の歩みから」長崎市山里浜口地区復元の会・高谷重治『爆心の丘にて――山里浜口地区原爆戦災誌』長崎の証言刊行委員会, 327-74.

―――, 1976,「歴史の証言から歴史の変革へ―「長崎の証言」運動とその周辺」『広島・長崎の証言（下）』未来社, 133-49.

―――, 1996,「長崎原爆資料館の加害展示問題」『季刊 戦争責任研究』14: 22-31.

―――, 1997,「原爆資料館で何を学ぶのか―長崎原爆資料館の加害展示論争から」『歴史地理教育』562: 62-7.

金子淳, 2001,『博物館の政治学』青弓社.

―――, 2006,「戦争資料のリアリティ―モノを媒介とした戦争体験の継承をめぐって」倉沢愛子・杉原達・成田龍一・テッサ・モーリス-スズキ・油井大三郎・吉田裕編『岩波講座 アジア・太平洋戦争6――日常生活の中の総力戦』岩波書店 , 327-52.

笠原一人 , 2009,「記憶のアクチュアリティへ」笠原・寺田編『記憶表現論』昭和堂 , 7-24.

笠原一人・寺田匡宏編 , 2009,『記憶表現論』昭和堂.

川合隆男 , 1975,「原爆被災の社会的影響と生活構造」『社会的成層の研究――現代社会と不平等構造』世界書院 , 261-336.

川合隆男・原田勝弘・田中直樹 , 1969a,「原爆被爆者の社会生活の変化（一）」『法学研究』42(9): 48-92.

―――, 1969b,「原爆被爆者の社会生活の変化（二・完）」『法学研究』42(10): 26-58.

Kestnbaum, Meyer, 2005,"Mars Revealed: The Entry of Ordinary People into War among States,"Adams, Julia , Elisabeth Clemens and Ann Shola Orloff eds. *Remaking Modernity: Politics, History and Sociology,* Durham: Duke University Press, 249-264.

木村博 , 2008a,「長崎被爆遺構とその痕跡をめぐる問い―レヴィナスにおける『イリヤ』との連関で」『平和文化研究』（長崎平和文化研究所）29: 65-80,.

―――, 2008b,「景観倫理と景観責任――長崎・被爆遺構から考える」岩佐茂編『環境問題と環境思想』創風社 , 169-95.

―――, 2010,「〈未来の痕跡〉をめぐる問い―長崎・被爆遺構の思想化へ向けて」『平和文化研究』（長崎平和文化研究所）30/31: 62-76.

木永勝也 , 2005,「新興善小学校（救護所跡）の解体をめぐって―長崎における最後の大型被爆遺構消失の過程とその背景」『平和文化研究』（長崎平和文化研究所）27: 153-205.

北村西望 , 1983,『百歳のかたつむり』日本経済新聞社.

北村毅 , 2006,「〈戦争〉と〈平和〉の語られ方―〈平和ガイド〉による沖縄戦の語りを事例として」『人間科学研究』19 (2): 55-73.

公益財団法人 長崎平和推進協会編 , 2015,『ピーストーク きみたちにつたえたいX くり返すまい ナガサキの体験――第2巻』公益財団法人 長崎平和推進協会.

―――編 , 2017a,『2017 ピース・ウィング長崎 平和のあゆみ』.

―――編 , 2017b,『ピース・ウイング長崎 会報 へいわ』156.

高校生1万人署名活動実行委員会・長崎新聞社編集局報道部 , 2003,『高校生一万人署名活動』長崎新聞社.

―――, 2005,『ピース！ PEACE ！』長崎新聞社.

高校生1万人署名活動実行委員会監修 , 2007,『高校生平和大使――ビリョクだけどムリョクじゃない！』長崎新聞社.

―――, 2008,『私たちにできること』長崎新聞社.

―――, 2009,『今伝えたい被爆者の心』長崎新聞社.

―――, 2011,『高校生一万人署名活動2』長崎新聞社.

久保良敏, 1952,「廣島被爆直後の人間行動の研究―原子爆彈, 原子力の社会心理学的研究Ⅰ」『心理學研究』22(2): 27-34.

Kubo, Yoshitoshi, 1961,"Data about the Suffering and Opinion of the A-bomb Sufferers," *Psychologia*: 4 (1): 56-9.

栗原淑江, 1995,『被爆者たちの戦後50年』岩波書店.

児玉克哉, 1995,『世紀を超えて――爆心地復元とヒロシマの思想』中国新聞社.

Lahire, Bernard, 1998, *L'Homme Pluriel: Les ressorts de l'action*, Paris: Nathan.（=2013, 鈴木智之訳『複数的人間』法政大学出版局.）

Lifton, Robert, J., 1968, *Death in Life: Survivors of Hiroshima*, New York: Random House.（=2009, 桝井迪夫・湯浅信之ほか訳『ヒロシマを生き抜く――精神史的考察（上・下）』岩波書店.）

McAdam, Doug, 1989,"The Biographical Consequences of Activism," *American Sociological Review*, 54: 744-60.

McAdam, Doug and Ronnelle Paulsen, 1993,"Specifying the Relationship between Social Ties and Activism," *American Journal of Sociology*, 99(3): 640-67.

毎日新聞西部本社編, [1965]1994,『激動二十年――長崎県の戦後史』葦書房.

松田素二, 1996,「変奏する二つの記憶―韓国人元三菱徴用工被爆者の戦争の語り」『インパクション』99: 55-61.

松永幸子, 2012,「被爆地による平和教育の取り組み―（公財）長崎平和推進協会の活動を中心に」『埼玉学園大学紀要（人間学部篇）』12: 101-12.

松井理恵, 2008,「韓国における日本式家屋保全の論理―歴史的環境の創出と地域形成」『年報社会学論集』21: 119-30.

松尾浩一郎, 2013,「爆心地復元調査が描いたコミュニティ―湯崎稔と集団参与評価法」浜・有末・竹村編『被爆者調査を読む』慶應義塾大学出版会, 103-130.

宮地尚子, 2007,『環状島＝トラウマの地政学』みすず書房.

―――, 2013,『トラウマ』岩波書店.

宮本佳明, 2009,「環境ノイズエレメント―記憶の複層域としての都市」笠原・寺田編『記憶表現論』昭和堂, 197-247.

宮本結佳, 2008,「集合的記憶の形成を通じた住民による文化景観創造活動の展開―香川県直島を事例として」『環境社会学研究』14: 202-18.

―――, 2012,「住民の認識転換を通じた地域表象の創出過程―香川県直島におけるアートプロジェクトを事例にして」『社会学評論』63(3): 391-407.

百瀬宏, 2005,「『被爆国』意識の陥穽」『国際関係研究所報』40: 1-9.

森久聡, 2008,「地域政治における空間の刷新と存続——福山市・鞆の浦『鞆港保存問題』に関する空間と政治のモノグラフ」『社会学評論』59(2): 349-68.

———, 2016,『〈鞆の浦〉の歴史保存とまちづくり——環境と記憶のローカル・ポリティクス』新曜社.

Morris-Suzuki, Tessa, 2005, *The Past Within Us: Media, Memory, History*, London: Verso.（=2004, 田代泰子訳『過去は死なない——メディア・記憶・歴史』岩波書店.）

長崎国際観光コンベンション協会, 2011,『長崎さるく さるくコースマップ浦上界隈——被爆校舎で耳をすませば～原爆落下中心地から城山小学校へ』.

長崎の原爆遺構を記録する会編, 2005,『〈新版〉原爆遺構 長崎の記憶』海鳥社.

長崎の証言の会編, 1973,『長崎の証言 第5集』.

———, 1981,『季刊 長崎の証言 第11集』.

———, 2004,『証言——ヒロシマ・ナガサキの声2004（第18集）』汐文社.

長崎市, 1975,『昭和45年度～昭和49年度 原爆被災復元調査事業報告書』.

———, 1980,『原爆被災復元調査事業報告書』.

———, 1989,『長崎国際文化会館（原爆資料センター）案内』長崎市.

———, 1992,『長崎国際文化会館の建替えに係る基本構想及び基本計画』長崎市.

———, 1996,『長崎被爆50周年事業 被爆建造物等の記録』長崎市.

———, 2009,『原爆被爆者動態調査事業報告書』.

長崎市編, 1991,『ナガサキは語りつぐ——長崎原爆戦災誌』岩波書店.

長崎市原爆被爆対策部編, 1996,『長崎原爆被爆50年史』長崎市原爆対策部.

長崎市原爆被爆対策部調査課, 2006,『平成18年版 原爆被爆者対策事業概要』長崎市原爆被爆対策部調査課.

長崎市議会編, 1995,『長崎市議会史 記述編 第1巻』長崎市議会.

———, 1996,『長崎市議会史 記述編 第2巻』長崎市議会.

———, 1997,『長崎市議会史 記述編 第3巻』長崎市議会.

長崎市被爆継承課編, 2016,『長崎原爆遺跡調査報告書（Ⅰ）』長崎市原爆被爆対策部被爆継承課.

長崎市市民局原爆被爆対策部調査課, 2013,『平成25年版 原爆被爆者対策事業概要』長崎市市民局原爆被爆対策部調査課.

長崎市史編さん委員会編, 2013,『新長崎市史 第四巻現代編』長崎市.

長崎市役所編, 1979,『長崎原爆戦災誌 第二巻 地域編』長崎国際文化会館.

長崎市役所総務部調査統計課編, 1959,『長崎市制六十五年史（後編）』長崎市役所総務部調査統計課.

長崎市山里浜口地区復元の会・高谷重治, 1972,『爆心の丘にて——山里浜口地区原爆戦災誌』長崎の証言刊行委員会.

永田信孝, 1999,『新・ながさき風土記——地図と数字でみる長崎いまむかし』長崎出

島文庫.

中村政則, 2007,「〈極限状況〉に置かれた者の語り—ナガサキの被爆者の場合」『日本オーラル・ヒストリー研究』3: 11-31.

中野清一, 1954,「原爆影響の社会学的調査」『原爆と広島』.

中筋直哉, 2000,「〈社会の記憶〉としての墓・霊園—『死者たち』はどう扱われてきたか」片桐新自編『シリーズ環境社会学3　歴史的環境の社会学』新曜社, 222-44.

中澤正夫, 2007,『ヒバクシャの心の傷を追って』岩波書店.

直野章子, 2004,『原爆の絵と出会う』岩波書店.

———, 2009,「被爆を語る言葉の隙間—〈被爆者〉の誕生と「被爆体験記」の始まりから」『フォーラム現代社会学』8: 13-30.

———, 2010,「ヒロシマの記憶風景—国民の創作と不気味な時間」『社会学評論』60(4): 500-16.

———, 2013,「原爆被害者と〈戦後日本〉—意識の形成から反原爆へ」安田常雄ほか編『戦後日本社会の歴史4　社会の境界を生きる人びと——戦後日本の縁』岩波書店, 221-47.

———, 2015,『原爆体験と戦後日本——記憶の形成と継承』岩波書店.

根本雅也, 2015,「証言者になること—広島における原爆被爆者の証言活動のメカニズム」『日本オーラル・ヒストリー研究』11: 173-92.

西村明, 2006,『戦後日本と戦争死者慰霊——シズメとフルイのダイナミズム』有志舎.

新田光子編, 2009,『戦争と家族——広島原爆被害研究』昭和堂.

NGO 被爆問題国際シンポジウム長崎準備委員会・長崎報告作成専門委員会編, 1977,『長崎原爆被害総合報告・1977 原爆被害者の実相——長崎レポート』NGO 被爆問題国際シンポジウム長崎準備委員会.

野上元, 2006,『戦争体験の社会学——「兵士」という文体』弘文堂.

———, 2008,「地域社会と「戦争の記憶」—「戦争体験記」と「オーラル・ヒストリー」」『フォーラム現代社会学』7: 62-71.

———, 2011,「テーマ別研究動向（戦争・記憶・メディア）—課題設定の時代被拘束性を越えられるか？」『社会学評論』62(2): 236-46.

Nora, Pierre, 1984, "Entre Mémoire et Histoire: La problématique des lieux," Pierre Nora ed., *Les lieux de mémoire, Volume 1*, Paris: Gallimard.（=2002, 長井伸仁訳「記憶と歴史のはざまに」『記憶の場Ⅰ』岩波書店.）

小川伸彦, 2002,「モノと保存の記憶」荻野昌弘編『文化遺産の社会学——ルーヴル美術館から原爆ドームまで』新曜社, 34-70.

荻野昌弘, 2001,「負の歴史的遺産の保存—戦争・核・公害の記憶」片桐新自編『歴史的環境の社会学』新曜社, 199-220.

———, 2002,「文化遺産への社会学的アプローチ」荻野昌弘編『文化遺産の社会学——

ルーヴル美術館から原爆ドームまで』新曜社, 1-33.

小倉康嗣, 2013,「被爆体験をめぐる調査表現とポジショナリティ—なんのために, どのように表現するのか」浜・有末・竹村編『被爆調査を読む——ヒロシマ・ナガサキの継承』慶應義塾大学出版会, 207-54.

奥田博子, 2010,『原爆の記憶——ヒロシマ／ナガサキの思想』慶應義塾大学出版会.

Olick, Jeffrey, K., 1999,"Collective Memory: The Two Cultures,"*Sociological Theory*, 17(3): 333-48.

———, 2007a, " 'Collective memory': A memoir and prospect," *Memory Studies*, 1(1): 19-25.

———, 2007b, *The Politics of Regret: On Collective Memory and Historical Responsibility*, New York: Routledge.

———, 2008,"From Collective Memory to the Sociology of Mnemonic Practices and Products,"Astrid Erll and Ansgar Nunning ed., *Cultural Memory Studies: An International and Interdisciplinary Handbook*, Berlin, New York: Walter de Gruyter, 151-61.

Olick, Jeffrey, K., and Daniel Levy, 1997, "Collective Memory and Cultural Constraint: Holocaust Myth and Rationality in German Politics," *American Sociological Review*, 62(6): 924-36.

Olick, Jeffrey, K. and Joyce Robbins, 1998, "Social Memory Studies: From 'Collective Memory' to the Historical Sociology of Mnemonic Practices," *Annual Review of Sociology* 24: 105-40.

Olick, Jeffrey, K., Vered Vinitzky-Seroussi, and Daniel Levy eds., 2011, *The Collective Memory Reader*, New York: Oxford University Press.

大平晃久, 2015,「長崎平和公園の成立—場所の系譜の諸断片」『長崎大学教育学部社会科学論叢』77: 15-28.

大野道邦, 2000,「記憶の社会学—アルヴァックスの集合的記憶論をめぐって」『神戸大学文学部紀要』27: 165-184.

———, 2011,『可能性としての文化社会学——カルチュラル・ターンとディシプリン』世界思想社.

大塚茂樹, 2016,『原爆にも部落差別にも負けなかった人びと——広島・小さな町の戦後史』かもがわ出版.

大藪寿一, 1968a,「『原爆スラム』調査レポート」『雄飛』31-41.

———, 1968b,「原爆スラムの実態（上）」『ソシオロジ』14(3): 1-58.

———, 1969,「原爆スラムの実態（下）」『ソシオロジ』15(1): 84-104.

Opp, James and John C. Walsh, 2010,"Local Acts of Placing and Remembering,"Opp, James and John C. Walsh eds., *Placing Memory and Remembering Place in Canada*, Canada: UBC Press, 3-21.

Orr, James, J., 2001, *The Victim as Hero: Ideologies of Peace and National Identity in Post*

War Japan, Hawaii: University of Hawai'i Press.

Ricoeur, Paul, 2000, *La Mémorie L'Historie, L'Oubli*, Paris: Seuil.（=2005, 久米博訳『記憶・歴史・忘却（下）』新曜社.）

桜井厚 , 2002,『インタビューの社会学——ライフストーリーの聞き方』せりか書房.

———, 2008,「語り継ぐとは」桜井・山田・藤井編『過去を忘れない—語り継ぐ経験の社会学』せりか書房 , 5-17.

———, 2012,『ライフストーリー論』弘文堂.

桜井厚・小林多寿子 , 2005,『ライフストーリー・インタビュー——質的研究入門』せりか書房.

桜井厚・藤井泰・山田富秋編 , 2008,『過去を忘れない——語り継ぐ経験の社会学』せりか書房.

Saito, Hiro, 2006,"Reiterated Commemoration: Hiroshima as National Trauma,"*Sociological Theory*, 24(4): 353–76.

澤田愛子 , 2010,『原爆被爆者三世代の証言長崎・広島の悲劇を乗り越えて』創元社.

澤井敦 , 2005,『死と死別の社会学——社会理論からの接近』青弓社.

盛山和夫 , 2004,『社会調査法入門』有斐閣.

関沢まゆみ編 , 2010,『戦争記憶論——忘却、変容そして継承』昭和堂.

仙波希望 , 2016,「『平和都市』の『原爆スラム』——戦後広島復興期における相生通りの生成と消滅に着目して」『日本都市社会学年報』34: 124-42.

四條知恵 , 2015,『浦上の原爆の語り——永井隆からローマ教皇へ』未来社.

島川崇 , 2012,「被災災禍の観光資源としての保存過程における住民意思の変化と首長・議会の役割—広島・原爆ドームを事例に」『日本国際観光学会論文集』19: 27-31.

志水清・湯崎稔編 , 1969,『原爆爆心地』日本放送出版協会.

下田平裕身 , 1979,「企業と原爆——三菱長崎製鋼所の原爆死亡者調査から」『経済と経済学』42, 71-137.

———, 2006,「〈書き散らかされたもの〉が描く軌跡」『信州大学経済学論集』54: 1-85.

品川登 , 1998,「何故に撤去されたのか—旧浦上天主堂の被爆遺跡」『季刊 長崎人』19: 4-9, 長崎人文社.

新木武志 , 2003,「長崎における原爆の表象と「浦上」の記憶」『歴史評論』639: 64-80.

———, 2004,「利用／乱用される被爆の記憶」『原爆文学研究』3: 28-42.

———, 2015,「長崎の戦災復興事業と平和祈念像建設—長崎の経済界と原爆被災者」『原爆文学研究』14: 181-204 .

新興善小学校百周年記念誌編集部 , 1974,『興善小学校・新町小学校・新興善小学校百周年記念誌』新興善小学校百周年記念事業協賛会.

新興善小学校育成会 , 1996,『被爆五十周年慰霊集会記念誌』.

白井秀雄編 , 1983a,『原爆前後（上）』朝日新聞社.

―――, 1983b,『原爆前後（下）』朝日新聞社.

調来助編, 1972,『長崎 爆心地復元の記録』日本放送出版会.

添田仁, 2008,「幕末・維新期にみる長崎港市社会の実像」『民衆史研究』76: 21-37.

Stein, Arlene, 2009, "Trauma and Origins: Post-Holocaust Genealogists and the Work of Memory," *Qualitative Sociology*, 32: 293-309.

Stiegler, Bernard, 2004, *Philosopher par Accident*, Galilée.（=2009, 浅井幸夫訳『偶有からの哲学――技術と記憶と意識の話』新評論.）

末廣眞由美, 2008,「長崎平和公園―慰霊と平和祈念のはざまで」木下直之ほか編『死生学4――死と死後をめぐるイメージと文化』東京大学出版会, 199-232.

杉本亀吉, 1972,『原子雲の下に』杉本亀吉.

隅谷三喜男, 1968,「被爆問題の原点と現実」『世界』273: 109-17.

鈴木智之, 2007,「継承と和解―池上永一『ぼくのキャノン』に見る『沖縄戦の記憶』の現在」『社会志林』1-18.

高原至・横手一彦編, 2010,『長崎 旧浦上天主堂 1945―58――失われた被爆遺産』岩波書店.

高橋眞司, 1994,『長崎にあって哲学する――核時代の生と死』北樹出版.

―――, 2001,「『祈りの長崎』批判――『劣等被爆都市』から『平和の祈り』」『世界』692: 75-82.

―――, 2004,『続・長崎にあって哲学する――原爆死から平和責任へ』北樹出版.

高瀬毅, 2009,『ナガサキ 消えたもう一つの「原爆ドーム」』平凡社.

高山真, 2008,「原爆の記憶を継承する――長崎における『語り部』運動から」桜井厚・山田富秋・藤井泰編『過去を忘れない――語り継ぐ経験の社会学』せりか書房, 35-52.

―――, 2013,「『長崎』をめぐる記憶の回路―『企業と原爆』調査の検討を中心に」浜・有末・竹村編『被爆者調査を読む』慶應義塾大学出版会, 77-101.

―――, 2014,「博士論文『原爆被災の記憶』について」若手による原爆体験研究発表会・於 慶應義塾大学.

―――, 2016,『〈被爆者〉になる――変容する〈わたし〉のライフストーリー・インタビュー』せりか書房.

竹村英樹, 2013,「中鉢正美『生活構造論』の展開と二つの『被爆者生活史調査』」浜・有末・竹村編『被爆者調査を読む』慶應義塾大学出版会, 35-76.

玉野和志, 1997,「都市社会運動と生きられた空間―生活史調査の知見から」『流通経済大学社会学部論叢』7(2): 71-107.

―――, 2005,『東京のローカル・コミュニティ――ある町の物語一九〇〇―八〇』東京大学出版会.

田中俊廣, 2009,「長崎の原爆文学―思想的深化への時間」高橋眞司ほか編『ナガサキ

から平和学する！』法律文化社, 77-92.

寺沢京子, 2011,「〈生の中の死〉と〈死の中の生〉―リフトンの Death in Life と被爆者の思い」『21 世紀倫理創成研究』4: 68-84.

近沢敬一, 1972,「第3回山口県在住原爆者実態調査報告2」『福岡大学人文論叢』3(4): 1019-53.

―――, 1978,「山口県在住被爆者と福岡県在住被爆者との比較」『福岡大学人文論叢』10(1): 39-69.

―――, 1979,「福岡県在住被爆者調査報告2　男子と女子との比較」『福岡大学人文論叢』10(4): 1215-27.

近沢敬一・船津衛・山口弘光, 1969,「第二回 山口県原爆被爆者実態調査1」『山口大学文学会誌』20(1): 1-10.

―――, 1971,「第3回山口県原爆被害者実態調査報告」『福岡大学人文論叢』2(4): 871-925.

徳久美生子, 2013,「被爆1世の沈黙の意味と抵抗―J. バトラーの『自己に関する説明』を手がかりに」『年報社会学論集』26: 147-58.

冨永佐登美, 2012,「非体験者による被爆をめぐる語りの課題と可能性―平和案内人の実践を手がかりに」『文化環境研究』6: 16-25.

浦上小教区編, 1983,『神の家族400年――浦上小教区沿革史』浦上カトリック教会.

Urry, John, 1990, *The Tourist Gaze: Leisure and Travel in Contemporary Societies*, London: Sage.（=1995, 加太宏邦訳『観光のまなざし――現代社会におけるレジャーと旅行』法政大学出版局.）

内田伯, 1999,「城山小学校平和祈念館の開設を語る」長崎の証言の会編『証言1999 第13集』213-23.

若林幹夫, 2009,『増補 地図の想像力』河出書房新社.

Warner, Lloyd, W., 1959, *The Living and the Dead: A Study of the Symbolic Life of Americans*, New Haven: Yale University Press.

八木良広, 2008,「被爆者の現実をいかに認識するか？―体験者と非体験者の間の境界線をめぐって」浜日出夫編『戦後日本における市民意識の形成――戦争体験の世代間継承』慶應義塾大学出版会, 159-86.

―――, 2012,「戦後日本社会における被爆者の『生きられた経験』―ライフストーリー研究の見地から」慶應義塾大学大学院社会学研究科社会学専攻2011年度博士論文.

―――, 2013,「原爆問題と被爆者の人生に関する研究の可能性―R. J. リフトンのヒロシマ研究とそれに対するさまざまな反応をめぐって」浜日出夫・有末賢・竹村英樹編『被爆者調査を読む――ヒロシマ・ナガサキの継承』慶應義塾大学出版会, 151-76.

山川剛, 2014,『私の平和教育覚書』長崎文献社.

山手茂 , 1967,「原爆災害の社会学的研究―その方法論的一試論」『経済と社会』2: 1-16.

山本武利 , 2000,『紙芝居――街角のメディア』吉川弘文館.

矢内保夫 , 1961,「長崎の復興事業」『新都市』15(11)（再録：石丸紀興編 , 1983,『長崎市の戦災復興計画と事業――いくつかの談話と資料等による記録』: 55-60）.

横田信行 , 2008,『赦し 長崎市長本島等伝』にんげん出版.

横手一彦 , 2010a,「はじめに」高原至・横手一彦・バークガフニ , ブライアン『長崎旧浦上天主堂 1945―58――失われた被爆遺産』岩波書店 , ⅱ - ⅶ.

―――, 2010b,「解説」高原至ほか『長崎 旧浦上天主堂 1945―58――失われた被爆遺産』岩波書店 , 66-92.

横手一彦編・解題 , 2011,「旧浦上天主堂被爆遺構の存廃に関する公的な議論」『平和文化研究所』32: 54-86.

米山圭三 , 1964,「被爆地広島にみる社会変動」『法学研究』37(12): 57-97.

米山圭三・川合隆男 , 1965a,「原爆と社会変動（一）」『法学研究』38(9): 1-53.

―――, 1965b,「原爆と社会変動（二・完）」『法学研究』38(10): 33-76.

米山圭三・川合隆男・原田勝弘 , 1968,「原爆被爆とその後の社会生活」『法学研究』41(3): 23-88.

ヨネヤマ・リサ , 1996,「記憶の弁証法――広島」『思想』866: 5-29.

―――, 1998,「記憶の未来化について」小森陽一・高橋哲哉ほか編『ナショナル・ヒストリーを超えて』東京大学出版会 , 231-48.

Yoneyama, Lisa, 1999, *Hiroshima Traces: Time, Space, and the Dialectics of Memory*, Berkeley: University of California Press. (=2005, 小沢弘明ほか訳『広島 記憶のポリティクス』岩波書店.）

好井裕明 , 2007,「ヒロシマの放置・ヒロシマの忘却を告発する映像と言葉――ヒロシマドキュメンタリーの解読①」山岸健ほか編『社会学の饗宴Ⅱ 逍遥する記憶――旅と里程標』三和書籍 , 391-412.

好井裕明・三浦耕吉郎編 , 2004,『社会学的フィールドワーク』世界思想社.

湯崎稔 , 1975,「原爆被災復元調査の中から――人間の復権をめざして」広島・長崎の証言の会編『広島・長崎 30 年の証言（下）』未来社 , 287-98.

―――, 1978,「広島における被爆の実相」『歴史学評論』336, 12-28.（再録：1995, 児玉克哉編『世紀を超えて――爆心地復元運動とヒロシマの思想』中国新聞社 , 37-58.）

長崎市の被爆建造物等ランク付一覧表

2012 年 1 月 4 日

全ランクの合計（128 件）＝ A ランク（30 件）＋ B ランク（24 件）＋ C ランク（15 件）＋ D ランク（59 件）

A ランク（30 件）

No	名称	被爆距離	所有者 (管理者)	備考
	建築物（1 件）			
1	城山国民学校	0.5km	市	平成 10 年度年度施工済
	工作物・橋梁等（15 件）			
2	浜口町火の見櫓	0.3km	市	
3	浦上天主堂遺壁	0.5km	市	平成 11 年 4 月追加, 平成 12 年度施工済
4	浦上天主堂石垣	0.5km	浦上教会	平成 11 年度施工済
5	浦上天主堂鐘楼	0.5km	浦上教会	
6	大橋橋塔	0.5km	市	平成 11 年 4 月追加
7	長崎医科大学門柱	0.6km	長崎大学	
8	山里国民学校防空壕	0.7km	市	平成 12 年度施工済
9	山里国民学校裏門門柱	0.7km	市	平成 11 年 4 月追加
10	瓊浦中学校の貯水タンク	0.8km	市	
11	三菱製鋼所鉄骨アングル	0.8km	市	平成 11 年 4 月追加
12	山王神社二の鳥居	0.8km	山王神社	平成 11 年度施工済
13	三菱製鋼所事務所のらせん階段	1.1km	市	平成 11 年 4 月追加
14	淵国民学校遺壁	1.2km	市	平成 11 年 4 月追加
15	穴弘法奥の院の石仏	1.2km	霊泉寺	
16	銭座国民学校階段	1.5km	市	平成 11 年 4 月追加
	植物（14 件）			
17	城山国民学校カラスザンショウ	0.5km	市	
18	山王神社大クス	0.8km	山王神社	平成 10 年度施工済
19	竹の久保町引地クニ宅柿の木	0.8km	個人所有	
20	若草町諫山浩司宅柿の木	0.9km	個人所有	
21	江里町山下宅カシの木	1.0km	個人所有	
22	原爆資料館淀川ツツジ・五葉松	1.1km	市	
23	油木町池田宅カシの木他	1.1km	個人所有	
24	浦上第一病院タイサンボク	1.4km	聖フランシスコ病院	
25	淵町鳥嶋宅カシの木	1.6km	個人所有	
26	三原町野口宅柿の木	1.7km	個人所有	
27	大手町井手宅柿の木	1.9km	個人所有	
28	御船蔵町川口弥音慈宅ザクロの木	2.0km	個人所有	
29	若竹町森田隆宅柿の木	2.3km	個人所有	
30	西北町開稔宅柿・カシの木	2.8km	個人所有	

付録

Bランク（24件）

No	名称	被爆距離	所有者(管理者)	備考
	建築物（3件）			
1	~~鎮西学院中学校~~	~~0.5km~~	~~活水学院~~	平成23年9月解体滅失
1	三菱造船船型試験場	1.6km	三菱重工業	
2	中町協会	2.6km	中町教会	
3	長崎医科大学の配電室	0.5km	長崎大学	平成15年3月追加
	工作物・橋梁等（14件）			
4	浜口町電停の石垣	0.4km	国	
5	ベアトス様の墓	0.7km	浦上教会	
6	東家の墓地	0.8km	個人所有	
7	田川家の墓地	0.8km	寺の郷墓地管理協会	
8	淵国民学校旧体育館遺壁	1.2km	市	平成11年4月追加
9	淵国民学校玄関の石柱	1.2km	市	平成11年4月追加
10	三菱兵器大橋工場標柱	1.2km	長崎大学（教養部）	
11	聖徳寺石碑	1.3km	聖徳寺	
12	照圓寺門柱	1.4km	照圓寺	
13	杉本家のレンガ塀	1.4km	個人所有	
14	淵神社鳥居，石灯籠	1.7km	淵神社	
15	弁財神社鳥居	2.2km	曙町自治会	
16	三菱兵器住吉トンネル工場	2.3km	一部　個人所有，平田工業所	
17	長崎県防空本部（立山防空壕）	2.7km	国	
	植物（7件）			
18	城山国民学校二股クス	0.5km	市	
19	竹の久保町引地政則宅カシの木	0.8km	個人所有	
20	瓊浦中学校クスの木	0.8km	長崎西高等学校	
21	淵神社のクスの木	1.7km	淵神社	
22	稲佐国民学校クスの木	2.0km	市	
23	福済寺のソテツ	2.4km	福済寺	
24	長崎医科大学付属病院のクスの木	0.7km	長崎大学	平成15年3月追加

Cランク（15件）

No	名称	被爆距離	所有者(管理者)	備考
	建築物（3件）			
1	悟真寺竜宮門	2.4km	悟真寺	
2	日通元船町倉庫	2.8km	日本通運	
3	~~料亭　松亭~~	~~3.9km~~	~~松田興産㈲~~	滅失
3	大浦天主堂	4.4km	カトリック長崎大司教区	
4	~~戸町国民学校~~	~~5.8km~~	~~市~~	
	工作物・橋梁等（4件）			

241

4	鎮西公園石碑	0.5km	市	
5	常清高等実践女学校赤レンガ塀	0.6km	信愛幼稚園	
6	住吉神社鳥居、狛犬	2.1km	住吉神社奉賛会	
7	中町教会石垣	2.6km	中町教会	
	植物（8件）			
8	鎮西学院裏のクスの木	0.5km	活水中学	
9	家野町井手宅マキの木	1.5km	個人所有	
10	音無町岸川宅柿の木	1.6km	個人所有	
11	淵町橋田宅椿の木	1.6km	個人所有	
12	住吉神社のクスの木	2.1km	住吉神社奉賛会	
13	曙町吉村宅榎の木	2.3km	個人所有	
14	三川町山本宅柿の木	3.0km	個人所有	
15	滑石1丁目大井手川クスの木	3.8km	県	

Dランク（59件）

No	名称	被爆距離	所有者(管理者)	備考
	建築物（26件）			
1	聖福寺	2.6km	聖福寺	
2	長崎経済専門学校（瓊林会館）	2.8km	文部省	
3	上長崎国民学校	2.8km	市	平成24年1月解体滅失
3	料亭　冨貴楼	2.9km	冨貴楼	
4	長崎無尽会社	3.3km	長崎銀行	
5	長崎警察署	3.3km	県	
6	興福寺	3.4km	興福寺	
7	料亭　一力	3.5km	一力	
8	海江田病院	3.6km	海江田病院	平成10年3月解体滅失
8	内外倶楽部	3.6km	市	
9	日本生命長崎支社（印刷会館）	3.6km	県印刷組合	
10	みのり園	3.9km	社会福祉法人みのり会	
11	崇福寺	4.0km	崇福寺	
12	英国領事館	4.0km	市	
13	料亭　青柳	4.0km	青柳	
14	料亭　春海	4.0km	春海	
15	料亭　花月	4.1km	花月、史跡保存会	
16	活水高等女学校	4.1km	活水学院	
17	福建会館	4.1km	四会楼	
18	長崎木装本社	4.1km	長崎木装本社	平成11年5月解体滅失
18	宝製鋼	4.3km	宝製鋼	
19	北大浦国民学校	4.5km	市	
20	グラバー邸	4.5km	市	
21	リンガー邸	4.6km	市	
22	オルト邸	4.6km	市	
23	杠葉病院別館	4.6km	杠葉病院	
24	聖マリア園	4.7km	聖マリア園	
25	小島国民学校	4.7km	市	
26	浪の平国民学校	4.8km	市	平成23年2月解体滅失
26	小菅修船場建物	5.2km	三菱重工	

	工作物・橋梁等（30件）			
27	坂本町国際墓地道路手摺	1.0km	市	戦後の工作物であることが判明
27	金刀比羅神鳥居	2.2km	金刀比羅神社	
28	大波止鉄砲玉	3.2km	市	
29	八幡神社鳥居	3.3km	個人所有	
30	三菱長崎造船所クレーン	3.5km	三菱重工	
31	古川町天満宮鳥居	3.5km	東古川親和会	
32	水神神社鳥居	3.9km	水神神社	平成7年12月解体滅失
32	水神神社二の鳥居	4.0km	水神神社	
33	英彦山の鳥居	4.4km	豊前坊飯盛神社奉賛会	
34	東立神墓地	4.4km	西立神自治会	
35	妙相寺石門	5.0km	妙相寺	
36	小菅修船場（ソロバンドック）	5.2km	三菱重工	
37	戸町トンネル（工場）	5.3km	建設省	
38	日見トンネル（工場）	5.8km	建設省	
39	紅葉橋	2.2km	市	
40	鎮西橋	3.1km	県	
41	桃渓橋	3.2km	市	
42	袋橋	3.3km	市	
43	眼鏡橋	3.3km	市	
44	魚市橋	3.3km	市	
45	中之橋	3.4km	建設省	
46	出島橋	3.5km	市	
47	一之橋	3.5km	市	
48	中川橋	3.5km	市	
49	古橋（旧中川橋）	3.5km	市	
50	矢の平橋	3.8km	市	
51	市ノ瀬橋	4.0km	市	
52	森橋	4.1km	市	
53	新玉橋	4.1km	市	
54	彦山橋	4.2km	市	
55	大浦石橋	4.5km	市	
56	愛宕橋	4.9km	市	
	植物（3件）			
57	曙町深井宅柿の木	2.2km	個人所有	
58	悟真寺のクスの木	2.4km	悟真寺	
59	勝山国民学校クロガネモチ	2.9km	市	

（出典）「原爆と防空壕」刊行委員会編（2012：192-5），「第28回長崎市原子爆弾被災資料協議会」
　　配布資料（一部修正した箇所あり）

図表一覧

図序.1　記憶継承の等高線モデル　　11
図 2.1　〈平和公園〉の範囲　　41
図 2.2　長崎原爆資料館ガイドブック表紙　　54
図 2.3　長崎原爆資料館　常設展示平面図　　60
図 3.1　長崎におけるおもな被爆遺構（被爆建造物）　　82
図 4.1　長崎市立図書館 1 階平面図　　123
図 5.1　「長崎の証言の会」の証言集　　133
図 5.2　爆心地復元図　　137
図 5.3　爆心地復元運動の記録　　138
図 6.1　紙芝居　『ひとりぼっち』　　174
図 6.2　紙芝居『じいちゃんその足どげんしたと』　　174
図 7.1　署名用紙　　186

表序.1　現地調査の実施期間　　13
表 3.1　おもな被爆遺構のランクと爆心地からの距離　　83
表 4.1　戦後の新興善小学校校舎利用の変遷　　108

写真序.1　爆心地公園と隣接するホテル　　3
写真 2.1　原爆の爆心地　　42
写真 2.2　原爆落下中心地之標　　42
写真 2.3　現在の原爆落下中心碑　　42
写真 2.4　旧長崎刑務所浦上刑務支所　　43
写真 2.5　平和祈念像　　44
写真 2.6　被爆 50 周年記念事業碑（母子像）　　50
写真 2.7　長崎国際文化会館　　52
写真 2.8　現在の浦上天主堂　　64
写真 2.9　破壊された旧浦上天主堂　　64
写真 2.10　破壊される前の旧浦上天主堂　　65
写真 2.11　爆心地公園に移築された天主堂遺壁　　69
写真 2.12　保存された浦上天主堂鐘楼と聖像　　69
写真 3.1　被爆した山里小学校　　80
写真 3.2　山王神社二の鳥居　　84
写真 3.3　立山防空壕入口と内部　　86
写真 3.4　城山小学校被爆校舎外観　　87
写真 3.5　被爆した城山小学校　　89
写真 3.6　城山小学校平和祈念館（被爆校舎内観）　　99
写真 4.1　被爆した新興善小学校　　104
写真 4.2　新興善小学校　　105
写真 4.3　長崎市立図書館と新興善小学校跡の碑　　105
写真 4.4　救護所メモリアル　　122
写真 4.5　新興善メモリアル　　123
写真 7.1　原子爆弾落下中心地碑を人間の鎖で囲む高校生平和大使ら　　186
写真終.1　三菱兵器住吉トンネル工場跡　　209

人名索引

あ行

青木秀男　29-30, 34
青田光信　138-139
秋月辰一郎　132-135, 139, 143
アスマン，A.　31, 38, 127
阿部亮吾　208
荒川秀男　92, 96-97
アルヴァックス，H.　9, 34-35, 79, 140
アンダーソン，B.　7
石田忠　24-25, 36
伊藤一長　50, 57-59, 98, 111-112
内田伯　89-98, 134-138, 218
江嶋修作　29-30, 34
大藪寿一　28
奥田博子　33
オリック，J. K.　34, 37-38, 79

か行

春日耕夫　29-30, 34
門野理栄子　151
鎌田定夫　132-135, 137-138
川合隆男　26-27
北村西望　45-48
北村毅　150, 180
久保良敏　21-22

さ行

ジェイコブズ，J.　151, 181
志水清　28
下田平裕身　30, 34, 148
ジョーダン，J.　73, 79
調来助　138
スタイン，A.　151
スティグレール，B.　2

た行

高橋眞司　139
高谷重治　134, 138
高山真　32-33

田川務　67-70, 76, 117, 126
デリダ，J.　220
徳久美生子　32
冨永佐登美　151, 180

な行

直野章子　32, 36
中筋直哉　140
中野清一　21-23
根本雅也　32
ノラ，P.　35, 123, 125, 211

は行

浜日出夫　9, 12, 30, 32, 36
濱谷正晴　25-26, 36
原田勝弘　27-28
平田仁胤　150, 180
福間良明　33, 74

ま行

宮地尚子　10
本島等　50, 56-57, 143

や行

山口愛次郎（山口司教）　68-70
湯崎稔　28, 182
米山リサ　3, 31-32, 36, 37, 208

ら行

リフトン，R. J.　3, 8, 23-24, 32, 36, 71

わ行

若林幹夫　140

事項索引

あ行

遺構めぐり　163-165, 192, 212
祈りのゾーン　40-41, 49
慰霊と記念の分離　51-52
慰霊碑　42-43

（旧）浦上天主堂の廃墟　43, 63-66, 74-75, 208
（旧）浦上天主堂廃墟保存をめぐる論争　66-74, 77
（旧）浦上天主堂はなぜ保存できなかったか　72-74
（旧）浦上天主堂の建設　64-66
浦上四番崩れ　65

か行

加害／被害展示論争　55-62
家族・地域　28, 193-199
肩書きへの違和感　160-161
語り方・伝え方への危機意識　146-147
語り継ぎ　1-2, 8
語り部　178
語り部への政治的発言自粛要請（行政による政治規制）　143-145, 212
紙芝居　173-175

記憶空間　2章, 74-75, 208-214
記憶空間のポリティクス　2章
記憶継承の等高線モデル　10-12, 17, 215-220
記憶実践　3, 16, 34-36, 115
記憶／想起　9-10, 79, 100-101
記憶の社会学　79
記憶の場　35, 124, 210-211
聞き取り（インタビュー）調査／質問紙調査　13-14, 17
救護所（長崎医科大学臨時付属病院）／救援活動　2, 104
救護所メモリアル　105, 210
救護所メモリアルの再現展示　121-124
キリスト教（カトリック）　6, 67-74

慶応調査　26-28
継承実践／活動　1, 4, 7-8
継承の担い手　152
原医研調査（爆心地復元調査）　28-29
『原子爆弾被爆者実態調査』（厚生省）　29
原水爆禁止運動　131
現地現物保存　78-79
現地調査　12-14
〈原爆〉　3, 7-12, 16, 1章, 124, 終章
〈原爆〉の記憶研究　30-32, 214
〈原爆〉の社会学研究　1章, 214-217
原爆記憶の継承　7-12, 16, 3章, 4章, 5章, 217-218
原爆スラム　28, 37
原爆と平和　189-190
原爆ドーム　70-72, 77, 208
原爆の記憶　序章, 214-215
原爆の痕跡　208, 213
原爆の被害　5-6
「原爆は原点ではない」　141-142, 212
原爆被災復元運動　133-140
原爆落下中心（地）碑　41-43
原爆落下中心（地）碑の移設問題　50-51, 111-112
現物保存（派）　110-113, 209

校区住民・地元関係者　93-101, 113-120, 126
高校生1万人署名活動　7章, 212-213
高校生1万人署名活動の継承実践　201-206, 213-219
国民的アイデンティティ／規範／被爆ナショナリズム　1, 29, 220

さ行

再現展示派　113-116
さるくガイド　152-153, 176-177
山王神社二の鳥居　83-85

事項索引

死者の想起　139-140
地元メディア　188
社会的記憶論　9-10
集合的記憶　9, 30-38
証言運動／活動　131-133
初期の被爆者調査　21-23
署名活動参加者の生活史　190-195,
　197-201
城山小学校被爆校舎　3章
城山小学校育友会・同窓会・慰霊会
　88-91
新興善救護所跡を保存する市民連絡会
　107-113
新興善小学校校舎の解体　83, 4章,
　209
新興善小学校校舎の保存(運動)　107-
　109, 210
新興善メモリアル　122-123
　メモリアル・ホール設置　105, 109,
　120-121

生活構造・社会階層　26-27
生活史　22, 24-26, 151
精神史　23-25
戦争記憶の継承　150-151

た行
体験／非体験　7-12, 31, 216
立山防空壕　83, 85-87, 209

地図　140
地図に墓標を刻む　136-138
中央3小学校統廃合問題　106, 109,
　116-118

都市空間　2-6

な行
長崎　2-6, 16, 24-25, 2〜7章
長崎刑務所浦上刑務(所)支所　43, 81,
　111
長崎原爆資料館　52-63, 74-75, 157-
　158
長崎国際文化会館　52-55

長崎市（行政）　2章, 81-83, 93-94,
　106-109, 133-140
長崎市原爆被災資料協議会　81-83
長崎市都市復興計画　39, 76
長崎市立図書館　105, 122-123
長崎の記憶空間　208-214
長崎の近代史　4-5, 16
長崎の証言の会　131-133, 147- 148,
　212
長崎平和推進協会　143-146, 152, 159,
　212

日常／地域の生活空間　36, 101, 終章

願いのゾーン　41, 43

は行
爆心地公園　3, 40-43, 48-51, 208
爆心地復元運動／調査／復元図
　134-137, 212
場所・空間　3, 35-36, 78-79
反核・平和／核兵器廃絶　7, 30

一橋調査　24-26
〈ひとの非人間化〉　22, 24
被爆遺構　3章
被爆遺構の活用　101
被爆遺構の保存と解体　3章
被爆建造物等の取扱基準(A〜Dランク)
　81-83, 105
被爆50周年祈念事業碑（母子像）　50
被爆者調査　21-30
被爆者手帳　155-156, 172, 194
被爆者の語り　31-33
被爆者のストレス／被爆者の自覚
　153-157
被爆の影響　171
漂流・抵抗　21-25
広島　1-4, 26-30, 214-215
広島修道大調査　29-30, 34
広島・長崎／ヒロシマ・ナガサキ　2-4,
　212
広島平和記念公園　1, 51-52
平和案内人　6章

247

平和案内人の継承実践　179-181, 212, 216-218

平和案内人の生活史　153-155, 170-171

平和ガイド活動　6章

平和活動　7章

平和祈念像　43-49, 74-75

平和祈念式典　48, 76, 137-139

平和教育／学習　98-99, 118, 199-200

平和行政への不信　111-112

〈平和公園〉／平和公園　40-52, 208

平和公園聖域化計画　48-50

平和講話・朗読会　166-167

平和大使　185-186, 202

平和のヤマ(稲佐山コンサート)　191-192

ホロコースト　151

ま行

（マス）メディア　7, 111, 220

身近な他者　194-197

三菱長崎造船所　6, 16

三菱調査（企業と原爆）　30, 34

三菱兵器住吉トンネル工場　83, 201, 209

モノ　3, 78-79, 101, 112-113

著者紹介

深谷　直弘（ふかや　なおひろ）

1981 年　北海道生まれ
2016 年　法政大学大学院社会学研究科社会学専攻博士後期課程修了
　　　　博士（社会学）
2017 年　福島大学うつくしまふくしま未来支援センター特任助教
専攻：記憶の社会学・文化社会学・地域社会学・社会調査
著書：『被爆者調査を読む』（共著）慶應義塾大学出版会，2013 年
論文：「被爆建造物の保存と継承」『社会学評論』65(1)，2014 年
　　　「長崎における若者の被爆体験継承のプロセス」『日本オーラル・ヒストリー研究』第 7 号，2011 年ほか

原爆の記憶を継承する実践
長崎の被爆遺構保存と平和活動の社会学的考察

初版第一刷発行　2018 年 4 月 20 日

著　者　深谷　直弘
発行者　塩浦　暲
発行所　株式会社　新曜社
　　　　101-0051　東京都千代田区神田神保町 3-9
　　　　電話 03（3264）4973（代）・FAX03（3239）2958
　　　　Email: info@shin-yo-sha.co.jp
　　　　URL: http://www.shin-yo-sha.co.jp
印刷製本　中央精版印刷株式会社

Ⓒ Naohiro Fukaya, 2018　　Printed in Japan
ISBN978-4-7885-1579-6 C3036

新曜社のブックリストより──────────────────■地域社会■

〈鞆の浦〉の歴史保存とまちづくり　環境と記憶のローカル・ポリティクス
森久　聡　保存か開発か。まちを揺るがす鞆港保存問題の全容
A5判上製 288 頁・3800円

祭りと地方都市　都市コミュニティ論の再興
竹元秀樹　遅れてきた地方特権とは。宮崎県都城の夏祭りの重層的分析
A5判上製 384 頁・5800円

郡上八幡 伝統を生きる　地域社会の語りとリアリティ
足立重和　郡上おどりと長良川河口堰問題に見る　四六判上製 336 頁・3300円

──────────────────■福祉・都市・文化■

地域福祉実践の社会理論　贈与論・認識論・規模論の統合的理解
山本　馨　政策転換の萌芽を実践に発見し理論化　A5判上製 272 頁・4200円

生き延びる都市　新宿歌舞伎町の社会学
武岡　暢　世界有数の歓楽街はどう存続してきたか　A5判並製 336 頁・4400円

「共生」の都市社会学　下北沢再開発問題のなかで考える
三浦倫平　街は誰のためにあるのかを問いかける　A5判上製 464 頁・5200円

──────────────────■戦争■

焦土の記憶　沖縄・広島・長崎に映る戦後
福間良明　戦後の「記憶」を徹底検証　四六判上製 536 頁・4800円

叢書 戦争が生みだす社会　全Ⅲ巻　[関西学院大学先端社会研究所]
太平洋戦争は日本社会にどのような破壊と創造をもたらしたのか？
戦前・戦後の社会と文化の大変動を 21 世紀の地平からあざやかに照射し，
残された問題群の解明をめざす。

Ⅰ 戦後社会の変動と記憶　荻野昌弘　編　四六判上製 320 頁・3600円

Ⅱ 引揚者の戦後　島村恭則　編　四六判上製 416 頁・3300円

Ⅲ 米軍基地文化　難波功士　編　四六判上製 296 頁・3300円